民商法系列丛书·以案说法

商业特许经营法
案例评析

郑俊果　刘梦阳　编著

对外经济贸易大学出版社
中国·北京

图书在版编目（CIP）数据

商业特许经营法案例评析／郑俊果，刘梦阳编著．
—北京：对外经济贸易大学出版社，2011
（民商法系列丛书．以案说法）
ISBN 978-7-5663-0091-1

Ⅰ．①商… Ⅱ．①郑… ②刘… Ⅲ．①专卖－商业经营－经济法－案例－分析－中国 Ⅳ．①D922.294.5

中国版本图书馆 CIP 数据核字（2011）第 155324 号

商业特许经营法案例评析

郑俊果 刘梦阳 **编著**
责任编辑：李明娟 汪友年

对外经济贸易大学出版社
北京市朝阳区惠新东街 10 号 邮政编码：100029
邮购电话：010－64492338 发行部电话：010－64492342
网址：http://www.uibep.com E-mail：uibep@126.com

唐山市润丰印务有限公司印装 新华书店北京发行所发行
成品尺寸：170mm×230mm 18 印张 333 千字
2011 年 8 月北京第 1 版 2011 年 8 月第 1 次印刷

ISBN 978-7-5663-0091-1
印数：0 001－3 000 册 定价：31.00 元

民商法系列丛书

总　序

对外经济贸易大学出版社近年来一直致力于法律书籍的出版，为中国的法学研究和法律教育作出了重要贡献。为了整合资源，打造更具影响力的作品，该出版社决定重点开拓民商法领域，推出“民商法系列丛书”，并委托本人筹划这一出版项目。

中国建设社会主义法治国家，推行社会主义市场经济体制的基本政治、经济目标决定了法律必然要在社会生活中扮演核心角色。民商法作为维护社会普通民众、市场主体正当利益的法律部门，具有最为广泛的影响力，也最受社会关注。中国当前的绝大多数法律纠纷为民商事纠纷，各级法院审理的绝大多数案件为民商事案件，律师从事的绝大多数工作为民商事业务。民商事立法是中国立法机关花费时间最多的立法，民商事法律课程是中国各个大学法学院中学分最多的课程。与民商法的这一重要地位相当的是，在中国的法律出版物中，民商法领域的图书所占数量也最多。

本套丛书要在如此多的出版物中产生影响力，就应当具有自己的特点。我认为，本套丛书应当坚持如下几个原则：（一）解决中国的问题。在选题上，应当选择中国目前在民商法领域面临的重大理论和实践问题，而不应是单纯介绍外国法。（二）具有开拓性。作为探讨对象的主题应当是尚未被充分地分析、整理、研究的问题，从而使作品在某一领域居于领先地位。（三）尊重学术规范。每一部作品都应当严格遵守学术规范，作品内容要有创造性，作品形式要符合国家在体例上的要求。绝不因赶进度而放弃质量，更不允许抄袭与剽窃行为。在中国目前重数量而不重质量的学术浮躁现象面前，应当告诫自己做事要更慢一点，更严谨一点。

本套丛书由三个部分组成：第一部分是专著，包括在民商法某一领域有开创性研究的作品；第二部分是教材，包括本科生与研究生层次的教材；第三部分是案例，包括教学案例和向法律专业人士及关注法律的社会各界人士提供的案例作品。

本套丛书具有开放性，我们将出版全国各大法律院校、研究机构在民商法领域学有专攻的专家学者的优秀作品，从而将本套丛书逐步打造成重要的民商法作品。

为了保证本套丛书的质量，对外经济贸易大学出版社延请北京各大法学院校与研究机构的专家学者组成编委会。编委会主任由中国政法大学终身教授、博士生导师江平先生担任，编委会成员包括：王保树（清华大学法学院教授、博士生导师）、尹田（北京大学法学院教授、博士生导师）、孙宪忠（中国社会科学院法学研究所研究员、博士生导师）、刘俊海（中国人民大学法学院教授、博士生导师）、苏号朋（对外经济贸易大学法学院教授、博士生导师）。

民商法是颇具魅力的法律部门，我们正是受其吸引而不断地研究、探索，希望本套丛书能够为这一进程助一臂之力。

苏号朋

2007 年 8 月 20 日

前言

随着我国市场经济体制的不断完善，商业特许经营模式于20世纪90年代初进入我国后，不仅发展规模迅速、涉猎的行业众多，而且为促进我国市场经济的繁荣、满足投资者与消费者的需求起到了积极的作用。

为规范商业特许经营行为，针对商业特许经营模式的特征为无形资产的输出、考虑到社会公众对商业特许经营了解不充分、特许人与被特许人之间的信息不对称，1997年11月14日，国内贸易部发布了《商业特许经营管理办法（试行）》，以规范商业特许经营行为、保护特许人与被特许人双方的合法权益；之后，根据我国商业特许经营的发展需要及我国市场经济环境的变化，商务部于2005年2月1日起颁行的《商业特许经营管理办法》，以保障商业特许经营中中外特许商待遇一致、降低加盟风险、强化对特许经营的监管。鉴于我国市场经济环境的发展变化、商业特许经营在我国快速发展中存在特殊问题，为进一步规范商业特许经营活动，促进商业特许经营健康、有序发展，维护市场经济秩序，自2007年5月1日起开始实施由国务院颁行的《商业特许经营管理条例》。同时，商务部颁布了与之配套的《商业特许经营信息披露管理办法》、《商业特许经营备案管理办法》。

本书的特点在于通过比较分析与历史分析的方法，结合不同历史时期商业特许经营中存在的问题及其相关法律、法规、规章、制度的具体规定，一方面为研读者揭示本案例中存在的商业特许经营法律纠纷的根源在哪里，同时也对解决纠纷及其适用当时有关法律、法规、规章、制度的后果及其合理性进行了相应的辨析，重点在于希望通过相关案例的研读，对从事与研究商业特许经营的读者，能够给予预防、化解、解决商业特许经营纠纷的法学启迪，并对相关制度的完善提供一定的法理基础。

本书是由郑俊果、刘梦阳共同完成的，其中：郑俊果负责大纲的审定与绪论、第一、第二、第三章内容的编著，刘梦阳负责每章的法条与附录内容的编著。在前期的资料收集过程中，康俊、王会杰、秦娜杰、黄冀蒙同学给予了大量的帮助，出版社的编辑在校对、文字修改方面提出了极其宝贵的建议，在此表示深深的感谢！

书中存在不足之处，欢迎大家批评指正。

郑俊果

2011年7月

目录

绪　论

一、商业特许经营的涵义与历史沿革

（一）商业特许经营的涵义

1. 商业特许经营的概念

商业特许经营是指，拥有注册商标、企业标志、专利、专有技术、特殊经营领域、产品核准权等经营资源的企业或组织——特许人，通过订立合同，将其拥有的这些经营资源许可其他经营者——被特许人使用，被特许人按照合同约定在统一的经营模式或监管制度下开展经营，并向特许人支付相应费用或接受特许人特殊监管的经营活动或营销方式。

2. 商业特许经营的法律特征

从商业特许经营的概念可以看出，商业特许经营的法律特征有四个：一是特许人必须对特许商标、服务标志、独特概念、专利、经营诀窍等拥有法定的特许权。特许人是拥有注册商标、企业标志、专利、专有技术、产品核准权等经营资源的法定企业或组织。二是被特许人经特许人授权才可以合法使用其有关权利。特许人和被特许人之间是一种合同或监督、管理关系，双方通过订立特许经营合同确定各自的权利（权力）和义务。三是被特许人应当在统一的经营模式或监督、管理下开展经营活动，以保证特许经营高度的系统化、组织化、规范性，维护品牌形象、产品质量。四是被特许人应当向特许人支付相应的费用、履行相应的服从、注意义务。特许人具有较高商业价值的经营资源需要被特许人支付相应的费用并履行相应的服从、注意义务。

3. 商业特许经营的分类

实践中，商业特许经营按照特许的标的与地域分为可以进行不同的分类。

按照特许经营的标的可以分为商品销售特许经营、经营模式特许经营二类。其中，商品销售特许经营是指，加盟商在一定区域内以自己名义买入及转销由特许人生产或销售的产品，加盟商可以使用特许人的产品商标，并按照特许人的经营理念进行经营，即商品销售特许经营中加盟商可能是专营或半专营特许人的产品，相应地也从特许人处得到相应的服务与支持，二者构成了稳固的产品营销网络；经营模式特许经营是指，特许人许可加盟商有权在一定区域使用按特许人的专有技术及技术指导，以特许人之企业形象生产、销售一定产品或服务，即加盟商不仅使用特许人的商标和经营理念，而且按照特许人营销商品的营业系统进行经营，保持与特许人营销商品和服务的一致性。

按照特许经营的地域范围，特许经营可以分为直接特许经营与区域特许经营二种形式。直接特许经营是指，特许者将特许经营权直接授予特许经营申请者，获得特许经营权的被特许者按照特许经营合同设立特许店，开展经营活动，不得再行转让特许权；区域特许经营是指，由特许者将在指定区域内的独家特许经营权授予被特许者，该被特许者可将特许经营权再授予其他申请者，也可由自己在该地区开设若干特许点，从事经营活动。

（二）商业特许经营的历史沿革

商业特许经营肇始于1865年美国的胜家缝纫机公司。由于当时美国胜家缝纫机公司生产的产品属于领先的新产品、市场上消费者对新产品的性能及产品本身认识不足，胜家公司决定采取特许经营的方式进行产品销售，收到了良好的经营效果。商业特许经营模式的近现代发展归功于饮食服务行业特许经营方式的广泛运用，最成功的莫过于麦当劳了，它已经成为世界上拥有最多连锁店的特许经营系统。随着许多采取特许经营的著名企业，如可口可乐、麦当劳、肯德基的高速发展和扩张，特许经营受到了全世界企业的高度关注。自20世纪70年代初开始，日本各大公司不惜重金购买美国的区域特许经营授权，并纷纷导入美国的特许经营专有技术和经营方式，并结合本国的实际情况，开发出适用于日本本土的特许连锁经营管理模式，使特许经营在日本得到迅猛发展。

特许经营自在美国诞生至今已有一百多年的历史，它成功的经营模式已为世人瞩目。1959年，为了进一步推动特许经营事业的发展，国际特许经营协会IFA成立，现在共有600家会员遵守着其制定的特许经营道德规范和营运标准。近几年特许经营在我国也发展迅速，这种经营方式长盛不衰的原因在于其独特的三大经营策略：一是特许商利用特许经营模式实行大规模的低成本扩张。具体的策略有：（1）特许商实行集中控制的方式既赚取合理利润，又不涉及加盟商的日常管理、投资风险；（2）利用加盟店对所属地区市场的深入了解，发掘企业尚无涉及的业务范围、建立分销网络、确保产品的市场开拓。二是加盟商借助特许商特有的商标、技能、经营模式迅速占领市场。具体策略有：（1）通过享用特许商良好的已有市场商誉、品牌，不仅可以在创业阶段就拥有良好的形象，而且可以使许多工作得以顺利开展、节约广告费用；（2）借助特许商的品牌形象、管理模式，避免市场风险，分享采购、广告、经营、技术开发等规模经营效益；（3）从特许商处获得培训、选址、资金融通、市场分析、统一广告、技术转让等经营应验的传授与支持。三是消费者能够从规范化的特许经营模式中满足其相应的需要。主要策略有：（1）特许经营业务范围、经营方式、产品价格的统一性，减少了消费者的选择成本；（2）特许经营目标市场选择、定位的稳定性及其围绕目标市场进行的营销策略组合，能及时了解目标市场的变化、满足消费者对产品和服务的时代性需要。

商业特许经营的不足主要表现为以下三个方面：一是由于商业特许经营模式的系统、规范性，使得被特许人在经营中的自主、创新性受到一定的限制；二是鉴于特许经营中经营商品补充、配备的标准、规格化，货源的补充渠道受限；三是商业特许经营性质、合同内容的特殊性，导致被特许人的加盟、退出以及退出以后，被特许人经营自由的有限性。

二、我国商业特许经营现状分析

（一）我国商业特许经营的现状分析

中国的特许经营业起步于20世纪90年代初期，其特点是起步晚、发展快、质量差、机会多。1987年，肯德基首先把特许经营的概念带入中国，与随后而来的麦当劳给中国的工商界提供了特许经营的启蒙教育。1993年，中国本土的企业家开始尝试创立自己的特许经营生意。李宁公司和全聚德分别在各自的行业推出了自己的连锁系统，成为首批中国商业特许经营成功的典范。伴随着中国大陆的改革开放，至2007年5月，中国已经有2 600多个特许经营体系，其中涉及的行业多达60余种，加盟店铺总数多达20万家，成为世界上经营体系最多的国家。特许经营行业包括超市、便利店、餐饮、汽车配件、通讯器材、医药、茶叶、音像、图书、鞋业、眼镜、蜂产品、建材家居、美容、培训、洗涤、汽车租赁、家政服务、装饰装修和儿童教育等。

在所谓2 600多个特许经营体系中，真正具备完善物流配送体系、营运管理规范、经营成功经验的，充其量不过100家，而真正能够给加盟商带来盈利的加盟项目更是屈指可数。经过1995～2000年的狂热成长期后，中国的特许经营业进行了长达4年的调整期，大量的盲目快速发展起来的连锁系统和公司退出市场，国际知名品牌明显地显示出其功底扎实的优势，国家的立法、司法和职能部门逐步建立健全法制、法规，投资人也开始更加审慎地选择真正可信的生意机会。截至2005年底，中国已有2 320个特许经营体系在中国连锁协会注册，16.8万家连锁店在特许经营中。《商业特许经营管理条例》等一系列规范商业特许经营的法律制度体系也于2007年出台。随着中国加入世贸组织，零售业的国门洞开，以及经济的持续发展，在今后的几年里国际社会的连锁业主们必将大规模快速抢占中国市场。2006年到2010年的五年里，是中国引进国际特许经营品牌的黄金时期，这是国际品牌进入中国的大好时机。

尽管我国短短十几年商业特许经营的发展经验无法与其他国家百年积淀相比，但由于一些特许经营者缺少商业诚信，商业特许经营在中国的发展逐渐衍生为少数企业和个人的“摇钱树”、“聚宝盆”，一些人采用造假、诈欺等手段诱骗投资人加盟，而一旦骗取的加盟费到达可观数量，便迅速蒸发、销声匿迹。例如已被媒体报导的“庄信娃娃”风波、“得意馆”咖啡骗局、“麦肯母”陷阱、韩国“安真美”时尚女鞋、“嘉年华”童装、“万兔速丽”餐饮等事件，召唤着国人应在强化对商业特许经营行为法律规范的同时，增加相关的商业特许经营知识与经验，以更好地发挥商业特许经营对我国市场经济发展的积极、促进作用。

（二）我国商业特许经营法制建设的发展历程

商业特许经营的核心属于无形资产的输出，由于特许人与被特许人之间的信息不对称，容易成为欺诈等违法犯罪活动的手段。我国市场经济发育尚不成熟，加之社会公众对特许经营了解不够充分，商业特许经营在我国快速发展中存在一些特殊的问题。1997年11月14日，国内贸易部发布了《商业特许经营管理办法（试行）》，目的就是为规范特许经营行为，保护特许者与被特许者双方的合法权益，进一步推动连锁经营的发展。

根据我国商业特许经营的发展需要及其经济环境背景的变化，2004年底由商务部正式颁布、2005年2月1日实施的《商业特许经营管理办法》中有三方面的核心内容备受关注：一是中外特许商待遇一致，可以站在统一起跑线上公平竞争；二是细化市场信息披露原则，降低加盟风险；三是特许经营不得擅自转让，强化对特许经营的监管。其目的一方面是为了履行我国加入WTO的承诺，规范外商投资企业进入中国特许经营市场；另一方面是为了规范国内商业特许经营行为，促进商业特许经营的健康有序发展。经过十几年的发展我国特许经营呈现出数量增长快、地区分布广、业态和业种多样的特点。特许经营的发展，在调整和改善流通结构、促进中小企业发展、扩大就业等方面发挥了积极的作用。

随着我国市场经济环境的发展变化、商业特许经营领域本土性问题的凸显，取而代之的是2007年5月1日开始实施的《商业特许经营管理条例》（下称《条例》）。《条例》是国内第一部涉及特许经营的法规，意味着特许经营这种经营模式从先前的行业自律被纳入法律监管。由于特许经营在性质上属于合同行为，适用合同法和其他有关民事法律，从事特许经营活动是当事人的民事权利。如何通过行政法规对特许经营活动进行规范和管理，是制定条例时首先需要考虑的问题。为此《条例》确立的立法思路有二：一是必须把握好行政权力介入民事法律关系的程度，处理好当事人意思自治与行政干预的关系；二是根据国外的相关经验和我国的实际情况，只要特许人的行为规范了，就基本上可以达到维护市场秩序的目的。为保证《条例》的贯彻落实，在深入调研和广泛征求各方面意见的基础上，颁布了《商业特许经营备案管理办法》和《商业特许经营信息披露管理办法》。这两个办法的颁布既是贯彻落实《条例》的具体措施，也是规范特许经营活动，促进商业特许经营健康、有序发展的重要保证。

三、商业特许经营案例的学习、研究方法与体系

（一）商业特许经营案例的学习、研究方法

学习、研究商业特许经营案例首先在思想观念上要做好三项准备：一是由于商业特许经营性质、法律规范渊源的政策、经济杠杆、道德规范等多元性，在有关案例分析中要注重法律与经济、政治、道德之间，即法、理、情之间的互动关系；二是商业特许经营行为与合同的双重性，即商业特许经营行为规范中既要注重民事合同当事人权利的保护，又要体现国家预设或公共利益的维护；三是有关商业特许经营立法、司法、执法机构的多元性，即商业特许经营具有经济法的综合性、属于私法化了的公法，在相关案例的纠纷处理中必需以公平竞争、和谐相处，整体利益、协调平衡为基本原则。

商业特许经营案例的学习、研究方法应注重以下三点：一是注重运用比较的方法，时刻注重民法、商法、经济法、行政法之间的关系是怎样的，它们之间的联系与区别有哪些？为什么？不同部门法理念、原则之间的差异，决定了各自功能、作用不同，他们之间的分工协作与相辅相成，决定了商业特许经营案例研习者身份角色的差异性。二是注重运用历史解读的方法，解析商业特许经营法律制度体系的功能与作用，切忌只用文意解释法。商业特许经营在不同国家、同一国家的不同历史时期，其行为依存的背景条件、发挥作用的舞台不同，尤其是我国公有制为基础的社会主义市场经济条件下商业特许经营法律渊源的综合性、功能作用的特殊性，决定了历史性的分析既往商业特许经营案例经验的重要性。三是注重理论联系实际的方法，关注商业特许经营法律制度面对特许人和被特许人之间信息不对称、被特许人的众多性、特许经营企业的类公众公司属性的特有信息披露与备案制度。鉴于商业特许经营行为、性质的综合性，立法、司法、执法机

构的多元性，不同历史时期需要体现、兼顾的公平、效率、秩序、自由等价值目标不同，商业特许经营行为的规范与纠纷处理必须与经济、政治、道德互动，与我国本土的市场经济实践状况相符。

（二）商业特许经营案例的体系

商业特许经营作为现代商业企业的经营方式之一，是市场经济和现代产业经济发展的必然产物。然而特许经营在给流通领域带来革命性变化的同时，引发的法律问题也日益增多。从法律层面上看，无论是特许人还是被特许人，必须认清商业特许经营中的风险并加以有效的防范，才能够更好地利用商业特许经营模式实现其预期的经营效益。本书将从以下三个方面分析、研究我国现实生活中商业特许经营案例中存在的法律风险及其预防、应对措施：

1. 商业特许经营主体资格法律风险的防范

从事商业特许经营，必须具备符合相关法律、法规规定的从业主体资格。对此，现行《条例》从实体和程序两个方面对此加以严格规定。如在实体方面规定从事商业特许经营的企业必须拥有注册商标、企业标志、专利、专有技术等经营资源。而实践中有些特许企业的格式合同中授权使用的是商标而非注册商标，面对这样的法律纠纷与风险该如何防范？《条例》明确规定特许人从事特许经营活动应当拥有成熟的经营模式、应当拥有至少 2 个直营店、经营时间超过 1 年，特许人应当具有稳定的、能够保证品质的货物供应系统，并能提供相关的服务。实践中许多特许企业实际上并不具备这些硬性条件，但也运用特许加盟的名义，从事特许加盟经营，对消费者、特许者、被特许者、其他相关经营者的合法权益应如何保护？希望读者能够通过本书相关案例的阅读与思考，得到一定的启示。

2. 商业特许经营合同内容法律风险的防范

商业特许经营合同是建立特许经营法律关系的核心。对特许人与被特许人而言围绕特许经营权双方当事人享有的权利、义务是整个特许经营得以持续的根基。如何利用特许经营合同对双方的合法权益进行均衡的保护意义重大。尽管立法者基于双方当事人信息的不对称、特许权的知识产权属性进行了有关合同内容的强制性规范，为保障特许申请者得到有关特许店、总部、特许权的充分信息，以便作出是否加入该特许体系的正确判断，总部必须向其提供规定的文件。特许者至少应在正式签约 10 天前，以书面形式向特许申请者提供真实的有关特许经营的基本信息资料。而被特许人也有义务按照特许者的要求如实提供有关自己经营能力的资料，主要包括合法资格证明、资信证明、产权证明等。但实践中基于双方当事人法律意识的淡薄、经济利益的驱动、规避法律的考量、特许经营领域知识的欠缺，忽视或不注重特许经营合同中具体内容的情形时有发生。本书有关商业特许经营合同法律风险相关案例内容的选编与解析，目的是能够给读者提供一些化解特许经营合同法律风险的措施。

3. 商业特许经营权的法律风险防范

商业特许人依法享有的商业特许经营权是开展商业特许经营业务的基石，是构成整个商业特许经营模式的重要组成部分。商业特许人的特许经营权包括其拥有的商标、商号、经营决窍、商业秘密、专利权、著作权等。其中特许经营权中有关特许者的知识产权保护由专利、商标、著作权法进行规范，而特许者的商业秘密权等特许经营权由于其举证、界定的困难性，所以成为商业特许经营中通过特许经营合同中相关保密条款进行约定、规范的重点。鉴于商业特许经营中被特许人缴纳特许使用费后属于有偿使用特许者的特许经营权，商业秘密的存在及价值取决于其秘密性不为人所知，一旦商业秘密失密进入公知领域，权利人无法收回其商业秘密、损失将无可弥补，而商业特许经营合同的期限性、加盟、退出特许经营领域的自愿性，尽管有《合同法》、《商业特许经营条例》、《反不正当竞争法》的相关规定，但实践中双方依法享有的商业特许经营权被恶意或无意侵犯的现象时有发生。如何平衡双方当事人利益，本书有关商业特许经营权相关案例、纠纷内容的评价、解析，能够给研习者提供一些防范风险、解决纠纷的途径。

本书通过对不同的特许经营领域、特许经营产品、特许经营方式在我国市场经济运行中的判例分析，以体现我国公有制为基础的社会主义市场经济法律制度规则体系为依据，通过历史分析、比较分析等方法，运用体现社会连带法学派思想的现代法理学观念，揭示我国现行民法、商法、经济法、行政法律制度体系在调整、规范商业特许经营中市场主体行为的功能与作用，从而使不同的市场主体能够更好的利用现行法律制度体系保障和维护自己的合法权益、维护公平的市场经济秩序，同时又为广大读者总结商业特许经营中的经验与教训，更好的发挥特许经营在市场经济发展中的功能作用，为不断完善我国有关商业特许经营的法律制度体系提出相应的建议与思考。

第一章

商业特许经营主体资格法律风险的防范

案例1 特许人不享有注册商标签订特许合同的效力认定

冯某诉北京某品牌推广公司特许经营合同纠纷案①

☞ 案情简介

原告： 冯某（甲方）

被告： 北京某品牌推广有限公司（乙方）

甲方诉称：甲方据网上获得的乙方信息，于2007年10月2日找到乙方。在依约支付了押金3万元，并支出了各种费用后，甲方与乙方签订了《尚·智喜服饰销售经营合同》。合同签订当日，乙方给甲方颁发授权书，授权甲方在四川省巴中市巴州区开设"韩国尚·智喜服饰专卖店"。后甲方发现乙方隐瞒了真实情况，是用欺诈的方式与其签订的《尚·智喜服饰销售经营合同》。

乙方欺诈行为的具体表现为：乙方不具备特许经营的资质；在中国不具有注册商标及其他合法知识产权，但却自称是韩国品牌；在广告中进行虚假宣传，冒充国际品牌，并称跨国销售；提供的货物不合格；没有两家以上经营时间超过一年的直营店，且不具有提供经营指导及技术业务培训的能力。乙方的上述欺诈行

---

① 本案例选摘自：2008－12－31北京市朝阳区人民法院民事判决书（2008）朝民初字第20934号.

为，导致甲方遭受了巨大损失，因此乙方应当承担相应的法律责任。故甲方诉请法院：（1）确认甲方与乙方之间的《尚·智喜服饰销售经营合同》无效；（2）乙方返还甲方押金3万元，并赔偿甲方的经济损失43 200元。

乙方辩称：甲方与乙方签订的合同是经销合同，而不是特许经营合同。乙方并未实施欺诈行为，而是甲方亲自到乙方了解、考察，自愿与乙方签订合同的，并不是在不知情的情况下签订的。合同签订后，乙方积极履行该合同，四次给甲方提供货物，且均是经过检验合格的。甲方进货金额不足5万元，且已经连续6个月没有补进货物，按照合同约定，销售押金不应当退还。合同还约定了在合同期内甲方放弃经营的，销售押金也不予退还。而且，乙方还为甲方预付了相关运费、赠送了衣架，该运费和衣架的费用应当由甲方自己承担。因此，乙方不同意甲方的诉讼请求。

☞ 审理结果

经审理查明：2007年10月2日，甲方与乙方签订《尚·智喜服饰销售经营合同》，约定乙方授权甲方在四川省巴中市巴州区开设“尚·智喜”服饰专营店。合同主要就尚·智喜服饰的销售权限、经营方式、甲乙双方的权利义务、专营店合作方式、供货换货制度等内容进行了约定，属于特许经营合同。乙方除与甲方签订了合同外还与其他人签订了类似合同，但均未向商务主管部门进行备案。乙方目前没有相应的注册商标，也没有经营时间超过一年的两家以上的直营店。2007年7月10日，乙方与北京某广告有限公司签订《网络广告代理协议》，委托该广告公司发布网络广告宣称：尚·智喜是韩国第一品牌、乙方是中国的总代理，有丰富的国际连锁经验；乙方自己的网站上宣称“乙方是以经营尚·智喜品牌时尚服饰为主，随着公司发展，齐全的企业管理体系造就了高素质的专业化人才经营团队，并且建立起了遍布全国的销售终端网络，出口欧美众多国家。事实上乙方经营的服装在外蒙古有销售，但在欧美并无销售。上述事实，有《尚·智喜服饰销售经营合同》及补充协议、授权书、收据、出库单及发货单、《网络广告代理协议》、网页打印件、公证书及公证费发票以及当事人陈述等在案佐证。

依照《中华人民共和国合同法》第52条第（5）项、第58条第1款，《商业特许经营管理条例》第7条第2款之规定，判决如下：（1）确认甲乙双方于2007年10月2日签订的《尚·智喜服饰销售经营合同》无效；（2）乙方于本判决生效之日起10日内返还甲方24 473元；（3）甲方于本判决生效之日起10日内返还乙方34件衣服；（4）驳回甲方其他诉讼请求。案件受理费1 630元，由甲方负担630元（已缴纳），由乙方负担1 000元，于本判决生效后7日内交纳。

如果未按本判决指定的期间履行给付金钱义务，应当依照《中华人民共和国民事诉讼法》第229条之规定，加倍支付迟延履行期间的债务利息。

如不服本判决，可在判决书送达之日起15日内，向本院递交上诉状，并按对方当事人的人数提出副本，上诉于北京市第二中级人民法院。

☞ 法理评析

根据《商业特许经营管理条例》的规定，所谓商业特许经营，是指拥有注册商标、企业标志、专利、专有技术等经营资源的企业（即特许人），以合同形式将其拥有的经营资源许可其他经营者（即被特许人）使用，被特许人按照合同约定在统一的经营模式下开展经营，并向特许人支付特许经营费用的经营活动。因此，商业特许经营具备的基本特征包括特许人许可被特许人使用其拥有的经营资源以及被特许人进行经营必须遵循合同约定的统一的经营模式。特许人许可被特许人使用的经营资源包括注册商标、企业标志、专利、专有技术等。

本案中，甲、乙双方签订的《尚·智喜服饰销售经营合同》，其具体内容包括甲方有权在合同期限内使用乙方所有的“尚·智喜”服饰品牌、商标、标志、商号及经营管理模式、方案及乙方统一的营销模式，服从乙方统一的规范管理；要求甲方按照甲方全国统一的批发价、零售价进货、销售，甲方不得随意打折；乙方负责向甲方提供统一的专营店装修方案及《专营店运营手册》，指导、协助甲方全方位开发和占领当地市场。甲方遵循甲方制定的全国统一营运操作规范，为维护专营店售出商品质量和服务的统一性，提高公司形象，甲方的营业方法应参照乙方提供的经营手册规定的要求标准，严格按照甲方提供的统一设计图纸施工，甲方积极参与乙方安排的全国统一促销及其他活动。从该合同的内容看，《尚·智喜服饰销售经营合同》属于我国《商业特许经营管理条例》中特许经营合同的性质，具备特许经营合同的法律特征。因此，乙方提出的该合同是营销合同而不是特许经营合同的答辩意见不符合事实，故法院不予支持。

乙方的对外宣传虽有不实之处，但并未损害国家利益，不应以此理由认定合同无效。但是，《商业特许经营管理条例》规定，特许人从事特许经营活动应当拥有成熟的经营模式，并具备为特许人持续提供经营指导、技术支持和业务培训等服务的能力。特许人应当拥有至少2个直营店，并且经营时间超过1年。该规定是行政法规关于特许经营活动中特许人市场准入资格的强制性规定，特许人不得违反，否则签订的合同应当无效。而本案中，乙方没有一家经营时间超过1年的直营店却对外签订特许经营合同，显系违反了该强制性规定，其与甲方签订的合同应当因此无效。

合同无效后，因该合同取得的财产，应当予以返还；不能返还或者没有必要返还的，应当折价补偿。有过错的一方应当赔偿对方因此所受到的损失，双方都有过错的，应当各自承担相应的责任。2007 年 10 月 9 日至 2007 年 11 月 4 日，乙方给甲方发送服装 122 件。10 月 23 日，甲方将该 122 件服装退回乙方。之后，双方发生过多次发货和换货。最终，甲方实际从乙方进货共 66 件，该 66 件服装按照合同约定的折扣价计算为 10 882 元。甲方向乙方支付了货款 1 400 元。现甲方还剩余服装 44 件，该 44 件服装按照合同约定的折扣价计算为 7 649. 3 元。上述发货换货的运费共计 2 010. 5 元，均由乙方预付。乙方共向甲方提供了 140 个衣架，共计 280 元。甲方为本案支付公证费 400 元。

现甲方要求乙方返还其支付的销售押金 30 000 元于法有据，法院予以支持。对于甲方支付的 1 400 元货款和乙方提供的 66 件衣服双方也应互相返还。现甲方可以返还的衣服共 44 件，故甲方仅需将 44 件衣服中扣除价值 1 400 元以外的部分返还乙方。差额及另外无法返还的 22 件衣服，按照双方约定的价格计算为 3 232. 7 元，则应从乙方应当返还的销售押金中予以扣除。另外，合同约定发货和换货运费应当由甲方负担，但乙方已经预付了的运费 2 010. 5 元，因此也应当予以扣除。乙方提供的衣架，现甲方明确表示不予退还，故也应当按双方约定的价格共计 280 元，从销售押金中予以扣除。就甲方主张的经济损失，因其未就此提供有效证据，故法院不予支持。甲方主张的公证费损失没有法律依据，法院亦不予支持。

☞ 本案启示

冯某诉北京某品牌推广公司特许经营合同纠纷案给我们的启示有三：

一是特许人拥有注册商标不是普通营销合同与特许经营合同区别的唯一标准。本案中乙方虽然没有获得相应的注册商标，也没有经营时间超过 1 年的两家以上的直营店，但由于甲、乙双方签订的经营合同内容包括甲方有权在合同期限内使用乙方所有的服饰品牌、商标、标志、商号及经营管理模式，服从乙方统一的规范管理、按乙方全国统一的批发价、零售价进货、销售，乙方负责向甲方提供统一的专营店装修方案及《专营店运营手册》等内容，属于我国《商业特许经营管理条例》中特许经营合同的性质，具备特许经营合同的法律特征。因此，甲乙双方签订的合同不是普通的营销合同，而是商业特许经营合同。

二是特许人不符合特许经营资格签订的特许经营合同无效。乙方的对外宣传虽有不实，但并未损害国家利益，不应以此理由认定合同无效。但是，《商业特许经营管理条例》规定，特许人从事特许经营活动应当拥有成熟的经营模式，并具备为特许人持续提供经营指导、技术支持和业务培训等服务的能力。特许人应当拥有至少 2 个直营店，并且经营时间超过 1 年。该规定是行政法规关于特许经营活动中特许人市场准入资格的强制性规定，特许人不得违反，否则签订的合同应当无效。而本案中，乙方没有一家经营时间超过 1 年的直营店却对外签订特许经营合同，显系违反了该强制性规定，其与甲方签订的合同应当因此无效。

三是注重区别现行法律制度体系中部门法的属性、违反相应法律规范的不同后果。《合同法》属于民法体系，具有私法属性，即《合同法》是以当事人法律地位平等为前提条件，进行双方当事人权利、义务、责任制度的体系设计。《商业特许经营管理条例》具有保护社会整体利益、维护公平竞争秩序的经济法、行政法属性。《商业特许经营管理条例》中有关特许经营合同当事人的权利、义务、责任制度设计，是在双方当事人掌握的信息、抗风险能力等经济、法律地位不平等的前提下，在强化、注重对被特许人保护理念下构建的。表现在司法实践中就是特别法优于一般法、特别条例优先于法律的适用。

☞ 法条点击

《中华人民共和国合同法》

第五十二条　有下列情形之一的，合同无效：

（一）一方以欺诈、胁迫的手段订立合同，损害国家利益；

（二）恶意串通，损害国家、集体或者第三人利益；

（三）以合法形式掩盖非法目的；

（四）损害社会公共利益；

（五）违反法律、行政法规的强制性规定。

第五十八条　合同无效或者被撤销后，因该合同取得的财产，应当予以返还；不能返还或者没有必要返还的，应当折价补偿。有过错的一方应当赔偿对方因此所受到的损失，双方都有过错的，应当各自承担相应的责任。

《商业特许经营管理条例》

第七条　特许人从事特许经营活动应当拥有成熟的经营模式，并具备为被特许人持续提供经营指导、技术支持和业务培训等服务的能力。特许人从事特许经营活动应当拥有至少 2 个直营店，并且经营时间超过 1 年。

《中华人民共和国民事诉讼法》

第二百二十九条 被执行人未按判决、裁定和其他法律文书指定的期间履行给付金钱义务的，应当加倍支付迟延履行期间的债务利息。被执行人未按判决、裁定和其他法律文书指定的期间履行其他义务的，应当支付迟延履行金。

案例2 特许人没有直营店签订特许合同性质的认定

王某诉北京某美容公司特许经营合同纠纷案[①]

☞ 案情简介

原告： 王某（甲方）

被告： 北京某美容有限公司（乙方）

甲方诉称：甲方于2006年12月19日注册成立的北京市恒康美容中心，在2007年11月1日与乙方签订了加盟乙方从事特许经营的合同书。加盟合同约定：第一，加盟时间：甲方从2007年11月1日起至2010年11月2日止加盟乙方，期限为3年。第二，付款方式：甲方支付加盟费9万元，先预付管理费20 000元。第三，乙方的责任和义务：乙方向甲方提供区域独家加盟授权书；乙方免费培训甲方的员工。乙方给甲方的协助包括完整的管理经营经验、店面装潢、设备陈设方案；促销、广告规划的执行；商品采购事项的联系、市场支持的义务。第四，甲方的责任和义务：甲方接受乙方为其确定的营业分店名称，服从乙方有关经营的一切规划、管理、营销、广告等事项；甲方应按乙方订立的价格作为收费标准、配合乙方的季节性促销运作；甲方新员工须参加乙方为期一周的职前训练、店长应参加乙方定期召开的店长研习会议。

合同签订后，甲方依约支付了2万元。但乙方并未依约履行合同义务，导致合同目的不能实现，且乙方并不具有进行商业特许经营所要求的具有两个直营店并经营时间超过1年以上的资质，也未履行法律要求的信息披露义务，违反了法

① 本案例选摘自：北京市朝阳区人民法院《民事判决书》（2008）朝民初字第17784号．北京法院网，[2008-12-31].

律、行政法规的强制性规定。故，甲方请求法院判决：（1）确认双方签订的《合同书》无效；（2）要求乙方退还加盟费2万元。

乙方辩称：甲方与乙方签订的不是特许经营合同，而是乙方帮助甲方管理其美容店的合作合同。合同签订后，乙方招收、派驻了人员去甲方的美容院帮助甲方管理经营。在乙方要求甲方进行店面装修、做广告时，甲方表示没有资金，就没有进行装修工作，且甲方表示不需要乙方给其提供设备、商品、陈设等方案。因此，乙方已经履行了合同义务，不同意甲方的诉讼请求。

☞ 审理结果

经审理查明：2006年12月19日甲方注册成立的字号为“北京市恒康美容中心”属于个体工商户。乙方与甲方在2007年11月1日签订的《合同书》内容包括：加盟时间、付款方式、甲乙双方的责任、义务。另就加盟费附有协议约定：合同有效期3年，开业前甲方先预付管理费2万元整，剩余7万元管理费在开业后由店内流水扣除成本后，按照乙方七成、甲方三成的方式分成。等收齐管理费后，甲乙双方五五分成，至合同期满。合同签订当日，甲方支付给甲方2万元，乙方给甲方开具的收条中记载“收到甲方交来托管费2万元”，乙方向甲方颁发区域独家加盟授权书。乙方于2007年12月20日，将巩某派往甲方工作。乙方称因双方是合作经营，故没有按合同约定确定店名、提供产品、进行店面装潢；甲方称是因双方未能就店面装修、广告费用承担达成一致，故尚未实际履行该合同。另查明，乙方没有直营店。上述事实，有合同书、收据、证人证言以及当事人陈述等在案佐证。

综上，依照《中华人民共和国合同法》第52条第（5）项、第58条，《商业特许经营管理条例》第7条第2款之规定，判决如下：（1）确认乙方与甲方2007年11月1日签订的加盟合同无效；（2）乙方于本判决生效之日起10日内退还甲方2万元。

如果未按本判决指定的期间履行给付金钱义务，应当依照《中华人民共和国民事诉讼法》第229条之规定，加倍支付迟延履行期间的债务利息。

案件受理费300元，由甲方负担，于本判决生效后7日内交纳。

如不服本判决，可在判决书送达之日起15日内，向本院递交上诉状，并按对方当事人的人数提出副本，上诉于北京市第二中级人民法院。

☞ 法理评析

根据《商业特许经营管理条例》规定，商业特许经营具备的基本特征包括特许人许可被特许人使用其拥有的经营资源以及被特许人进行经营必须遵循合同约定的统一的经营模式。特许人许可被特许人使用的经营资源，既包括注册商标、企业标志、专利、专有技术等知识产权，还包括管理经验、经营理念等。本案中，双方的合同明确约定了乙方向甲方提供完整的管理经营经验，并且提供店面装潢、设备陈设方案，并为甲方培训员工、需经过乙方考核合格方可上岗。从这些约定可以看出，乙方的主要合同义务就是将其技术、经营管理经验和方法、统一标识等经营资源提供给甲方。另外，合同还约定乙方有权确定分店的名称，甲方应当按照乙方制定的价格作为收费标准，甲方必须按照乙方统一的经营模式进行经营。综上可以确定，双方签订的合同符合特许经营的特征，属于特许经营合同。

加盟合同中，甲方交付费用的称呼是加盟费还是管理费，以及双方如何分配利益，与特许经营合同的认定没有必然关系，因此对于乙方主张双方的合同是合作合同，不是特许经营合同的答辩意见，法院不予支持。

《商业特许经营管理条例》规定，特许人从事特许经营活动应当拥有成熟的经营模式，并具备为特许人持续提供经营指导、技术支持和业务培训等服务的能力。特许人应当拥有至少2个直营店，并且经营时间超过1年。该规定是行政法规关于特许经营活动中，特许人市场准入资格的强制性规定，特许人不得违反，否则签订的合同应当无效。本案中，乙方没有一家直营店却对外签订特许经营合同，显系违反了该强制性规定，其与甲方签订的合同应当是无效合同。

合同无效后，因该合同取得的财产，应当予以返还；不能返还或者没有必要返还的应当折价补偿。甲方现要求乙方退还2万元，于法有据，法院予以支持。

☞ 本案启示

王某诉北京某美容公司特许经营合同纠纷案给我们的启示有二：

一是特许经营合同的判定标准是特许经营合同的具体内容。根据《商业特许经营管理条例》规定，商业特许经营具备的基本特征包括特许人许可被特许人使用其拥有的经营资源以及被特许人进行经营必须遵循合同约定的统一的经营模式。本案中双方的合同明确约定了乙方向甲方提供完整的管理经营经验，并且提供店面装潢、设备陈设方案，并为甲方培训员工、需经过乙方考核合格方可上岗。从这些合同内容可以看出，双方签订的合同符合特许经营的特征，属于特许经营合同。本案中甲乙双方签订的加盟合同中约定甲方交付费用的称呼是加盟费还是管理费，以及双方如何分配利益，与特许经营合同性质的认定没有必然关系。尽管乙方已经为甲方进行了相应的培训，由于乙方不符合《商业特许经营条例》规定的特许人应当拥有至少 2 个直营店，并且经营时间超过 1 年的规定，违反了特许人市场准入资格的强制性规定，故其与甲方签订的合同应当是无效合同。

二是特许人在不具备商业特许经营相应资质时应谨慎签署加盟合同。我国《商业特许经营管理条例》中，有关商业特许经营合同的特殊性要求及其商业特许经营合同效力的认定标准，决定了从事商业特许经营行业的许可人与加盟人，一定要严格按照《商业特许经营管理条例》的有关规定、条件，签订特许经营合同、依法履行商业特许经营合同的法定义务。加盟商在签订合同时，一定要熟悉或咨询相关的法律规定，考察许可人的资质与信誉，否则就可能面临加盟失败、导致经济损失或败诉的风险。而对于特许人来讲，不具备特许经营条件、没有进行相应的法律注册登记并获得法定的特许经营资格时，不要为了获取加盟费而轻易地与他人签订特许加盟合同。否则，不仅会在与加盟方签订的合同无效时受到一定既得利益损失，而且会为加盟方在合作中达不到其利益企图时，埋下可以主动选择运用法律的强制性规定，主张加盟人与许可人签订的加盟合同无效而规避风险的种子。

☞ 法条点击

《中华人民共和国合同法》

第五十二条　有下列情形之一的，合同无效：

（一）一方以欺诈、胁迫的手段订立合同，损害国家利益；

（二）恶意串通，损害国家、集体或者第三人利益；

（三）以合法形式掩盖非法目的；

（四）损害社会公共利益；

（五）违反法律、行政法规的强制性规定。

第五十八条　合同无效或者被撤销后，因该合同取得的财产，应当予以返还；不能返还或者没有必要返还的，应当折价补偿。有过错的一方应当赔偿对方因此所受到的损失，双方都有过错的，应当各自承担相应的责任。

《商业特许经营管理条例》

第七条　特许人从事特许经营活动应当拥有成熟的经营模式，并具备为被特许人持续提供经营指导、技术支持和业务培训等服务的能力。特许人从事特许经营活动应当拥有至少 2 个直营店，并且经营时间超过 1 年。

《中华人民共和国民事诉讼法》

第二百二十九条 被执行人未按判决、裁定和其他法律文书指定的期间履行给付金钱义务的，应当加倍支付迟延履行期间的债务利息。被执行人未按判决、裁定和其他法律文书指定的期间履行其他义务的，应当支付迟延履行金。

案例3 双方均不具备特许资格签订加盟合同的效力认定

名为加盟、实为借用经营资格的加盟合同纠纷案①

☞ 案情简介

原告： 李某等四人（甲方）

被告： 某餐饮公司（乙方）

原告诉称：厦门城市广场是厦门一家大型的购物场所，商场5楼是美食中心，经营各类风味小吃，厦门音乐厨房餐饮有限公司在美食中心具备餐饮经营资格。2006年6月26日，乙方与音乐厨房餐饮有限公司签订一份《合作经营合同》约定，将音乐厨房餐饮有限公司在厦门城市广场5楼的摊位经营权转让给乙方，期限为1年。

由于美食城生意兴隆，2006年7月5日，甲方决定加盟乙方，从事餐饮生意。乙方与甲方签订一份加盟合同约定：（1）甲方以加盟商的身份，加盟乙方在厦门城市广场5楼美食中心的摊位，加盟期限为一年；（2）甲方要向乙方缴纳加盟费等4万元。随后，甲方向乙方缴纳了费用，并开始经营餐饮生意。

经营两个月后，甲方发现和乙方签订的加盟合同违反了《中华人民共和国商业特许经营管理办法》等相关规定。这些法规要求餐饮行业的经营者要具备相应的经营资格，但甲方是厦门市民，都不具备加盟资格。为防止以后餐饮经营中出现麻烦，甲方决定退出加盟。乙方不同意，故甲方请求法院认定：（1）加盟合同无效；（2）乙方返还甲方缴纳的加盟费等4万元，并支付相应的利息。

---

① 本案例选自：《人民法院报》[2008-04-11]. 北京法院网.

被告辨称：乙方与甲方签订的是借用乙方经营资格的借用合同，乙方本身没有商业特许经营资格、也同样对商业特许经营的法律规定不知情，因此不存在滥用加盟合同、收取加盟费的主观过错。甲方交纳的加盟费，实质上是用于补偿乙方受让音乐厨房餐饮有限公司经营权的费用，甲方是在发现经营效益、回报率不如预期收益的情况下，擅自利用强制性法律规定以转嫁其经营风险的毁约行为。因此，乙方已经履行了相应的合同义务，不同意甲方的诉讼请求，请求法院主持公道。

☞ 审理结果

一审法院认为，甲方在加盟乙方开设的餐饮摊点过程中，加盟合同签订后，甲方支付给乙方 4 万元，乙方随即允许甲方在其享有厦门城市广场 5 楼经营各类风味小吃的美食中心，开展相应的餐饮经营活动。由于双方对相关法律规定的意识淡漠，导致甲、乙双方在签订加盟合同时，均不符合《中华人民共和国商业特许经营管理办法》中，有关特许方与被特许方应该具备的法定条件。现在甲方以自己不符合被特许方应具备的法定条件事由，解除合同，并要求乙方退还加盟费，于法有据。上述事实，有合同书、收据及当事人陈述等在案佐证。

综上，依照《中华人民共和国商业特许经营管理办法》第 7 条第 4 项、第 8 条之规定，判决如下：(1) 确认甲乙双方签订的《加盟合同书》无效；(2) 乙方于本判决生效之日起 10 日内退还甲方 40 000 元。

如果未按本判决指定的期间履行给付金钱义务，应当依照《中华人民共和国民事诉讼法》第 229 条之规定，加倍支付迟延履行期间的债务利息。

案件受理费 300 元，由甲、乙双方负担，于本判决生效后 7 日内交纳。

如不服本判决，可在判决书送达之日起 15 日内，向本院递交上诉状，并按对方当事人的人数提出副本，上诉于厦门市中级人民法院。

甲方不服，上诉于厦门市中级人民法院。厦门市中级人民法院经过审理认为，甲方加盟乙方进行餐饮经营的加盟合同，名为加盟，实质上是甲方直接作为投资者、经营者，借用乙方经营资格的经营资格借用合同。甲方作为实际的餐饮经营者，必须具备法定的餐饮经营资格。由于甲方不具备相应的法定餐饮业经营者的资格条件，法院由此认定双方签订的加盟合同为无效合同。鉴于甲乙双方都应当知道“个人不得作为经营主体签订加盟合同”的法律规定，双方当事人都应对合同的无效负相应的责任。

综上，依据国务院《无照经营查处取缔办法》第 2 条之规定、《中华人民共和国商业特许经营管理办法》第 7 条第 4 项、第 8 条之规定，厦门市中级人民法院终审判决如下：（1）维持原判，确认甲乙双方签订的《加盟合同书》无效；（2）乙方于本判决生效之日起10日内退还甲方40 000元。甲方要求支付的利息，由甲方自行承担。

☞ 法理评析

根据《中华人民共和国商业特许经营管理办法》关于特许经营合同的规定，除对特许人有一定的资质要求外，被特许人也要求必须是依法设立的企业或其他经济组织。《中华人民共和国商业特许经营管理办法》并没有规定个人可以作为经营主体签订特许经营合同。根据相关行政法规可以看出，国家法律禁止个人从事无证经营活动。而个人通过签订加盟合同，除利用特许人的经营资源外，还以特许人的经营执照对外从事营业活动，实际上是属于个人在没有经营资质的情况下，借用他人经营执照、资格进行经营活动的一种借壳经营，其产生的法律后果是，个人无证进行经营活动。一审法院只认定甲乙双方的加盟合同无效，不足以揭示本案的实质特点。厦门市中级人民法院以既违反国务院有关《无照经营查处取缔办法》之规定，又不符合《中华人民共和国商业特许经营管理办法》的相关规定，以此认定甲乙双方签署的加盟合同无效，既维护了法律制度体系的尊严，又对违法者的法定义务、责任承担进行了公平合理的分配与解析。

随着我国市场经济的发展，很多手中有一定闲置资金的个人，都想通过直接投资的方式盈利，于是“加盟”成了他们投资陌生行业的一种有效方式。通过上述案例可以看出，并非只要有资金，就可以投入任何行业。有加盟意向的投资者在签订加盟合同时，必须要熟知相关的法律、法规知识，以免利益受损。目前加盟合同的纠纷主要是主体的适格问题，事实上很多所谓的加盟合同从法律规定的加盟合同主体资格角度看，实质上不是加盟合同，本质上可能是承包、租赁、借用经营资格或者挂靠合同。因此，人们如果要投资加盟，在签订加盟合同时应该注意，法律规定对加盟双方的资格条件。又由于加盟经营倡导的是品牌经营，有一定品牌效应的产品往往其质量、服务相对有保障，更容易为消费者所接受。因此，对于想进行投资活动，在较短时间内取得经济效益，签订加盟合同确实是一个很好的选择。在加盟合同中，加盟商利用被加盟商已形成的商标、商号和经营模式等经营资源进行投资经营、取得收益；被加盟商通过对特许他人使用的商标、商号、经营模式等经营资源利用过程中的监督管理，进一步开拓市场，拓展品牌效应获取相应的加盟、管理费；消费者则可以通过信赖品牌产品效应而得到满意的消费服务。因此，符合法律规范加盟合同的签订、履行，可以达到经营资源所有者、资本所有者、消费者多方共赢的效果。

☞ 本案启示

名为加盟、实为借用经营资格的加盟合同纠纷案给我们的启示有二：

一是商业特许经营合同的效力取决于特许双方的法定资格。为了更好的规范加盟经营模式、减少商业加盟中出现的纠纷，无论是加盟者还是被加盟者，都要熟悉《中华人民共和国商业特许经营管理条例》及其相关法律制度体系，了解加盟经营、加盟合同主体、资格、条件的基本法律规定。否则，不仅会造成加盟合同的滥用，特许人与被特许人的合法权益不能得到应有的法律保障，而且还会影响商业特许经营行业的健康发展、使社会公共利益受到相应的损害，进而使双方当事人受到相应的行政处罚，或被一方恶意利用加盟合同的强制性规定主张加盟合同无效、规避经营风险。只要加盟双方在加盟前认真研读、咨询一下相关的法律、法规，加盟双方就可以避免很多不必要的麻烦。

二是正确理解商业特许经营合同即加盟合同与经营资格借用之间的关系。目前加盟合同纠纷发生的原因主要是，加盟者与被加盟者对加盟合同理解的误区。从加盟合同的性质来看，与出借营业执照、借用经营资格等借壳经营不同。加盟合同与借壳经营的最大区别在于：加盟者与被加盟者之间的辅助、监督、管理关系。其中，借壳经营是一种受到法律严格限制的不规范加盟经营，它不仅损害加盟者的利益，同时也会损害被加盟者的利益。加盟者只顾着投钱，加盟利益的保障一概不管；被加盟者只知把自己的商号、商标权一授了之，对加盟者怎么经营缺乏相应的监管意识。

☞ 法条点击

国务院《无照经营查处取缔办法》

第二条　任何单位和个人不得违反法律、法规的规定，从事无照经营。

《中华人民共和国商业特许经营管理办法》

第七条　特许人应当具备下列条件：

……

（四）在中国境内拥有至少2家经营1年以上的直营店或者由其子公司、控股公司建立的直营店；

……

第八条 被特许人应当具备下列条件：

（一）依法设立的企业或者其他经济组织；

（二）拥有与特许经营相适应的资金、固定场所、人员等。

《中华人民共和国民事诉讼法》

第二百二十九条 被执行人未按判决、裁定和其他法律文书指定的期间履行给付金钱义务的，应当加倍支付迟延履行期间的债务利息。被执行人未按判决、裁定和其他法律文书指定的期间履行其他义务的，应当支付迟延履行金。

案例4 医药用品行业特许经营应具备的资格条件

刘某诉某医药零售连锁有限公司合同纠纷案①

☞ 案情简介

原告： 刘某（甲方）

被告： 湖南某医药零售连锁有限公司（乙方）

原告诉称：乙方系经营医用药品的连锁企业，为经营需要需在攸县开设多家加盟店。2007年12月18日甲方与乙方经充分协商，同时签订了攸洲店、渌田店、皇图岭店等在内的5家连锁门店加盟合同书，并即时交纳合同保证金共45万元。经乙方同意甲方将攸洲店开设在攸洲大道攸洲机电城17～20号。2008年1月20日，甲方依约将办证资料递交乙方株洲分公司，请求办理各门店经营许可证，后甲方于2008年2月18日交纳攸洲门店租金111 600元，同时按合同要求进行了装修，花费76 900元，订做中药柜三组，花费2 940元，玻璃柜四组计1 420元。甲方的准备工作就绪，可乙方却无法及时为甲方办理药品经营许可证，为此甲方多次找乙方交涉无果。直到2008年7月10日，乙方才告之由于多种原因导致甲方等人的许多门店无法办理药品经营许可证，故请甲方等人到乙方公司协商合同解除事宜。甲方闻讯后多次与乙方协商，乙方对与甲方签订的渌

① 本案例选自：湖南省株洲市中级人民法院 民事判决书（2008）株中法民三初字第33号.

田店、皇图岭店及时作出了退款处理，但对攸洲店的处理事宜采取了一拖再拖的态度。期间为避免扩大损失，甲方经乙方同意于2008年8月16日终止了该门店的房屋租赁合同，挽回了租金损失93 000元。其余损失乙方至今也未如约退还甲方，致使甲方的损失日益扩大。甲方为维护合法权益，依法诉讼，特请求法院判令：(1) 终止甲方与乙方签订的ZZ00116号《湖南某医药零售连锁有限公司加盟合同书》；(2) 乙方退还甲方加盟保证金5万元；(3) 乙方赔偿甲方房屋租赁费、门面装修改造费用直接损失95 500元；(4) 乙方赔偿甲方置办中医柜三组计价2 940元，玻璃柜4组计价1 420元；(5) 乙方赔偿甲方交通费5 000元、伙食费3 000元、住宿费2 000元，营业收入损失30 000元；(6) 本案全部诉讼费用由乙方承担。

☞ 审理结果

法院经审理认为，甲方与乙方签订的ZZ00116号《湖南中南新农村医药零售连锁有限公司加盟合同书》属于医药行业特许经营合同，合法有效，受法律保护。在该合同履行中，乙方未能履行双方签订的合同第7条、第9条之约定，导致甲方无法开业经营，构成根本违约，甲方要求解除合同的请求，法院予以支持。甲方要求乙方赔偿装修费、门面租金、中药柜、玻璃柜等开办加盟店的直接损失，法院亦予以支持。对于甲方要求乙方赔偿交通费、伙食费、住宿费、营业收入3万元等诉请，法院不予支持。

综上，依据《中华人民共和国民事诉讼法》第130条、《中华人民共和国合同法》第8条、第94条（四）项、第97条、第107条、第113条第1款之规定，法院判决如下：(1) 解除甲方与乙方签订的ZZ00116号《湖南某医药零售连销有限公司加盟合同书》；(2) 乙方退还甲方加盟保证金5万元；(3) 乙方赔偿甲方房屋租赁费、药房装修改造费用等直接损失95 500元；(4) 乙方赔偿甲方置办中药柜三组计价2 940元，玻璃柜4组计价1 420元，共计4 360元；(5) 驳回甲方的其他诉讼请求。上述赔款数额乙方在本判决书生效之日起15日内支付。

如果乙方未按本判决指定的期间履行给付金钱义务，应当依照《中华人民共和国民事诉讼法》第229条之规定，加倍支付迟延履行期间的债务利息。

案件受理费4 098元，由乙方承担。如不服本判决，可在本判决书送达之日起15日内，向本院提交上诉状，并按对方当事人人数提出副本，上诉于湖南省高级人民法院。

☞ 法理评析

2007年12月18日，甲方与乙方签订的合同编号为ZZ00116号的《湖南某医药零售连锁有限公司加盟合同书》合法有效，其认可甲方在湖南攸县攸洲大道开设加盟店。合同第7条约定乙方自合同生效之日起3个月内，完成加盟店的开业事宜。第9条约定新开的加盟店由乙方代办药品经营许可证。

甲方就其诉称向本院提供的证据表明：甲方与乙方的合同关系成立且甲方向乙方交纳了合同保证金；甲方提供的字号名称预先核准通知书及门店负责人培训费收据、攸洲店门面的照片、房屋租赁协议书及付款凭证，证明甲方履行了合同义务及开支情况；湖南某药业公司110号文件和补充协议表明，乙方没有履行给甲方办理药品经营许可证的义务，具有违约的事实。鉴于甲乙双方之间的加盟法律关系成立、甲方向乙方支付了加盟金以及乙方同意甲方店面选址在攸洲大道的事实；有关证据与原件上面的签名和批示是乙方的实际控股人杜某，以及乙方同意将攸州加盟店改为直营店的事实；甲方签订的租赁合同以及年租金数额、药房装修负责人的收据与装修照片佐证的装修费用的真实性。

在合同履行过程中，乙方未能在合同第7条规定的3个月期限内完成甲方加盟店的开业事宜，也没有按照合同第9条规定为甲方办理好药品经营许可证，承诺将甲方加盟店改为直营店的事宜亦未完成，因此法院对甲方要求退还为履行合同交纳的加盟保证金5万元、房屋租赁费、药房装修改造费用直接损失95 500元、置办中药柜三组计价2 940元、玻璃柜4组4 360元的诉求予以支持。而对于甲方提出的交通费、伙食费、住宿费等由于没有正规票据证明，法院不予认定；有关的经营损失诉求，鉴于商业经营存在风险，甲方不能证明其经营是否可以获利及获利多少，对该项诉请法院不予支持。

☞ 本案启示

刘某诉湖南某医药公司特许经营合同纠纷一案的启示有二：

一是药品特许经营与一般的商品特许经营加盟相比，具有更加复杂的审批环节与条件，需要有关国家医药监管部门的审批与介入。本案有关甲、乙双方在攸县经营医用药品的加盟企业纠纷，既涉及商业特许经营的资格条件，又涉及医药特殊行业特许直销经营的资格审核。因此，在选择特殊行业的特许加盟经营中，一定要同时符合特殊行业及其商业特许经营的所有法律、法规的要求与资格条件。

二是明确加盟店与直营店的区别与联系。加盟店是指，按照商业特许经营的相关法律规定，特许人通过订立特许经营合同将其拥有的特许经营权许可被特许人使用，被特许人接受特许人的监管、按照合同约定在统一的经营模式下开展经营，并向特许人支付相应费用的经营活动或营销方式；直营店是指，拥有特殊经营资源的特许人，通过订立合同允许其他经营者以投资、入股的方式，成立分公司、子公司或合伙企业的方式，与其共享其特有经营资源的经营方式。

☞ **法条点击**

《中华人民共和国民事诉讼法》

第一百三十条　乙方经传票传唤，无正当理由拒不到庭的，或者未经法庭许可中途退庭的，可以缺席判决。

《中华人民共和国合同法》

第八条　依法成立的合同，对当事人具有法律约束力。当事人应当按照约定履行自己的义务，不得擅自变更或者解除合同。

第九十四条　有下列情形之一的，当事人可以解除合同：

……

（四）当事人一方迟延履行债务或者有其他违约行为致使不能实现合同目的；

……

第九十七条　合同解除后，尚未履行的，终止履行；已经履行的，根据履行情况和合同性质，当事人可以要求恢复原状、采取其他补救措施，并有权要求赔偿损失。

第一百零七条　当事人一方不履行合同义务或者履行合同义务不符合约定的，应当承担继续履行、采取补救措施或者赔偿损失等违约责任。

第一百一十三条　当事人一方不履行合同义务或者履行合同义务不符合约定，给对方造成损失的，损失赔偿额应当相当于因违约所造成的损失，包括合同履行后可以获得的利益，但不得超过违反合同一方订立合同时预见到或者应当预见到的因违反合同可能造成的损失。

……

案例5 被特许人转让特许经营权的特许合同效力认定

北京某烤鸭集团有限公司特许经营合同纠纷案①

☞ 案情简介

原告：北京某烤鸭集团有限公司（甲方）

被告：北京某科工贸公司（乙方）

被告：北京某餐饮有限公司（丙方）

2000年6月16日，甲方与乙方签订合同。该合同约定：由乙方提供营业用房，甲方提供“便宜坊”商标使用权及专有技术，双方合作经营便宜坊烤鸭店某分店；合作期为2000年6月16日至2005年6月16日，甲方给乙方四个月时间做开业的准备工作；由甲方培训乙方的工作人员；商标使用费第一年为12万元，从第二年开始每年递增5%，即第二年为12.6万元，第三年为13.23万元，第四年为13.89万元，第五年为14.58万元；乙方以一年为期支付商标使用费，即签订合同时一次性交齐当年的商标使用费，以后几年于当年的8月8日之前交齐；甲方选派一名厨师长和四名厨师到乙方工作；乙方所用的烤鸭鸭胚及荷叶饼由甲方供货，价格按甲方的进价加上必要的工时费计算，货款于当月25日之前结清；乙方保证按期交纳商标使用费，如拖欠须按每日5‰加罚滞纳金，过期一个月仍未交纳，甲方将追究责任并要求乙方赔偿一倍使用费的经济损失，并有权单方解除合同。

2000年6月20日，乙方向甲方支付2000年的商标使用费12万元。乙方申请注册成立便宜坊烤鸭店某分店，并将该店交由共同出资的丙方经营。2002年4月9日，丙方向甲方支付商标使用费6万元。在诉讼中，乙方和丙方称除双方无争议的已经支付的18万元商标使用费外，丙方于2002年5月还向甲方支付过3万元商标使用费。但其提交的用于支持该主张的证据却是甲方就该3万元开具的工资收据的相关票据。当事人双方对该3万元的名目各执一词。丙方在经营中，

① 本案例选自：北京市高级人民法院民事判决书（2004）高民终字第34号.

甲方曾为其派出过厨师长和厨师支持经营，但也有断档的情况。乙方和丙方还称丙方使用“便宜坊”注册商标不符合工商部门的规定，因此受到过工商部门的行政处罚导致不能进行正常经营。丙方曾多次要求甲方为其完善商标使用手续，而甲方对此却予以否认。但丙方至今未获得工商管理部门要求的甲方给予其使用“便宜坊”字号的授权。

因乙方与丙方未能按期支付合同约定的商标使用费及其有关的原材料款，故甲方将乙方与丙方诉至法院，要求：（1）解除甲方与乙方2000年6月16日签订的合同；（2）乙方与丙方停止使用甲方的“便宜坊”注册商标；（3）向甲方支付所欠原材料款；（4）赔偿甲方因此而造成的经济损失。

北京市第二中级人民法院经审理认定，甲方与乙方签订的合同系双方真实意思表示。该合同除其中约定的延迟支付商标使用费的滞纳金高于法定标准，显失公平而无效外，其他条款均合法有效。依法作出相应判决后，乙方与丙方不服法院的判决并提起上诉。

☞ 审理结果

北京市第二中级人民法院根据《最高人民法院关于修改〈最高人民法院关于逾期付款违约金应当按照何种标准计算问题的批复〉的批复》的规定、《中华人民共和国合同法》第93条第2款、第97条之规定判决如下：（1）解除甲方与乙方2000年6月16日签订的合同；（2）乙方、丙方于本判决生效后立即停止使用甲方的注册商标；（3）乙方、丙方于本判决生效后10日内，向甲方支付商标使用费158 300元并按日万分之二点一的标准支付滞纳金至付清日止；（4）乙方、丙方于本判决生效后10日内，向甲方支付原材料款348 842.6元，并按日万分之二点一的标准支付滞纳金至付清日止；（5）乙方、丙方于本判决生效后10日内，赔偿甲方经济损失158 300元；（6）驳回乙方、丙方的反诉请求。

乙方不服一审判决，向法院提起上诉。法院2004年1月2日受理后依法组成合议庭，于2004年2月18日公开开庭进行了审理。二审法院认为一审判决认定事实基本清楚，适用法律正确，虽判决理由有欠妥之处，但判决结果并无不当。乙方所提上诉理由不能成立，其上诉请求不予支持。依照《中华人民共和国民事诉讼法》第153条第1款第（一）项之规定，判决如下：

驳回上诉，维持原判。

一审本诉案件受理费11 505元及反诉费17 675元，由乙方、丙方负担（反诉费已交纳，本诉案件受理费于本判决生效之日起7日内交纳）。

二审本诉案件受理费11 505元及反诉费17 675元，由乙方负担（已交纳）。

本判决为终审判决。

☞ 法理评析

甲方与乙方签订的合同系双方真实意思的表示。该合同除其中约定的延迟支付商标使用费的滞纳金高于法定标准，显失公平而无效外，其它条款均合法有效。

甲方与乙方签订合同的目的是合作经营便宜坊烤鸭店某分店。由于乙方不具有经营餐饮的业务范围，故将该店交给其参股成立的丙方进行实际经营。丙方不仅在实际经营该店中使用了甲方的注册商标，而且向甲方支付了部分商标使用费，甲方在诉讼中也表示对丙方在经营该店中使用其注册商标不持异议。因此，应当认定甲方与乙方所签合同中约定的丙方的权利义务应当由乙方和丙方共同享有和承担。

关于乙方和丙方称丙方曾向甲方支付商标使用费 3 万元一节，因甲方予以否认，乙方和丙方又未提交充分证据，故对此主张法院不予支持。乙方和丙方未提供充分证据证明丙方在经营便宜坊烤鸭店某分店中，因使用“便宜坊”注册商标的手续不完善而受到有关部门的行政处罚并导致其不能进行正常的经营活动。且乙方和丙方也无证据证明其曾要求甲方为丙方完善商标使用手续。故乙方和丙方以此作为欠付甲方商标使用费的抗辩理由，不能成立。乙方和丙方未按合同约定时间支付商标使用费的行为构成违约，甲方根据合同约定，有权单方解除合同并有权要求乙方和丙方赔偿经济损失。鉴于乙方和丙方在反诉中也提出了解除合同的请求，故甲方与乙方所签合同应予解除。合同解除后，乙方和丙方不得再使用甲方的“便宜坊”注册商标。乙方和丙方应向甲方支付尚欠的商标使用费，并应赔偿甲方同等数额经济损失。乙方和丙方对已书面确认的尚欠甲方的原材料款，亦应支付并承担利息。

因导致合同解除的责任在于乙方和丙方，故对乙方和丙方的反诉请求，法院不予支持。乙方不服一审判决，向法院提起上诉的理由有二：一是一审法院认定事实不清，适用法律有误。当事人之间是合作经营关系，并非商标使用许可关系；由于甲方未履行口头承诺的为丙方负责办理合法经营手续及合同约定的选派厨师长和厨师，致使丙方无法正常经营某分店而使乙方和丙方遭受严重经济损失，对此一审法院判决未作出认定。二是一审法院判决程序违法。在诉讼中乙方和丙方变更反诉请求，要求继续履行合同以减少经济损失。但一审法院判决却只字未提，认定乙方和丙方同意解除合同，严重损害了乙方和丙方的合法权益，违背了民事诉讼不告不理的原则，程序严重违法。综上，请求二审法院撤销一审判决，依法改判，并由甲方承担本案诉讼费。

二审法院经审理查明，甲方与乙方 2000 年 6 月所签合同虽名为合作经营合同，但根据该合同设定双方的权利义务的具体内容，应当认定为商标使用许可合同。该合同关于违约责任的条款虽显失公平，但乙方在法定期限内未行使申请撤销权，故该合同具有法律效力，双方均应自觉履行。在合同履行中，甲方对丙方在实际使用其注册商标时知晓并表示认可。因此，应当视乙方和丙方为与甲方的共同签约人，合同约定的乙方的权利义务应当对乙方和丙方均有法律约束力。一审判决的损失赔偿数额基本合理，二审法院予以维持。但对其赔偿损失理由欠妥之处予以纠正。

☞ 本案启示

北京某烤鸭集团有限公司特许经营合同纠纷案给我们的启示有二：

一是被特许人转让特许经营权后特许合同效力的认定应具体情况具体分析。鉴于乙方与丙方之间的参股关联关系且同属于餐饮行业，乙方与甲方签订特许合同后交由丙方经营，即乙方将特许经营权转让于丙方后的特许合同是有效的。在商业特许经营合同的履行过程中，鉴于特许人与被特许人双方信息的不对称、地位的不平等性，为维护公平的市场竞争秩序，为减少特许人对被特许人合法权益的损害，特许人负有对被特许人经营、管理进行指导、培训的法定义务。因此，甲方负有派厨师前往乙方、丙方给予技术服务的法定义务，即使合同未约定特许人的违约责任，特许人也应就其违约行为承担一定的不利后果，不应以是否给被特许人造成具体的经济利益损害为前提。

二是当事人之间签订的合同性质，是属于合作经营关系、商标使用许可关系，还是特许经营合同关系，判定的标准是合同的具体内容。通过双方签订合同的具体内容来看，该合同属于特许经营合同。其中：合作经营关系是指，合同当事人共同出资、共同经营、共享本企业的各类经营资源，按照约定、法定或出资额的多少进行利益分配的经营关系；商标许可使用关系是指，商标所有权人或享有商标使用权人，依照相关的法律规定或合同约定，授权许可他人在特定领域或范围内使用商标并向其支付一定费用的法律关系；特许经营合同关系是指，拥有注册商标、企业标志、专利、专有技术等经营资源的企业，以合同形式将其拥有的经营资源许可其他经营者使用，被特许人按照合同约定在统一的经营模式下开展经营，并向特许人支付特许经营费用的合同经营关系。

☞ **法条点击**

《中华人民共和国合同法》

第九十三条 当事人协商一致，可以解除合同。

当事人可以约定一方解除合同的条件。解除合同的条件成就时，解除权人可以解除合同。

第九十七条 合同解除后，尚未履行的，终止履行；已经履行的，根据履行情况和合同性质，当事人可以要求恢复原状、采取其他补救措施，并有权要求赔偿损失。

《中华人民共和国民事诉讼法》

第一百五十三条 第二审人民法院对上诉案件，经过审理，按照下列情形，分别处理：

（一）原判决认定事实清楚，适用法律正确的，判决驳回上诉，维持原判决；

……

案例6 特许人欠缺法定资格要件签订特许合同的效力认定

北京某水业连锁有限公司特许经营纠纷案[①]

☞ **案情简介**

原告：张某（甲方）

被告：北京某水业连锁有限公司（乙方）

原审法院经审理查明：2007年10月13日，甲方与乙方签订《水厂加盟合同》，约定乙方特许甲方加盟某水厂连锁。加盟对象的条件是：对饮用水事业有

① 本案例选自：北京市第一中级人民法院民事判决书（2008）一中民终字第10397号.

浓厚的兴趣、有合法资质证照（营业执照、税务登记证、卫生许可证）、有符合乙方要求的经营场所、每年向乙方交纳 3 000 元的品牌使用及管理服务费、加盟费 8 000 元。合同约定甲方的生产销售区域为山东省东营市和广饶县，甲方的权利义务为：负责办理加盟水厂连锁所需的一切手续，经营场所和流动资金、享受成本价长期供应耗材、享受“某”山泉机及其它产品的代理销售权、依法经营照章纳税、独立承担经营中所产生的一切费用及债权债务。乙方的权利义务为：有权随时对加盟水厂的服务和产品质量进行检查和考核、有义务提供“某”山泉水的各种商标服务的授权书、负责提供水厂的装潢设计产品陈列参考图、负责解决甲方的设备安装和售后服务问题、负责对甲方的生产销售进行培训和筹划。合同同时约定，甲方所定的设备型号为 1T/h 主机，主机加上全自动桶装线加上加盟费为 88 000 元、自动洗桶扒盖机 6 500 元、500 个水桶 19 500 元、5 000 套耗材 1 900 元，合同标的额共计 115 900 元。预付定金 10 000 元后合同生效，15 天内预付 70% 货款，乙方发货，30% 余款在货到后一次性付清，全部货款结清后总部去安装调试。合同有效期自 2007 年 10 月 13 日至 2008 年 10 月 12 日。

合同签订后，甲方按约定向乙方支付了设备款和加盟费，乙方亦将设备交付甲方并安装调试完毕。但安装完设备后，乙方未对甲方进行指导和培训。加之乙方在与甲方签订水厂加盟的过程中，存在大量虚假宣传和欺诈行为，导致合同签订后甲方无法实现经营水厂的目的，给甲方造成严重的经济损失。甲方多次找乙方交涉未果，故向法院提起诉讼，要求：（1）撤销甲、乙双方签订的水厂加盟合同；（2）乙方返还甲方设备款及加盟费 115 900 元；（3）乙方支付甲方其他经济损失 122 158 元；（4）诉讼费由乙方承担。

☞ 审理结果

一审法院认为：本案中乙方在与甲方签订的水厂加盟合同上，以及向甲方提供的桶装水桶上均标有“某国际企业集团”字样，而乙方提供的现有证据不能证明某国际企业集团真实存在；乙方在尚未取得第 32 类注册商标的情况下，在桶装水桶上使用了“某”标志；乙方在其网页、宣传页等宣传材料上的宣传内容有明显夸大成分；乙方在与甲方签订水厂加盟合同时，不具备有 2 个直营店并经营 1 年以上的成熟经营管理模式。乙方的上述行为，客观上夸大了其经营规模及其他相关信息，足以诱使甲方在签订水厂加盟合同时作出错误意思表示。因此，可以认定乙方存在欺诈行为。据此，依照《中华人民共和国合同法》第 54 条、第 58 条之规定，判决撤销甲方与乙方于 2007 年 10 月 13 日签订的水厂加盟合同；乙方返还甲方设备款及加盟费共计 115 900 元，同时自行取回合同约定的设备。甲方不能返还的设备按合同约定的价款予以扣除（主机加全自动桶装线：8元；洗桶扒盖机：6 500元；500水桶：19 500元；5 000套耗材：1 900元）；驳回甲方其它诉讼请求。

乙方不服北京市大兴区人民法院（2008）大民初字第2628号民事判决，向法院提起上诉。法院依法组成合议庭审理了本案，二审法院认为：原审法院判决认定事实清楚，适用法律正确，处理并无不当，应予维持。依照《中华人民共和国民事诉讼法》第153条第1款第（1）项、第158条之规定，判决如下：(1) 驳回上诉，维持原判。(2) 如果未按本判决指定的期间履行给付金钱义务，应当依照《中华人民共和国民事诉讼法》第229条的规定，加倍支付迟延履行期间的债务利息。（3）一审案件受理费1 372元，由甲方负担704元（已交纳）；由乙方负担668元（于本判决生效后7日内交纳）。二审案件受理费2 618元由乙方负担（已交纳）。

☞ 法理评析

作为特许经营合同的特许人，应当拥有成熟的经营模式，具备为被特许人持续提供经营指导、技术支持和业务培训的能力，向被特许人真实、准确、完整地披露其产品及经营信息。本案中乙方在与甲方签订的水厂加盟合同上，以及向甲方提供的桶装水桶上均标有"某国际企业集团"字样，而乙方提供的现有证据不能证明某国际企业集团真实存在；乙方在尚未取得第32类注册商标的情况下，在桶装水桶上使用了"某"标志；乙方在其网页、宣传页等宣传材料上的宣传内容有明显夸大成分；乙方于2007年4月3日登记成立，甲方签订水厂加盟合同为2007年10月13日，乙方在与甲方签订水厂加盟合同时，不具备有2个直营店并经营1年以上的成熟经营管理模式。乙方的上述行为，客观上夸大了其经营规模及其他相关信息，足以诱使甲方在签订水厂加盟合同时作出错误意思表示。因此，可以认定乙方存在欺诈行为，甲方要求撤销双方于2007年10月13日签订的水厂加盟合同的诉讼请求合理，一审法院予以支持；水厂加盟合同撤销后，双方因该合同取得的财产应当予以返还。因此，甲方要求乙方返还设备款及加盟费115 900元的诉讼请求，一审法院予以支持。同时，甲方亦有义务将取得的主机、全自动桶装线、桶装水桶等设备退还乙方；甲方要求乙方赔偿损失122 158元，包括建厂投资款43 605元、办卫生许可证等14 121元、差旅费1 600元、建成水厂预期盈利62 832元。其中，建厂投资款的票据不能证明系为建水厂真实发生的款项，办卫生许可证等14 121元不能证明为合理支出，差旅费1 600元及预期盈利62 832元没有事实和法律依据，因此甲方该项诉讼请求，一审法院不予支持。

乙方不服一审判决上诉的理由与请求有三：一是一审判决认定事实不清，乙方无欺诈行为。理由是某国际企业集团真实存在，乙方无欺诈行为；乙方取得32类申请注册商标合法使用权无明显夸大；乙方有两个以上直营店经营。以上事实证明乙方无过错，不足以诱使甲方作出签约的错误意思表示。二是一审判决适用法律错误。判决适用《中华人民共和国合同法》第54条是错误的，乙方没有使用欺诈手段，没有造成甲方在违背真实意思情况下订立合同，亦没有导致其损失，甲方不履行合同义务，并且意图使用滥诉手段逃避自己合同义务和应承担的风险。三是一审判决错误采信证据。乙方在一审期间提供大量证据证明无任何欺诈行为，相反甲方明知合同义务，故意不履行，意图通过诉讼逃避合同应履行的义务和风险。综上，请求二审法院改判、驳回甲方的全部诉讼请求。

乙方与甲方签订的《水厂加盟合同》中，表明乙方系某国际企业集团的成员，但在签章处却只有“北京某水业连锁有限公司”的盖章，且乙方向甲方提供的桶装水桶上印有“某国际企业集团”字样，而乙方没有提供证据证明“某国际企业集团”系在相关部门登记备案的企业；乙方在尚未取得相应注册商标的情况下，在桶装水桶上使用了“某”标志；乙方在其网页、宣传页等宣传材料上的宣传内容有明显夸大成分；根据国家相关经营管理条例的规定，乙方必须具有2个以上直营店并经营1年以上的成熟经营管理模式，但乙方在与甲方签订《水厂加盟合同》时，不具备上述条件。乙方的上述行为足以使甲方作出错误的意思表示，应当认定乙方存在欺诈行为，故乙方的上诉理由不能成立。

☞ 本案启示

北京某水业连锁有限公司特许经营纠纷案给我们的启示有二：

一是特许人的法定资格条件对特许合同效力的充分性，即乙方法定资格条件的欠缺并不必然导致其与甲方签订特许经营合同的无效，而且乙方必须按照商业特许经营合同中特许方的法定义务履行其职责。本案中乙方虽于2007年4月3日在工商部门登记成立，但在本案审理过程中，乙方未提供相关证据证明其在签订水厂加盟合同时具有2个以上直营店并经营1年以上的成熟经营模式。乙方将其与甲方签订的特许经营合同中特许人应负的法定义务与一般的买卖合同义务相混同，所以才有了诸如“不同意甲方的全部诉讼请求，乙方主要履行合同义务是交付设备、配件、给甲方安装调试设备，同时出示设备配件卫生合格批件，以上义务乙方已履行完毕，无任何过错。乙方没有欺诈行为，甲方无权撤销双方依法签订的水厂加盟合同”等混淆合同性质的抗辩词。

二是明确区分合同无效与合同撤销之间的差异性。合同无效是指合同根本不符合法定的生效条件，合同关系不应该成立。合同撤销是指当事人对合同的内容有重大误解或显失公平、受欺诈、受胁迫等，可以经利害关系当事人请求撤销该合同，使其已经发生的法律效力归于消灭。合同撤销与合同无效区别有三：首先，二者发生的原因不同。合同无效是指合同根本不符合法定的生效条件，合同关系不应该成立；而合同撤销是指使已经有效成立的合同关系，因为合同撤销而终止。其次，二者适用的条件不同。对于故意违反法律和社会公共道德的合同当然无效，即使当事人不主张无效，法院和仲裁机关也可以主动干预、认定其无效；合同的撤销适用自由原则，即使是符合法律规定的撤销条件，当事人不行使撤销权，国家也无权主动干涉、解除。最后，二者适用的法律后果不同。合同无效后合同自始不发生法律效力；合同撤销原则上发生溯及既往的效力；但对于某些特殊合同，当事人可以对撤销的效力有特别约定、不发生溯及既往的效力。

☞ 法条点击

《中华人民共和国合同法》

第五十四条 下列合同，当事人一方有权请求人民法院或者仲裁机构变更或者撤销：

（一）因重大误解订立的；

（二）在订立合同时显失公平的。

一方以欺诈、胁迫的手段或者乘人之危，使对方在违背真实意思的情况下订立的合同，受损害方有权请求人民法院或者仲裁机构变更或者撤销。

当事人请求变更的，人民法院或者仲裁机构不得撤销。

第五十八条 合同无效或者被撤销后，因该合同取得的财产，应当予以返还；不能返还或者没有必要返还的，应当折价补偿。有过错的一方应当赔偿对方因此所受到的损失，双方都有过错的，应当各自承担相应的责任。

《中华人民共和国民事诉讼法》

第一百五十三条 第二审人民法院对上诉案件，经过审理，按照下列情形，分别处理：

（一）原判决认定事实清楚，适用法律正确的，判决驳回上诉，维持原判决；

……

第一百五十八条　第二审人民法院的判决、裁定，是终审的判决、裁定。

第二百二十九条　被执行人未按判决、裁定和其他法律文书指定的期间履行给付金钱义务的，应当加倍支付迟延履行期间的债务利息。被执行人未按判决、裁定和其他法律文书指定的期间履行其他义务的，应当支付迟延履行金。

《商业特许经营管理条例》

第三条　本条例所称商业特许经营（以下简称特许经营），是指拥有注册商标、企业标志、专利、专有技术等经营资源的企业（以下称特许人），以合同形式将其拥有的经营资源许可其他经营者（以下称被特许人）使用，被特许人按照合同约定在统一的经营模式下开展经营，并向特许人支付特许经营费用的经营活动。

第七条　特许人从事特许经营活动应当拥有成熟的经营模式，并具备为被特许人持续提供经营指导、技术支持和业务培训等服务的能力。

特许人从事特许经营活动应当拥有至少 2 个直营店，并且经营时间超过 1 年。

第八条　特许人应当自首次订立特许经营合同之日起 15 日内，依照本条例的规定向商务主管部门备案。在省、自治区、直辖市范围内从事特许经营活动的，应当向所在地省、自治区、直辖市人民政府商务主管部门备案；跨省、自治区、直辖市范围从事特许经营活动的，应当向国务院商务主管部门备案。

特许人向商务主管部门备案，应当提交下列文件、资料：

（一）营业执照复印件或者企业登记（注册）证书复印件；

（二）特许经营合同样本；

（三）特许经营操作手册；

（四）市场计划书；

（五）表明其符合本条例第七条规定的书面承诺及相关证明材料；

（六）国务院商务主管部门规定的其他文件、资料。

特许经营的产品或者服务，依法应当经批准方可经营的，特许人还应当提交有关批准文件。

案例7 被特许人合法权益保护的途径

李某与北京某有限公司特许加盟合同纠纷案①

☞ 案情简介

原告： 李某（甲方）

被告： 北京某有限公司（乙方）

甲方与乙方于2005年1月20日签订了特许加盟合同，乙方授权甲方在河北沧州市投资加盟经营乙方品牌的服装专营店。合同约定：乙方为甲方提供市场和产品信息、标准化管理的帮助、专营店装修方案、专营店运行手册等服务；甲方向乙方交纳品牌使用费、品牌保证金共计80 000元。加盟合同签订后，甲方依约缴纳品牌使用费、品牌保证金共计80 000元。之后双方在履行合同过程中发生纠纷，甲方认为乙方未依约提供任何市场和产品信息，未提供标准化管理的帮助，未提供专营店装修方案，未提供专营店运行手册，而且乙方提供的产品出现严重缺号、缩水、掉色、裤线走斜等质量问题。乙方上述违约行为导致甲方合同目的无法实现，给甲方造成很大损失。为此，甲方将乙方起诉至法院，要求：(1) 解除与乙方签订的特许加盟经营合同；(2) 要求乙方返还品牌使用费和品牌保证金8万元。庭审中甲方提交了乙方的销售清单，用以证明乙方向甲方提供的产品存在号码不齐的现象。同时还向法庭提交了乙方向其提供的三条存在掉色现象的蓝色女裤、存在缩水现象的黑色女上衣和裤线走斜的白色女裤，以证明乙方的产品质量有瑕疵。乙方没有提供证据证明其已经向甲方提供市场和产品信息、标准化管理帮助、专营店装修方案和运行手册等服务。

☞ 审理结果

法院经审理认为，甲乙双方之间签订的加盟合同是双方真实意思的表示，内容不违反法律、行政法规的强制性规定，应属合法有效的合同。对于甲方诉称的产品质量问题，双方合同明确约定产品质量如果有问题，可以退货，因退

① 本案例选自：百度 http：//www. bjls. net/feature/show. aspx？dutyid = 20&ID = 694，最后访问时间：2010年8月7日.

货发生的费用由乙方全部承担。且服装掉色、缩水是日常生活中一种常见的现象，起因很多，并不必然是质量不合格，并且作为批量进货的销售者，甲方只以三件服装有掉色、缩水、走斜线现象便认为乙方的产品质量有瑕疵，证据不够充分。对于甲方诉称的产品缺号问题，法院认为，合同约定乙方有随时提供产品给甲方的义务，乙方在收到甲方货款的5日内根据甲方的要求发货。根据该规定，乙方随时提供产品义务的履行应当以甲方提出需求为前提，且根据常理，如甲方不提出具体需求，乙方不可能知道甲方需要什么型号的产品。现甲方并未举证证明向乙方提出过具体的产品需求，甲方以产品缺号为由认为乙方违约的理由不足。至于乙方未向甲方提供市场和产品信息、标准化管理帮助、专营店装修方案和运行手册等情节。合同签订后双方已经履行了几个月的时间，乙方未履行这些义务并未导致甲方不能经营加盟店。乙方尽管存在上述违约行为，但尚不足以构成合同解除的条件。据此，法院判决如下：（1）驳回甲方要求解除与乙方签订的加盟合同的诉讼请求；（2）驳回甲方要求返还品牌使用费、品牌保证金的请求。

☞ **法理评析**

甲方与乙方于2005年1月20日签订了特许加盟合同后，甲方依约向乙方缴纳品牌使用费、品牌保证金共计80 000元，而乙方未依约提供任何市场和产品信息，未提供标准化管理的帮助，未提供专营店装修方案，未提供专营店运行手册。乙方提供的产品出现严重缺号、缩水、掉色、裤线走斜等质量问题使甲方的合同目的无法实现，给甲方造成很大损失。庭审中甲方提交了销售清单，用以证明乙方向甲方提供的产品存在号码不齐的现象。同时还向法庭提交了乙方向其提供的三条存在掉色现象的蓝色女裤、存在缩水现象的黑色女上衣和裤线走斜的白色女裤，以证明乙方的产品质量有瑕疵。乙方没有提供证据证明其已经向甲方提供市场和产品信息、标准化管理帮助、专营店装修方案和运行手册等服务。为此，甲方要求解除与乙方签订的加盟合同、返还品牌使用费和品牌保证金8万元的诉求，理应受到支持。

按照我国《合同法》的相关法律、法规，甲方与乙之间签订的合同是双方真实意思的表示，内容不违反法律、行政法规的强制性规定，合同合法有效。但根据“商业特许经营管理”相关的法律、法规，对于甲方诉称的服装掉色、缩水现象，在现代科学技术条件与商业特许经营领域，应属于产品质量问题，甲方以三件服装有掉色、缩水、走斜线现象证明乙方提供的批量产品质量有瑕疵，法院审理中不应以证据不够充分而否认乙方的违约行为。对于甲方诉称的产品缺号问题，法院以乙方随时提供产品义务的履行应当以甲方提出需求为前提，且甲方不提出具体需求乙方不可能知道甲方需要什么型号的理由，否认乙方的违约行为，是说理不充分的表现。同时，法院以乙方未向甲方提供市场和产品信息、标准化管理帮助、专营店装修方案和运行手册等情节并未导致甲方不能经营加盟店为由，得出不足以构成合同解除的条件，值得商榷。对于甲方要求乙方返还品牌使用费、品牌保证金的请求不予支持，更是法律适用不当的结论。

☞ 本案启示

在商业特许经营领域，加盟商要注意学习相关的特许经营知识，才能更好地维护自身的合法权益。本案系争的特许经营合同纠纷给我们的启示有二：

一是加盟商必须在纠纷解决的过程中明确合同的属性，才能更好地维护自己的合法权利。本案有关纠纷解决的过程中，由于法院是依据一般合同的原理论述和解决存在于特许经营双方之间的纠纷，所以才得出了违背商业特许经营法律、法规中有关特许经营者应具备特殊条件、必须具备的法定义务之规定，导致加盟者的合法权益不能得到相应的保护。

二是依据有关商业特许经营法律、法规的规定确定诉讼请求。特许经营合同纠纷大致可以分为以下三种类型：因特许人不够特许人条件引起的纠纷、特许人欺诈引起的纠纷和特许双方履行合同中的违约行为引起的纠纷。对于这三种纠纷，当事人应提出不同的诉讼请求，即要求法院认定合同无效、还是要求撤销合同，还是要求特许人承担违约责任。法院将根据甲方的不同请求适用不同的法律规定。如果当事人混淆了不同的案件情况，提出了不当的诉讼请求，那么很可能会得到不满意的判决，甚至原本胜诉的案件可能因此而败诉。本案中加盟商如果针对特许人的资格问题，提出请求法院确认加盟合同无效的诉求，可能更加有利于维护自己的合法权益。

☞ 法条点击

《商业特许经营管理办法（试行）》

第六条 特许者必须具备下列条件：

（一）具有独立法人资格；

（二）具有注册商标、商号、产品、专利和独特的、可传授的经营管理技术或决窍，并有一年以上良好的经营业绩；

（三）具有一定的经营资源；

（四）具备向被特许者提供长期经营指导和服务的能力。

《商业特许经营管理办法》

第十条 特许人应当履行下列义务：

（一）按照本办法有关规定及时披露信息；

（二）将特许经营权授予被特许人使用并提供代表该特许经营体系的营业象征及经营手册；

（三）为被特许人提供开展特许经营所必需的销售、业务或者技术上的指导、培训及其他服务；

（四）按照合同约定为被特许人提供货物供应。除专卖商品及为保证特许经营品质必须由特许人或者特许人指定的供应商提供的货物外，特许人不得强行要求被特许人接受其货物供应，但可以规定货物应当达到的质量标准，或提出若干供应商供被特许人选择；

（五）特许人对其指定供应商的产品质量应当承担保证责任；

（六）合同约定的促销及广告宣传；

（七）合同约定的其他义务。

《商业特许经营管理条例》

第三条 本条例所称商业特许经营（以下简称特许经营），是指拥有注册商标、企业标志、专利、专有技术等经营资源的企业（以下称特许人），以合同形式将其拥有的经营资源许可其他经营者（以下称被特许人）使用，被特许人按照合同约定在统一的经营模式下开展经营，并向特许人支付特许经营费用的经营活动。

企业以外的其他单位和个人不得作为特许人从事特许经营活动。

第七条 特许人从事特许经营活动应当拥有成熟的经营模式，并具备为被特许人持续提供经营指导、技术支持和业务培训等服务的能力。

特许人从事特许经营活动应当拥有至少 2 个直营店，并且经营时间超过 1 年。

第十二条 特许人和被特许人应当在特许经营合同中约定，被特许人在特许经营合同订立后一定期限内，可以单方解除合同。

第十七条 特许人向被特许人收取的推广、宣传费用，应当按照合同约定的用途使用。推广、宣传费用的使用情况应当及时向被特许人披露。

特许人在推广、宣传活动中，不得有欺骗、误导的行为，其发布的广告中不得含有宣传被特许人从事特许经营活动收益的内容。

案例8 特许资格对特许人权益保护的重要性

刘某与北京某公司特许经营纠纷案[①]

☞ 案情简介

原告： 刘某（甲方）

被告： 北京某公司（乙方）

乙方成立于2006年5月25日，经营范围包括投资咨询、企业形象策划、市场调研、组织文化艺术交流活动、广告设计等。早在2005年12月，乙方的法定代表人孟某即向国家工商行政管理总局商标局提出“护眼郎”商标的注册申请。2006年3月28日，国家商标局受理了“护眼郎”商标的注册申请，但该商标一直没有被核准注册。2007年10月甲方通过网络与乙方达成了合作意向，当月22日，甲乙双方正式签订一份合同。合同约定：甲方按本协议约定成为乙方的地区合作商，在浙江省宁波市范围内，独家负责乙方产品在当地营销终端的建设和终端物流仓储、销售运营、售后服务、广告公关等工作；乙方授权甲方经销的产品为“护眼郎”系列产品；乙方授权甲方在协议规定的区域和时间内独家使用“护眼郎”的商号和商标（包括图形）以及其他经营标识；甲方按乙方确定的标准，缴纳营销管理费3.38万元；乙方提供1万元的铺底货物；作为对合作伙伴的支持，乙方按甲方完成进货任务量返利；协议期限1年。同时，为配合甲方向工商部门申请营业执照，乙方向甲方提供“护眼郎”商标注册申请受理通知书、乙方授权甲方为“护眼郎”学生视力健康服务中心浙江省宁波市特许代理商的授权书、乙方的企业法人营业执照等证件。协议签订后，甲方向乙方支付了营销管理费3.38万元。乙方根据合同约定向甲方发来价值1万元的眼膏、眼贴等产品，并配送视力灯箱、授权铜牌、近视治疗仪等设备，随后派员对甲方聘用的员工进行了业务培训。同年11月中旬，甲方持乙方提供的相关证件向工商部门申领营业执照，工商部门以“护眼郎”不是注册商标和商号为由对甲方的营业申

---

① 本案例选自：人民法院报，作者．何彬彬，[2009-04-23].

请不予审批。2008 年 2 月，因乙方的商标仍没有被核准注册，甲方向乙方提出要求解除合同，并将剩余价值 9 800 元的眼膏、眼贴等产品及视力灯箱等设备发还给乙方。同年 8 月，甲方向法院提起诉讼，要求：(1) 解除甲乙双方签定的合同；(2) 乙方退还甲方加盟费并赔偿由此给甲方造成的经济损失。

☞ 审理结果

法院经审理认为，甲乙双方签订的合同性质为商业特许经营合同，该合同系双方自愿签订，其内容不违反法律、法规的禁止性规定，当属有效。在合同履行过程中，因乙方一直不能向甲方提交“护眼郎”的注册商标证，致使甲方无法从工商部门取得营业执照，从而无法按照合同的约定开展经营。由于乙方的违约行为，导致甲方的合同目的无法实现，故甲方提出的诉讼请求符合法律规定，应予以支持。故法院判决如下：(1) 解除甲、乙双方签订的合同；(2) 乙方退还甲方营销管理费 3.38 万元、赔偿甲方相应的经济损失 13 846 元。

☞ 法理评析

本案纠纷解决的关键是确定甲、乙双方签订的合同的性质。根据《商业特许经营管理条例》的规定，商业特许经营是指拥有注册商标、企业标志、专利、专有技术等经营资源的企业（即特许人），以合同形式将其拥有的经营资源许可其他经营者（即被特许人）使用，被特许人按照合同约定在统一的经营模式下开展经营，并向特许人支付特许经营费用的经营活动。从商业特许经营的概念可以看出，商业特许经营的法律构成要件有四：一是特许人必须是拥有注册商标、企业标志、专利、专有技术等经营资源的企业；二是特许人和被特许人之间是一种合同关系，双方通过订立特许经营合同，确定各自的权利和义务；三是被特许人应当在统一的经营模式下开展经营，这种统一的经营模式不仅体现为管理、促销、质量控制等，还包括店铺的装潢设计、标牌设置、服务模式等；四是被特许人应当向特许人支付加盟费，特许人应对被特许人进行经营管理、服务技能的培训与指导。

从本案合同约定的相关内容可以看出，乙方的合同义务之一就是将其商标、技术、经营管理经验和方法等经营资源提供给甲方，甲方缴纳一定的加盟费后，可以使用乙方的商标等知识产权，按照乙方制定的统一的经营模式进行经营。综上，可以确定双方签订的合同符合商业特许经营的特征，属于商业特许经营合同。

在确定甲、乙双方签订的合同系商业特许经营合同后，合同的效力问题成为本案处理的实质问题。虽然乙方尚未取得商标注册证而与甲方签订合同，但乙方的“护眼郎”商标已在申请注册中是事实，该“护眼郎”商标随时可能得到国家商标总局的核准注册，对该事实甲方也是明知的，乙方并没有欺骗甲方，由此，甲、乙双方自愿签订的合同当属有效。但甲、乙双方签订合同的实质内容是甲方向乙方支付加盟费，乙方授权甲方为浙江宁波的“护眼郎”产品销售和服务的特许代理商，甲方取得“护眼郎”品牌及其标识在浙江宁波的独家使用权，从而加盟乙方的“护眼郎”青少年视力保健系列产品销售和服务，故乙方取得“护眼郎”商标注册证是该合同能实际履行的前提。因乙方的“护眼郎”商标一直没有被核准注册，致使甲方无法从工商部门取得营业执照，从而无法按照合同的约定开展经营，导致甲方的合同目的无法实现。故甲方要求解除合同的诉讼请求符合《合同法》第 94 条第（四）项的相关规定。据此，法院作出了解除合同、退还营销管理费并赔偿相应损失的判决。

☞ 本案启示

刘某与北京某公司特许经营纠纷案给我们的启示有二：

一是商业特许经营合同中特许人资格对特许者权益保护的重要性。商业特许经营合同成立的前提是特许人应具备相应的资质与条件，否则就应以合同有效要件中行为人不具备相应的行为能力，使合同归于无效或解除。但本案中没有从特许人应具备的资格要件入手探讨该特许经营合同的效力，而是从被特许人与特许人是否明知特许人资格待定，以是否构成欺诈判定特许经营合同的效力。如此解决问题的目的是考虑到特许人与被特许人在商业特许经营合同的订立过程中，特许人信息、资源的优势地位，进而注重保护、衡平被特许人利益的结果。

二是商业特许经营合同可撤销、解除之间的区别。商业特许经营合同的可撤销是指，因一方当事人意思表示不真实、显失公平或怠于履行说明义务，撤销权人可依其单方意思表示，在知道或应当知道撤销事由之日起 1 年内，通过法院或仲裁机构，使合同效力溯及既往地消灭或发生变更，法律后果同上；商业特许经营合同的解除是指，在合同成立后法定或约定的解除条件出现时，因当事人一方或双方的意思表示，使合同关系自始或仅面向将来消灭的行为，其法律后果是尚未履行的债务免除与不当得利的返还、赔偿损失。本案中由于双方明知特许人不具备特许资格条件而签订特许经营合同，不存在欺诈与显失公平，故选择解除制度予以维护被特许人的合法权益。

☞ **法条点击**

《商业特许经营管理条例》

第三条　本条例所称商业特许经营（以下简称特许经营），是指拥有注册商标、企业标志、专利、专有技术等经营资源的企业（以下称特许人），以合同形式将其拥有的经营资源许可其他经营者（以下称被特许人）使用，被特许人按照合同约定在统一的经营模式下开展经营，并向特许人支付特许经营费用的经营活动。

《中华人民共和国合同法》

第五十四条　下列合同，当事人一方有权请求人民法院或者仲裁机构变更或者撤销：

（一）因重大误解订立的；

（二）在订立合同时显失公平的。

一方以欺诈、胁迫的手段或者乘人之危，使对方在违背真实意思的情况下订立的合同，受损害方有权请求人民法院或者仲裁机构变更或者撤销。

当事人请求变更的，人民法院或者仲裁机构不得撤销。第九十三条当事人协商一致，可以解除合同。

当事人可以约定一方解除合同的条件。解除合同的条件成就时，解除权人可以解除合同。

第九十三条　当事人协商一致，可以解除合同。

当事人可以约定一方解除合同的条件。解除合同的条件成就时，解除权人可以解除合同。

第九十四条　有下列情形之一的，当事人可以解除合同：

（一）因不可抗力致使不能实现合同目的；

（二）在履行期限届满之前，当事人一方明确表示或者以自己的行为表明不履行主要债务；

（三）当事人一方迟延履行主要债务，经催告后在合理期限内仍未履行；

（四）当事人一方迟延履行债务或者有其他违约行为致使不能实现合同目的；

（五）法律规定的其他情形。

第九十六条　当事人一方依照本法第九十三条第二款、第九十四条的规定主张解除合同的，应当通知对方。合同自通知到达对方时解除。对方有异议的，可以请求人民法院或者仲裁机构确认解除合同的效力。

法律、行政法规规定解除合同应当办理批准、登记等手续的，依照其规定。

第九十七条 合同解除后，尚未履行的，终止履行；已经履行的，根据履行情况和合同性质，当事人可以要求恢复原状、采取其他补救措施，并有权要求赔偿损失。

案例 9 专利技术特许权特许经营资格的条件认定

郭某与临沂某太阳能科学研究所加盟纠纷案[①]

☞ 案情简介

原告： 郭某（甲方）

被告： 张某（乙方专利权所有人）

被告： 步某（乙方出资人）

被告： 山东临沂某太阳能科学研究所（乙方）

2004 年 5 月 31 日，乙方专利权所有人张某与甲方签订《专利实施加盟合同书》一份，合同主要内容如下：（1）甲方经实地考察满意后，愿加盟于乙方共同开发太阳能空调专利项目（项目名称：太阳能冷暖器），甲方保证具有流动资产 10 万元以上，厂房 300 平方米以上，电力 20 千瓦以上，工人 15 人以上，每年广告费 3 万元及较为方便的交通路线，乙方保证合同签订 3 日内，在乙方现场负责给甲方培训该项目，直到甲方完全掌握全部技术，并能独立生产合格产品，达到行业标准为止。（2）合同第 1 条内容实施后，双方委托有关部门或自行按照合同第 2 条所列标准进行验收，验收合格各自出具验收证明。（3）合作期限自合同签订日期 2005 年 5 月 28 日起至 2015 年 5 月 28 日止。（4）根据实际情况，甲方可要求乙方提供全套专用设备，并负责当场安装调试，验收满意后，代办托运，费用由甲方负责。（5）凡加盟方一律由总部统一授牌，经同意后并可

① 本案例选自：山东省高级人民法院民事判决书（2006）鲁民三终字第100号.

在商标上出现临沂某太阳能研究所监制字样，且在同一项目的新技术产品长期支持永久性得到技术升级和售后跟踪服务。(6) 甲方在投产后每年向乙方支付总收入的1%作为加盟费。(7) 甲方保证对技术秘密只有生产使用权没有技术转让权。(8) 甲乙双方要严格遵守以上条款，一切按合同办事，除经双方协商同意改动外，任何一方不得更改合同内容，违者付违约金5万元。该合同由甲、乙双方签字并加盖乙方成员临沂某太阳能研究所合同专用章。

合同签订当日，甲方交付押金4万元，乙方出资人步某出具暂收收据。2005年6月2日，乙方给甲方出具授权书，内容如下：甲方于2005年6月2日在乙方经现场学习《太阳能冷暖器》、《太阳能空调》技术完全掌握、能独立生产、符合要求，乙方决定授予甲方生产使用权，此技术在黑龙江授权转让不超过5家。甲方出具"学习已结束，满意，收到授权书"的证明交乙方专利权所有人张某留存。2005年9月14日，甲方向乙方借款5 000元。

由于合同履行过程中，甲方认为乙方对其太阳能冷暖空调器的性能、效益及使用情况，专利授予和获奖情况等方面进行了虚假宣传，随即向法院起诉要求：(1) 撤销甲方在受欺诈的情况下签订的《专利实施加盟合同书》；(2) 乙方返还甲方已经缴纳的押金。

乙方则以甲方不具备合同约定的履约条件构成违约为由，反诉甲方按约定支付违约金。

☞ 审理结果

结合对相关证据的分析认证、有关当事人的陈述、法院对本案事实的调查，法院认为甲、乙双方签订的《专利实施加盟合同书》合法有效，根据《中华人民共和国合同法》第44条、第60条、第94条第2、3、4项、第97条、第345条、第351条，最高人民法院《关于审理技术合同纠纷案件适用法律若干问题的解释》第29条之规定，判决如下：(1) 解除甲方与乙方于2005年5月28日签订的《专利实施加盟合同》；(2) 乙方返还甲方押金35 000元，于本判决生效后10日内付清；(3) 驳回甲方关于赔偿损失的诉讼请求；(4) 驳回乙方的反诉请求。

本诉案件受理费3 016元，财产保全费1 000元，计4 016元，甲方负担2 329元，乙方负担1 687元。反诉案件受理费610元，由乙方负担。

甲、乙双方均不服一审判决，提起上诉。二审法院经过合议庭审理认为：一审法院判决认定事实清楚，适用法律正确，应予维持。甲方和乙方的上诉理由不足，应予驳回。依照《中华人民共和国民事诉讼法》第153条第1款(1)项之规定，判决如下：

驳回上诉，维持原判。

二审案件受理费 3 626 元，甲方负担 1 813 元，乙方负担 1 813 元。

本判决为终审判决。

☞ 法理评析

甲、乙双方签订的《专利实施加盟合同书》内容，兼具专利实施许可合同和商业特许经营合同两种属性。该《专利实施加盟合同书》双方自愿协商签订并已实际履行，内容不违背法律禁止性强制规定，为有效合同。甲方主张合同系在受欺诈的情况下签订证据不足：

第一，虽然《专利实施加盟合同书》所称项目名称“太阳能冷暖器”、“太阳能空调”与乙方已获专利申请公开的太阳能冷暖空调器称谓有所区别，但综合合同中的两种称谓，以及产品标准栏内注明的专利申请号，依正常善意的理解，该合同标的就是乙方于 2004 年 5 月 31 日申请的太阳能冷暖空调器专利技术，并于 2006 年 4 月 19 日经国家知识产权局正式授予发明专利。根据最高人民法院《关于审理技术合同纠纷案件适用法律若干问题的解释》第 29 条第 2 款，关于当事人之间就发明专利申请公开的技术成果所订立的许可使用合同参照适用专利实施许可合同的有关规定，授权后原合同即为专利实施许可合同的规定，乙方以申请的专利签订《专利实施加盟合同书》不构成欺诈。

第二，根据甲方提供的有关乙方的宣传资料，不能得出甲方在签订合同时受到欺诈的结论。（1）乙方系多项实用新型专利（包括太阳能净化产氧空调器、储能传导式多用太阳能炉、快速三促式家用太阳能发电器）的合法持有人，但该实用新型专利并非双方专利实施加盟合同的标的，相应证书不能成为甲方受到欺诈的证据。（2）太阳能产氧空调、太阳能冷暖器加盟指南系乙方的宣传资料，其内容形式均不具备合同要约的要件，其他诸如“获奖通知”、“颁奖通知”、“邀请函”和部分媒体的推荐、联系函件，均不是乙方制作，即便系由乙方向甲方出示，仅证明乙方的太阳能利用技术受到有关单位的关注而出于各种目的发出的合作意向，依一般人的正常判断，不能据此得出乙方已获得相关奖项及与邀请单位存在合作关系的结论。（3）甲方主张乙方以其住所假称用户供甲方参观，阻却甲方了解事实的主张没有提供证据证明。（4）关于有关媒体对于乙方及其专利产品的功能和市场潜力的宣传，确有与实际情况不符的方面，乙方对此应当明知，但太阳能空调技术不够成熟的相反意见亦有报导。一项专利产品的实际功能和市场需求有待于技术上的进一步开发和商业运作，甲方具备兼采两种不同观点进行综合判断的渠道及能力。（5）部分宣传中称该专利获“国家科技进步一等奖”事实虽然存在，但甲方经现场考察亦未见到或者要求查看相应的获奖证书，证明该专利是否获奖并不是甲方是否签订合同的决定性原因，事实上甲方之所以与乙方签订《专利实施加盟合同书》，系基于乙方已经申请公开的专利发明和未来太阳能利用产品市场的判断，以及乙方培训掌握全部技术并能生产出合格产品、永久性技术升级和售后服务的承诺。所以甲方主张《专利实施加盟合同》为可撤销合同的理由不能成立，不予支持。

合同约定乙方负责技术培训，并保证甲方掌握全部技术，能够独立生产达到专利产品技术标准的产品。由于专利系方法发明，有关发明专利申请公开说明书中并无关于产品技术性能指标的内容，因此合同中关于产品质量标准的约定不明确。庭审中乙方主张只负责培训技术，并认可甲方在培训中没有生产过任何品种的空调器，可以证明乙方对于甲方的技术培训，既没有达到甲方能够独立生产产品的要求，也不存在乙方给甲方出具的授权书中“技术完全掌握、能独立生产、符合要求”的判定根据。不论甲方主张签字证明学习结束、满意的原因是应乙方要求和便于办理工商登记等手续的辩解是否真实，均不能改变乙方技术培训未达到合同要求的事实。庭审中，甲方主张乙方没有提供技术资料，乙方以没有提供技术资料的义务相抗辩，证明乙方认可了甲方主张的事实。但其抗辩理由不符合《中华人民共和国合同法》第 345 条“专利实施许可合同的让与方应当按照约定许可受让人实施专利，交付实施专利有关的技术资料，提供必要的技术指导”的规定。乙方对甲方的技术培训没有达到合同约定的要求，也没有按照法律规定履行提供相应技术资料的义务，为违约行为。

《专利实施加盟合同书》虽然约定了甲方保证具有流动资产 10 万元以上，厂房 300 平方米以上，电力 20 千瓦以上，工人 15 人以上，每年广告费 3 万元和较为方便的交通路线等条件，但具备上述条件而不掌握相关技术，亦不能进行生产经营。而合同对于培训完成的时间采用了开放性的规定，甲方在全面掌握生产技术前暂不投资系降低风险、减少损失的积极措施，乙方以没有见到上述条件为由主张甲方违约没有法律及合同依据，不予支持。专利实施加盟合同是长期履行的合同，需要双方之间的相互信任与合作，甲方起诉后，乙方以其已经充分履行了合同义务，甲方行为构成违约为由，拒不同意返还作为担保专利使用费的“暂收押金”，并反诉请求甲方支付违约金 10 000 元，于法无据，予以驳回。

关于甲方主张的经济损失，根据《专利实施加盟合同书》中双方各自作出的保证性条款，证明双方对于本案技术开发过程中的风险有所预见。目前的结果及双方各自的损失应当属于双方当事人在签订及履行合同时能够预见的范围。如上所述，合同对于双方当事人的义务履行期间没有作出限制性的约定，因此甲方的违约行为并不必然导致合同的解除。在双方均不愿继续履行而解除合同的情况下，除依据合同从对方取得的财产应当返还外，双方在合同履行期间自行支出的相关费用，应当各自承担，甲方赔偿损失的请求不予支持。

关于甲方赠与乙方的书画作品，乙方认可赠与事实的存在，但双方对于实际赠与的数量有异议且均不能提供证据证明，该赠与行为与本案不是同一法律关系，不予审理，甲方可以另案主张。2005 年 9 月 14 日，甲方向乙方张某借款 5 000 元，虽与本案不属同一法律关系，但发生于合同履行期间，与本案具有一定的关联性，甲方亦无异议。根据《中华人民共和国合同法》第 99 条的规定，可以从乙方应当返还的 4 万元押金中予以抵销。

经本院主持调解，甲、乙双方不能达成一致意见，双方已经失去了继续合作的基础，《专利实施加盟合同》客观上已经不能继续履行，根据《中华人民共和国合同法》第 94 条第 2、3、4 项、第 97 条的规定，应当予以解除。

☞ 本案启示

郭某与临沂某太阳能研究所加盟纠纷案给我们的启示有二：

一是专利技术特许权特许经营资格的条件认定。我国有关商业特许经营管理法律规范体系要求特许人与被特许人必须是一定的企业或其他经济组织，因此签订商业特许经营合同的主体应是企业或经济组织。由于特许经营权中专利技术的所有人可以是个人也可以是组织，因此专利技术特许权的主体可以是个人也可以是组织。本案中太阳能冷暖空调器的专利权人为张某、步某是乙方临沂某太阳能研究所的出资人，本案《专利实施加盟合同书》系张某借用临沂某太阳能研究所的公章及名义与甲方签订，甲方支付的 4 万元押金也存入步某的帐户，即专利权人借用临沂某太阳能研究所的名义签订特许经营合同以符合商业特许经营主体资格的形式要件。

二是专利实施加盟合同的可持续性问题。从一项专利技术到经市场认可的产品，需要一定的技术转化和市场开发的过程。从专利技术转化为应用技术之间的时间过程，受到各种因素的影响，乙方何时具备适当履行的能力是不确定的，因此乙方在承诺保证培训效果的同时，在时间上附加了“直到……为止”的开放性条件。但根据专利实施加盟合同的性质，甲方签订合同的目的系以太阳能冷暖空调器的生产销售获取利润，合同目的的实现以乙方技术转化成功为前提条件。乙方将尚不具备工业应用的技术与甲方签订具有产品开发性质的合同，且不能适当履行，致使双方对于能够实现签订合同目的的时间不能形成合理的预期，乙方应当主动返还预收甲方的“押金”或“信誉保证金”，双方协商解除合同或者中止合同待其技术转化成功时再继续履行。乙方对其专利技术的应用开发尚未达到工业化生产和实用商品的一般要求，是其不能适当履行合同的主要原因。

☞ 法条点击

《商业特许经营管理办法》

第三条　本条例所称商业特许经营（以下简称特许经营），是指拥有注册商标、企业标志、专利、专有技术等经营资源的企业（以下称特许人），以合同形式将其拥有的经营资源许可其他经营者（以下称被特许人）使用，被特许人按照合同约定在统一的经营模式下开展经营，并向特许人支付特许经营费用的经营活动。

企业以外的其他单位和个人不得作为特许人从事特许经营活动。

《中华人民共和国合同法》

第四十四条　依法成立的合同，自成立时生效。

法律、行政法规规定应当办理批准、登记等手续生效的，依照其规定。

第六十条　当事人应当按照约定全面履行自己的义务。

当事人应当遵循诚实信用原则，根据合同的性质、目的和交易习惯履行通知、协助、保密等义务。

第九十四条　有下列情形之一的，当事人可以解除合同：

（一）因不可抗力致使不能实现合同目的；

（二）在履行期限届满之前，当事人一方明确表示或者以自己的行为表明不履行主要债务；

（三）当事人一方迟延履行主要债务，经催告后在合理期限内仍未履行；

（四）当事人一方迟延履行债务或者有其他违约行为致使不能实现合同目的；

（五）法律规定的其他情形。

第九十七条　合同解除后，尚未履行的，终止履行；已经履行的，根据履行情况和合同性质，当事人可以要求恢复原状、采取其他补救措施，并有权要求赔偿损失。

第三百四十五条 专利实施许可合同的让与人应当按照约定许可受让人实施专利，交付实施专利有关的技术资料，提供必要的技术指导。

第三百四十七条 技术秘密转让合同的让与人应当按照约定提供技术资料，进行技术指导，保证技术的实用性、可靠性，承担保密义务。

第三百五十一条 让与人未按照约定转让技术的，应当返还部分或者全部使用费，并应当承担违约责任；实施专利或者使用技术秘密超越约定的范围的，违反约定擅自许可第三人实施该项专利或者使用该项技术秘密的，应当停止违约行为，承担违约责任；违反约定的保密义务的，应当承担违约责任。

最高人民法院《关于审理技术合同纠纷案件适用法律若干问题的解释》

第二十九条 合同法第三百四十七条规定技术秘密转让合同让与人承担的“保密义务”，不限制其申请专利，但当事人约定让与人不得申请专利的除外。

当事人之间就申请专利的技术成果所订立的许可使用合同，专利申请公开以前，适用技术秘密转让合同的有关规定，发明专利申请公开以后、授权以前，参照适用专利实施许可合同的有关规定；授权以后，原合同即为专利实施许可合同，适用专利实施许可合同的有关规定。

人民法院不以当事人就已经申请专利但尚未授权的技术订立专利实施许可合同为由，认定合同无效

《中华人民共和国民事诉讼法》

第一百五十三条 第二审人民法院对上诉案件，经过审理，按照下列情形，分别处理：

（一）原判决认定事实清楚，适用法律正确的，判决驳回上诉，维持原判决；

（二）原判决适用法律错误的，依法改判；

（三）原判决认定事实错误，或者原判决认定事实不清，证据不足，裁定撤销原判决，发回原审人民法院重审，或者查清事实后改判；

（四）原判决违反法定程序，可能影响案件正确判决的，裁定撤销原判决，发回原审人民法院重审。

当事人对重审案件的判决、裁定，可以上诉。

案例10　特许经营合同关联主体之间法律关系的认定

上海A建筑工程设计有限公司与上海B木业有限公司合同纠纷案①

☞ 案情简介

原告： 上海B木业有限公司（甲方）

被告： 上海A建筑工程设计有限公司（乙方）

被告： 上海C室内设计装潢有限公司（丙方）

2004年7月7日，甲、乙双方签订《A同济装饰连锁体系采购合同》一份，约定乙方指定甲方为人造石系列台面产品的供应商，甲方根据乙方订单将产品送达指定地点。在合同约定的价格和支付条款中双方还约定了甲方凭乙方订货单及工地签收回单，到乙方办理结算。工地签收回单必须有客户、甲方指定代表和乙方指定代表的三方共同签字，货款按月结算。甲方于合同签订之日起，每一订单均应根据乙方书面指示，将乙方采购的产品送达指定地点。合同另对技术指导、售后服务等内容作了约定。合同的有效期约定为5年。同日，甲、乙双方还签订了《反贿赂协议书》一份，约定的内容除拒绝商业贿赂外，还特别约定，若连锁体系任何职员要求甲方予其任何形式的不当利益，甲方须提供相关证据予乙方，乙方查实后必将公正处理，并为甲方保密等。

2005年3月，乙方与丙方签订《A同济装饰连锁体系加盟合同》一份，约定双方共同建设"A同济装饰共和新路店"。合同明确约定丙方的权利为：使用乙方持有的品牌、标志及CI系统的权利、使用乙方管理系统、营运手册和其他经营技术资料的权利、对A管理系统中改良技术和操作方面信息的使用权，经营过程中由总部协助从广告、市场推广和经营活动中取得成果及受益，由总部提供咨询、培训、技术支持服务等。合同还约定丙方不是乙方的分公司或代理人，双方是独立的企业法人，对各自企业自主经营，自负盈亏，独立承担自身经营活

---

① 本案例选自：上海市第二中级人民法院民事判决书（2007）沪二中民四（商）终字第395号.

动所发生的一切责任。丙方在向有关部门登记注册、业务往来中均应申明自己是独立的企业法人。丙方还须向乙方支付认证费用5 000元、维修基金1万元、管理费3万元、履约保证金5万元。其中，履约保证金的性质是丙方对工程业主、材料设备供应商、施工队、税务机关及其他方面的对外履约担保。合同还对权利解除、名义责任等作了约定。

自2005年10月起，甲方按丙方的口头要求，为该店承接的多家装潢客户提供了厨台、门板、窗台等货物。2006年1月9日，甲方经与共和新路店结算，该店向甲方出具《上海B（甲方）——上海A装饰（乙方）共和新路店人造石门板结算单》一份。2006年3月4日，乙方的经办人向上海市公安局杨浦分局报案称，2005年3月28日乙方和丙方杜某签订了一份《A同济装饰连锁体系加盟合同》，杜某和施某两人私刻公章诈骗他人工资和材料款10万元。同年3月27日，上海市公安局闸北分局出具沪公闸经立字〔2006〕28号立案决定书，决定对杜某、施某涉嫌合同诈骗案立案侦查。工商登记材料反映，丙方的法定代表人系施某，丙方的股东或发起人系施某和杜某两人，注册地为上海市青浦区胜利路588弄6-518室。

后甲方以乙方未履行合同有效期内的付款义务为由，诉至原审法院，要求：判令乙方支付货款21 975元。

☞ 审理结果

法院根据当事人的陈述及其相关证据证实，认为甲、乙双方签定的《A同济装饰连锁体系采购合同》系双方当事人真实意思的表示，采购合同合法有效。嗣后，甲方按乙方所属的连锁共和新路店要求为多家客户提供了货物，共和新路店已出具了结算单，故法院根据《中华人民共和国合同法》第109条，判令乙方支付拖欠甲方的货款。

原审法院判决后，乙方不服向法院提起上诉。二审法院责成合议庭经审理查明：原审法院认定事实清楚，适用法律正确，所作判决并无不当。据此，依照《中华人民共和国民事诉讼法》第153条第1款第（一）项之规定，判决如下：

驳回上诉，维持原判。

负有金钱给付义务的当事人如果未按原判决指定的期间履行给付金钱的义务，应当依照《中华人民共和国民事诉讼法》第229条之规定，加倍支付迟延履行期间的债务利息。

二审案件受理费人民币889元，由乙方负担。本判决为终审判决。

☞ 法理评析

本案中合同明确约定连锁体系是指A同济连锁体系的简称。连锁体系是行业内的独立企业法人、设计工作室或自然人共同建立的战略合作组织，连锁体系使用乙方的经营技术资产和商标，努力使其统一性被公众广泛认识，获得声誉，并在定型的统一形象下营运。连锁体系属于自发连锁性质，所有体系成员均自愿服从总部的领导，并对体系的合法性共同承担责任。总部是指A同济连锁体系的管理组织机构的总称。公司经营技术资产是指由乙方开发、完善成形，用于装饰装修经营的具有统一性的经营技术系统，包括公司的注册商号、商标、服务标志，及与之相关的门店管理方式、商品陈列方式、会计系统、专业培训程序、营运系统等不可分的统一系统。公司商标是指乙方的商标和服务标志及表示乙方的标记、记号、招牌、标签、样式及其他一切营业象征。公司形象是指连锁体系及其所有成员因使用乙方的经营技术资产和商标，获得的声誉和定型的统一形象。

原审法院判决后，乙方不服向法院提起上诉称：共和新路店仅仅是A同济装饰连锁体系内部以区别于别的加盟店的称呼，不是一个具体的经营性实体。内容为“上海A同济装饰共和新路店”的公章、合同专用章等系案外人杜某、施某私自刻制，故杜某、施某两人以共和新路店名义与甲方进行的买卖行为应认定系其两人个人行为，由此产生的法律责任也应由杜某、施某共同承担。乙方与丙方的加盟关系是一种特许经营关系，即乙方将属于自己创设的服务标识许可丙方使用，并给予一定的技术支持，故乙方与丙方是因特许经营关系而形成的连锁体系成员，共和新路店仅是丙方的实际经营场所，故丙方应对共和新路店的债务承担责任。综上，乙方认为甲、乙双方之间并无合同关系，丙方的经营活动对于乙方而言不能构成表见代理，杜某、施某两人系丙方人员，现已因涉嫌合同诈骗被公安部门立案侦查，故本案应中止审理。

针对乙方的上述理由二审法院认为本案争议焦点有二：一是甲方主张的货款有无依据；二是丙方以乙方名义经营共和新路连锁店是否构成表见代理。

焦点一：原审法院认为甲方主张的货款于法有据，因为从本案乙方提供的乙方与丙方签订的加盟合同来看，共和新路店由丙方实际经营，故即便丙方私刻共和新路店印鉴之事属实，不影响丙方用该章确认其所做业务中的欠款事实。故结合甲方提供的对帐单、装潢合同及工程图，甲方主张的货款21 975元应予认定；丙方以乙方名义经营共和新路连锁店构成表见代理。理由有三：

一是从形式上来看，乙方与丙方间的关系属特许加盟合同关系。但是共和新路店未经专门登记机构登记，乙方作为特许人也未提供证据证明其曾将签订的特许经营合同情况报其所在地商务主管部门和丙方所在地商务主管部门备案，所以共和新路店实际上是由丙方代为经营的乙方的分支机构；

二是连锁合同虽约定了共和新路店对外的债权债务由丙方承担，但该条款属于双方之间的约定，无对抗第三人的效力。且合同也约定了合同解除后，对丙方以乙方或连锁体系成员名义承接的所有未竣工工程进行清算并移交乙方，乙方对这些未竣工工程产生的所有债务、罚款、业主索赔及其他损失具有向丙方永久追索权利，表明乙方是丙方经营债务的第一债务人，是在乙方承担丙方对外的债务后向丙方享有追偿权的约定；

三是丙方的名称在与甲方发生经营活动期间从未出现过，故甲方在与共和新路店发生业务往来时并不知道共和新路店系乙方与丙方按加盟合同而设立的，更不知道加盟合同的相关约定，而从对帐单及装饰合同上共和新路店的印鉴内容来看，并无丙方字样；

焦点二：鉴于甲方在供货过程中在主观上是善意的并无过失，法院认为：2004 年 7 月 7 日，甲、乙双方签订的采购合同约定，甲方应根据乙方订单将产品送达指定地点。嗣后，甲方与共和新路店发生的人造石系列台面的业务关系中，共和新路店出具加盖共和新路店工程部印章的《上海 B（甲方）——上海 A 装饰（乙方）共和新路店人造石门板结算单》应认定为甲方依约履行了义务。现乙方称丙方人员杜某、施某系私刻共和新路店公章，丙方系因特许经营关系而形成的连锁体系成员，故丙方应对共和新路店的债务承担责任。对此法院认为 2005 年 3 月乙方与丙方签订加盟合同，明确双方共同设立的共和新路店，名为乙方授予丙方使用乙方持有的品牌、标志等权利的加盟店，实为乙方的分支机构，故甲方作为善意第三人，有理由相信杜某、施某两人以乙方名义经营共和新路店与甲方发生业务关系的行为可以代表乙方。乙方以杜某、施某两人因涉嫌合同诈骗，公安已立案侦查为由，要求本院中止审理，缺乏事实和法律依据。

综上，丙方以 A 连锁名义经营共和新路店的行为构成表见代理，也即乙方对丙方以共和新路店名义与甲方签订的有关买卖合同应承受后果。故甲方要求乙方承担偿付货款的诉讼请求于法不悖，应予支持。因丙方现已下落不明，原审法院依法公告送达开庭传票，丙方无正当理由未到庭，系自动放弃抗辩权，由此产生的法律后果应由其自负。

☞ 本案启示

上海 A 工程公司诉上海 B 木业公司合同纠纷案给我们的启示有二：

一是注意明晰特许经营合同关联主体之间的法律关系。本案中丙方与乙方实质上是一种代理关系，即乙方与“A 同济装饰共和新路店”实质上是一种总分公司的关系，即“A 同济装饰共和新路店”与乙方在经济上、法律主体资格上、对外债务承担、对内利益分享上是相对独立的。丙方经营的“A 同济装饰共和新路店”是丙方代表乙方对外开展业务、进行经营的分支机构，属于乙方的组成部分。故甲方与乙方签订的特许经营合同履行中，乙方是丙方进行特许经营承担最终义务与责任的主体。

二是注意特许加盟合同主体利用彼此间的加盟关系逃避债务。2005 年 3 月，乙方与丙方签订的《A 同济装饰连锁体系加盟合同》，表面上乙方与丙方是独立的企业法人，对各自企业自主经营，自负盈亏，独立承担自身经营活动所发生的一切责任，丙方还须向乙方支付认证费用、维修基金、管理费、履约保证金等，但丙方在加盟店的实际经营中职员以乙方共和新路店名义对外开展业务、及其丙方以乙方名义承接的未竣工程移交乙方处理的相关约定，表明丙方经营的加盟店事实上属于乙方的分支机构。乙方在与丙方的特许加盟合同中，既强调与丙方的特许加盟关系，又强调对丙方的实际控制，目的就是在关键的时候利用丙方经营的加盟店逃避债务。

☞ 法条点击

《中华人民共和国合同法》

第一百零九条　当事人一方未支付价款或者报酬的，对方可以要求其支付价款或者报酬。

《中华人民共和国民事诉讼法》

第一百五十三条　第二审人民法院对上诉案件，经过审理，按照下列情形，分别处理：

（一）原判决认定事实清楚，适用法律正确的，判决驳回上诉，维持原判决；

（二）原判决适用法律错误的，依法改判；

（三）原判决认定事实错误或原判决认定事实不清，证据不足，裁定撤销原判决，发回原审人民法院重审，或查清事实后改判；

（四）原判决违反法定程序，可能影响案件正确判决的，裁定撤销原判决，发回原审人民法院重审。

当事人对重审案件的判决、裁定，可以上诉。

第二百二十九条 被执行人未按判决、裁定和其他法律文书指定的期间履行给付金钱义务的，应当加倍支付迟延履行期间的债务利息。被执行人未按判决、裁定和其他法律文书指定的期间履行其他义务的，应当支付迟延履行金。

案例11 附条件特许经营合同主体资格的认定

某美容科技开发有限公司与杨某特许经营纠纷案①

☞ 案情简介

原告： 北京某美容科技开发有限公司（甲方）

被告： 杨某（乙方）

2001年10月19日，甲方注册成立。在经营活动中，于2002年11月14日，被中国保护消费者基金会授予质量保障、信誉承诺单位称号。根据《中华人民共和国商标法》第7条的规定，商标使用的文字、图形或者其组合，应当有显著特征，便于识别。甲方拥有字号为“京都微微”的注册商标，核定使用为第42类，核定使用范围为非贸易业务的专业咨询、技术研究、美容院等。

2002年4月26日，甲方与乙方签订了《426协议》约定：甲方授权乙方在四川省范围内使用“京都微微”商标、商号、专有技术及其经营管理模式；乙方向甲方交纳加盟金20万元、保证金3万元。协议签订后，乙方向甲方支付了加盟金、保证金共计23万元。

2002年5月28日，甲方的股东会决定在四川省设立分公司，并向分公司拨款3万元，任命乙方为分公司负责人，任期3年，并于2002年6月14日向成都市锦江区工商行政管理局提出分公司设立登记的申请。2002年6月27日，成都市工商行政管理局向四川分公司核发了“营业执照”。至此，四川分公司依法设立，其营业地址为四川省成都市华兴正街5号王府井B座12楼D，负责人为乙方。

2002年9月24日，甲方与乙方与签订了《特许经营授权合同》约定：乙方

---

① 本案例选自：成都市中级人民法院民事判决书（2005）成民初字第447号.

能顾全大局，同意美容公司新的战略调整（暂不设立省级代理）；甲方同意乙方在授权期限内在四川省成都市内使用“京都微微”商标、商号、专有技术及其经营管理模式；合同双方均以独立法人身份合作，由于历史原因，乙方的第一家店尚未注册为独立法人，乙方同意在1个月内重新注册为独立法人（如因工商等行政部门的原因造成延误，时间顺延）；乙方应向甲方一次性支付B级城市加盟金，乙方第一家店开业时已按当时标准交纳；乙方应向甲方预缴一定数额的保证金，以作为签约后双方发生债务及乙方忠实履行合同的担保；乙方无任何违约行为，合同期满或解除合同后，甲方应退还全部保证金及推算利息；甲方同意乙方1年以后开始交纳管理费，暂定为每年4万元；合同有效期为2年。合同签订后，乙方没有设立独立法人企业，也未在签约1年后向甲方交纳管理费。《特许经营授权合同》约定期限届满后，甲方没有返还乙方保证金及推算利息。

四川分公司在经营活动中，先后于2004年10月13日、26日、2005年2月22日、3月1日、8日出版的《成都商报》、《新潮周刊》上刊登广告，并在广告中使用了“京都微微，国际丰胸美容美体连锁机构”、“原京都微微现升级为S媚力”等字样，上述广告中注明的地址均为成都华兴街5号王府井商城B座12－D。

甲方在2002年9月24日至2004年9月23日期间与乙方签订有特许经营授权合同，许可乙方使用其企业字号。鉴于该合同终止后，乙方未经甲方的许可在其经营活动中继续使用标有诉争字号的收据、财务印章，在广告中突出使用京都微微字号，乙方的上述行为侵犯了甲方享有的企业名称权、字号权，给甲方造成了重大经济损失。据此甲方请求人民法院判令：（1）乙方赔偿损失92 810元、其他损失907 190元，共计100万元；（2）乙方在《成都商报》刊登更正声明，以澄清事实，消除影响。

乙方反诉称，2002年4月26日，甲方与乙方签订了《426协议书》及补充协议，约定甲方许可乙方作为其在四川省的省级加盟商，合同期限为5年，自2002年4月26日至2007年4月25日止，乙方应向甲方交纳加盟金20万元、保证金3万元。合同生效后，乙方依约足额支付了加盟金及保证金，并成为甲方在四川省的加盟商。2002年9月24日，甲方强迫乙方与其签订了《特许经营授权合同》，对《426协议书》内容进行了变更，将省级加盟商变更为市级加盟商，合同期限也变更为2年。《特许经营授权合同》为有效合同，该合同到期后，双方未能续签合同，甲方也未退还3万元保证金。据此，乙方请求人民法院判令甲方返还保证金3万元及利息。

☞ 审理结果

法院根据当事人的陈述及其相关证据证实，认为甲、乙双方签订的《426 协议》、《特许经营授权合同》系双方当事人真实意思的表示。甲方在起诉书中以《特许经营授权合同》终止后，乙方未经甲方的许可在其经营活动中继续使用标有诉争字号的收据、财务印章，在广告中突出使用“京都微微”字号，侵犯了甲方享有的企业名称权、字号权，给甲方造成了重大经济损失为由，请求法院判令乙方赔偿甲方各种经济损失共计 100 万元，并在《成都商报》刊登更正声明澄清事实、消除影响的诉讼请求，法院不予支持。根据《中华人民共和国反不正当竞争法》第 5 条、《中华人民共和国公司法》第 14 条之规定，判决如下：（1）驳回甲方的诉讼请求；（2）驳回乙方的反诉请求。

本诉案件受理费 15 010 元，其他诉讼费 4 503 元，共计 19 513 元，由甲方承担。反诉案件受理费 1 210 元，其他诉讼费 1 403 元，共计 2 613 元，由乙方承担。

如不服本判决，可在判决书送达之日起 15 日内，向本院递交上诉状，并按对方当事人的人数提出副本，上诉于四川省高级人民法院。

☞ 法理评析

根据甲方的起诉、答辩，乙方的反诉、答辩，本案争议的焦点有二：一是乙方是否实施了被控侵权的民事行为；二是甲方是否应当返还乙方 3 万元的保证金及相应的利息。

针对争议焦点一，甲方为证明其主张的事实，举出了相关证据材料，有关证据材料经当庭举证、质证，乙方对甲方所举证据材料不持异议。对双方当事人不持异议的证据材料，因具有证据的真实性、合法性、关联性及证明力，法院予以采信。法院认为甲方所举证据材料具有证据的真实性、合法性、关联性，能够证明四川分公司使用甲方的字号发布了广告的事实，对此证明力法院予以采信；但上述证据材料不能证明乙方实施了被控侵权行为，对此证明力法院不予采信。对乙方所举证据材料因具有证据的真实性、合法性、关联性，且能证明甲方在成都设立了四川分公司，并指派乙方担任负责人，以及四川分公司的登记地点为四川省成都市华兴正街 5 号王府井 B 座 12 楼 D 的事实，具有证据的证明力，法院予以采信。

甲方在北京市工商行政管理局注册的企业名称、根据《中华人民共和国商标法》的有关规定，登记注册的“京都微微”文字商标，能为消费者所识别、易于记忆和念诵，故“京都微微”为集注册商标的显著性部分、企业字号于一体的，能够用于区别服务主体来源、商业标识和企业信誉载体的特殊经营资源。“京都微微”作为甲方的企业字号、已经注册的服务商标，不仅是我国《反不正当竞争法》的保护客体，更是有关商业特许经营管理法律、法规的调整对象。甲方主张乙方未经其许可擅自在经营活动中使用“京都微微”字样侵犯了甲方的企业字号权，因无证据证明被控侵权行为是乙方以其个人名义所为，且与被控侵权行为直接相关联的经营场所为甲方依法设立的分公司的住所地，加之该分公司的负责人与本案乙方为同一人，故甲方应当举证证明其分公司内发生的被控侵权行为系乙方的个人行为，其责任应由乙方承担。由于甲方未能完成上述举证责任，故本院不能认定乙方实施了被控侵权行为，并对甲方的上述主张不予支持，对乙方的抗辩主张予以支持。

针对争议焦点二，甲方为证明其主张的事实，举出了相关证据材料，乙方为证明其主张的事实，也举出了其主要的证据材料，相关证据材料经当庭举证、质证，乙方对甲方所举证据材料的真实性、合法性、关联性不持异议，但认为其不能证明上述证据材料所证明的广告行为是乙方所为，否认其证明力。甲方对乙方所举证据材料的真实性、合法性、关联性不持异议，但认为因四川分公司未在工商部门年检，故其主体资格已经丧失，不具有证据的证明力。

本案中，甲、乙双方当事人签订的《特许经营授权合同》是双方意思表示真实，且不违反法律、法规的强制性规定，为有效合同，当受法律保护。根据该合同的约定，合同期满或解除合同后，如乙方无任何违约行为，甲方应退还全部保证金及推算利息。由于事实上甲方与乙方是相互独立的法律主体，甲方对乙方经营的其分公司的财产、债权、债务、经营收益不享有法定的权利，故乙方须向甲方负有按照特许经营加盟合同的约定，支付加盟费或一定的管理费。因乙方在特许经营授权合同的有效期内，没有依约注册成立一家独立的法人企业从事特许经营活动，也没有在签约的次年依约向甲方交纳管理费，已构成违约。因此双方约定的返还保证金的条件，即乙方无任何违约行为的事实，尚未成就，乙方无权要求甲方返还保证金及推定利息，故法院对乙方要求返还保证金及推定利息的反诉主张不予支持，对甲方的反诉抗辩予以支持。

☞ 本案启示

北京某美容公司与杨某特许经营纠纷案给我们的启示有二：

一是附条件特许经营合同主体资格的认定。本案中甲方以《特许经营授权合同》期满为由，要求乙方作为特许经营合同独立的主体承担侵权责任的法定条件有三：（1）乙方有以甲方加盟店名义在《特许经营授权合同》期满后的经营行为；（2）乙方以甲方加盟店名义从事了甲方授权期满的经营行为；（3）乙方以甲方加盟店名义的经营行为破坏了正常的市场经济竞争秩序。法院鉴于乙方只是甲方四川分公司负责人的身份，所以认定甲方四川分公司的行为实际上为甲方所为，虽然甲方以双方签订并履行的是《特许经营授权合同》期满为由，指控乙方实施的是侵权行为，但由于乙方并没有以《特许经营授权合同》中约定的甲方加盟店的名义经营，所以甲方的诉讼请求不能成立。

二是明晰甲方设立的四川分公司与乙方的法律关系。根据我国《公司法》的有关法律规定，2002 年 5 月 28 日，甲方股东会决定在四川省设立的分公司，是具有法人资格的甲方的经营分支机构，从二者的法律关系来看，四川分公司的财产、债务、经营收入在法律上统属于甲方。甲方聘请乙方为四川分公司的负责人，在法律关系上只说明乙方是甲方四川分公司的高级雇员，如果乙方没有出资，乙方只能以其劳务向甲方申请报酬，没有分取利润的权利；如果经甲方授权后乙方对甲方分公司可以享有股权或财产权利，进而乙方才可以对甲方分公司的债权、债务享有约定的权利与义务。

☞ 法条点击

《中华人民共和国反不正当竞争法》

第五条 经营者不得采用下列不正当手段从事市场交易，损害竞争对手：

（一）假冒他人的注册商标；

（二）擅自使用知名商品特有的名称、包装、装潢，或者使用与知名商品近似的名称、包装、装潢，造成和他人的知名商品相混淆，使购买者误认为是该知名商品；

（三）擅自使用他人的企业名称或姓名，引人误认为是他人的商品；

（四）在商品上伪造或者冒用认证标志、名优标志等质量标志，伪造产地，对商品质量作引人误解的虚假表示。

《中华人民共和国公司法》

第十四条 公司可以设立分公司。设立分公司，应当向公司登记机关申请登记，领取营业执照。分公司不具有法人资格，其民事责任由公司承担。公司可以设立子公司，子公司具有法人资格，依法独立承担民事责任。

案例 12　特许人资格条件欠缺对履行中合同的溯及力

广州某咨询服务有限公司诉佛山市某育婴咨询有限公司特许经营纠纷案①

☞ 案情简介

原告： 广州某咨询服务有限公司（甲方）

被告： 佛山市某育婴咨询有限公司（乙方）

2002 年 5 月 23 日，甲方与乙方签订一份《特许经营协议书》。协议约定：乙方作为“爱尔贝”商标及标志的注册所有人，授权甲方在广州市番禺区享有“爱尔贝”独家经营和开发权。乙方将其知识产权、特别是特许经营权的标志、管理系统、服务系统的使用权授予甲方。乙方对甲方的业务支持包括：提供与经营规划有关的资料、设计、标准和标记；提供与经营有关的产品及服务信息；提供与“爱尔贝”建立有关的培训；提供一套经“爱尔贝”多次修订的经营管理手册；提供总体市场营销服务等。特许经营权费为 40 000 元，合同签字当日支付 75%，半年内付清剩余的 25%。协议有效期为 5 年。

甲方于《特许经营协议书》签订之日，依约向乙方支付了首期特许经营权费 30 000 元整。在合同履行过程中，甲方以乙方并未以书面形式向甲方提供真实的有关特许经营的基本信息资料，在签订《特许经营协议书》之时，乙方成立时间不足 1 年，且其提供的“爱尔贝”商标至今仍未在国家商标局进行注册，严重违反了《商业特许经营管理办法（试行）》中对特许者必须拥有注册商标，并且具有 1 年以上良好的经营业绩的强制性规定。乙方在开展经营活动时，也没有将有关材料提交中国连锁经营协会备案。而且，截止至今，乙方的经营状况严重恶化。在与特许者建立特许经营合作关系中，乙方的商业信誉已经丧失。为了防止权益受到进一步的侵害，甲方随即中止了与乙方的合作关系，并要求乙方在 3 个月内恢复履行特许经营协议的能力，同时要求其提供担保。

---

① 本案例选自：广东省广州市中级人民法院民事判决书（2004）穗中法民三知初字第 325 号.

接到甲方通知后，乙方派遣其员工韩某到甲方协助进行改善工作，甲方支付了韩某5个月工作期的工资，但甲方认为至今仍未有改善。鉴此，甲方随即向乙方提出解除甲、乙双方建立的特许经营合同关系，并要求乙方返还已交付的30 000元特许经营费，但是被乙方拒绝。2003年2月间，乙方派其员工到甲方的经营场所，在没有征得甲方同意的情形下，强行拆除甲方铺面装修标志。甲方为维护合法权益，请求法院判令：（1）甲方与乙方签订的《特许经营协议书》无效。（2）乙方向甲方返还特许经营权费人民币30 000元及利息（截止乙方实际还款日止，自2002年5月23日暂计至2004年5月31日为人民币6 610元）。（3）乙方向甲方返还甲方代其支付给其员工韩某的工资人民币9 025.5元。以上（2）、（3）项金额合计为人民币45 635.5元。（4）由乙方承担本案诉讼费用。

乙方反诉称：2002年5月23日，甲、乙双方签订一份《特许经营协议书》，约定乙方授予甲方拥有“爱尔贝”在番禺地区的特许经营权，甲方将按照乙方的要求使用“爱尔贝”标志，采用“爱尔贝”的服务和经营模式，按照特许经营的方式在番禺地区开展与“爱尔贝”相同经营范围和内容的业务及其他业务。同时约定，甲方应向乙方支付特许经营权费人民币4万元，合同签字当日付75%，半年内付清剩余的25%。合同签订后，乙方已依合同约定授权甲方使用“爱尔贝”的标志及相关服务和经营模式等，但甲方仅向乙方支付特许经营费（限加盟费）3万元，尚剩1万元，经多次催收，甲方至今未付。据此，请求法院判令：（1）甲方支付特许经营权费1万元；（2）由甲方承担本案反诉费。乙方同时提供了支持其反诉理由的证据。

甲方在反诉中辩称：由于乙方在签订《特许经营协议书》时不具有相应的民事行为能力和民事权利能力，故《特许经营协议书》无效。乙方无权依据无效的协议书要求甲方支付相关的费用，请求法院驳回乙方的反诉请求。甲方同时也提供了支持其反诉答辩理由的证据

☞ 审理结果

商业特许经营合同的履行须基于双方良好的商业信誉及相互信赖。本案特许经营合同虽为有效，但由于现甲方主张合同无效，乙方亦在庭审中明确表示不愿继续履行合同，基于双方履约期间的行为，该合同已失去其履行基础，没有继续履行的必要。法院经过甲、乙双方当事人的陈述、答辩、举证、质证，根据《中华人民共和国合同法》第52条第（五）项、第68条第2款、第107条、第108条、《中华人民共和国民事诉讼法》第64条第1款的规定，判决如下：（1）驳回甲方的全部诉讼请求；（2）本判决生效之日起10日内乙方向甲方

支付特许经营权费人民币 1 万元。

本案的本诉案件受理费人民币 1 835 元和反诉案件受理费人民币 1 000 元均由甲方承担，其中本诉案件受理费甲方已交纳，反诉案件受理费已由乙方预交，本院不作退回，由甲方于本判决生效之日起 10 日内迳付乙方。

如不服本判决，可在判决书送达之日起 15 日内，向本院递交上诉状，并按对方当事人的人数提出副本，上诉于广东省高级人民法院。当事人上诉的，应当在递交上诉状的次日起 7 日内向广东省高级人民法院预交上诉案件受理费 2 835 元，未依时交纳的，按自动撤回上诉处理。

☞ 法理评析

本案中广州某咨询公司诉佛山某育婴公司特许经营纠纷案的争议焦点问题主要有以下三方面：

一是关于《特许经营协议书》的效力。根据法院查明的事实，2003 年 4 月 28 日和 2003 年 5 月 7 日乙方注册在 28 类以及注册在 35 类的商品/服务“爱尔贝”组合商标分别获准注册，取得商标专用权。2004 年 3 月 22 日甲方在 41 类商品/服务为教育的范围内查询“爱尔贝 AIERBEI”文字及字母组合，经查询该文字及字母组合在该类未注册为商标。协议书签订之时乙方并未拥有“爱尔贝”注册商标的专有权，且其成立不足 1 年，不符合《商业特许经营管理办法（试行)》第 6 条关于特许者资格的规定。《合同法》第 52 条第 5 项规定违反法律、行政法规强制性规定的合同无效。根据《中华人民共和国立法法》第 7 条和第 56 条的规定，法律是指全国人民代表大会及其常务委员会颁布的法律；行政法规是指国务院颁布的规章、命令、条例等行政法规，因而对国务院各部委颁发的部委规章和地方性法规中强制性规定的违反不能认定合同无效。《商业特许经营管理办法（试行)》属于部委规章，甲方庭审时对此也予以确认，故甲方关于因本案涉及的《特许经营协议书》违反法律、行政法规强制性规定而无效的主张不成立。因此，甲方请求判令《特许经营协议书》无效及要求乙方返还特许经营费的主张不成立，该合同应认定为有效。

二是甲方主张乙方返还韩某 5 个月工资的理由是否成立。甲方向法院提交的《特许经营协议书》中关于乙方向甲方提供培训的约定，对于乙方派出员工到甲方工作如何支付员工工资的问题并未予以明确，甲方与乙方对韩某工作调动之前本应对其工资负担问题重新作出约定，但双方未能举证证明双方如何约定其工资支付方式，在双方未有举证证明其约定的情况下，甲方在韩某为甲方服务期间向其支付了 5 个月的工资，可视为其以行为默许由其承担韩某的工资。故甲方主张乙方应返还韩某工资的主张不能成立。

三是乙方要求甲方继续向其支付特许经营权费人民币1万元是否应予支持。甲方在诉状中陈述其中止履行合同是因为发现乙方丧失商业信誉及经营状况严重恶化，但对此甲方未能提交相关的“确切证据”，本院不能认定甲方不支付剩余的人民币1万元系行使合法的抗辩权。若甲方在得到授权后其经营未能得到预期的盈利效果，应属于正常的商业风险而非授权者履约不力，应由其自行承担，甲方没有充分合法的理由而不履行合同义务，其行为构成违约，应承担相应的民事责任。乙方在此情况下拆除甲方的“爱尔贝”商标的行为合法合理，并未侵权。根据双方提交的证据，可认定乙方已依约履行合同义务，故其有权要求甲方继续支付剩余的特许经营权费人民币1万元，且一方当事人以自己的行为表明不履行合同义务的，对方可以在履行期限届满之前要求其承担违约责任，乙方在庭审中明确表示其仅要求甲方继续支付人民币1万元，本院认可其对其民事权利的合理处分。

☞ 本案启示

广州某咨询公司诉佛山某公司特许经营纠纷案给我们的启示有二：

一是特许人资格欠缺对履行中的特许经营合同没有溯及力。无论是当年的《商业特许经营管理办法（试行）》，还是现行的《商业特许经营管理条例》，都明确规定了适应我国商业特许经营发展历史需要的商业特许经营者的法定条件，尤其是对特许人的法定资格条件要求越来越严格。就本案中甲方提出的协议书签订之时乙方并未拥有“爱尔贝”注册商标的专有权，且其成立不足一年，不符合关于特许者资格规定，故要求认定甲、乙双方签订的《特许经营合同》无效的主张，一方面根据法院查明的事实，另一方面根据《合同法》、《中华人民共和国立法法》的规定，《商业特许经营管理办法（试行）》属于部委规章，故甲方关于因本案涉及的《特许经营协议书》违反法律、行政法规的强制性规定而无效的主张不成立。因此甲方请求判令《特许经营协议书》无效及要求乙方返还特许经营费的主张不成立，该合同应认定为有效。

二是善于使用合同履行中的不安抗辩权、合同中止制度维护自己的合法权益。不安抗辩权是指，当事人互负债务，有先后履行顺序的，先履行的一方有确切证据表明另一方丧失履行债务能力时，在对方没有履行或者没有提供担保之前，有权中止合同履行的权利。规定不安抗辩权是为了切实保护当事人的合法权益，防止借合同进行欺诈，促使对方履行义务。合同中止履行是指债务人依法行使抗辩权拒绝债权人的履行请求，使合同权利、义务关系暂处于停止状态。在合同中止履行期间，权利、义务关系依然存在，在抗辩权消灭后，合同的权利、义务关系恢复原来的效力，即合同中止是在合同有效期内，发生了中止的事由，停止履行合同义务，待中止事由消失后，合同继续履行。商业特许经营合同履行中，负有先履行债务的当事人，有确切证据证明对方有经营状况严重恶化，转移财产、抽逃资金以逃避债务，丧失商业信誉，有丧失或者可能丧失履行债务能力等情形之一的可以中止履行。当事人没有确切证据中止履行的，应当承担违约责任。合同中止履行的应当及时通知对方，对方提供适当担保时应当恢复履行。中止履行后对方在合理期限内未恢复履行能力并且未提供适当担保的，中止履行的一方可以解除合同。

☞ **法条点击**

《中华人民共和国合同法》

第五十二条 有下列情形之一的，合同无效：

（一）一方以欺诈、胁迫的手段订立合同，损害国家利益；

（二）恶意串通，损害国家、集体或者第三人利益；

（三）以合法形式掩盖非法目的；

（四）损害社会公共利益；

（五）违反法律、行政法规的强制性规定。

第六十八条 应当先履行债务的当事人，有确切证据证明对方有下列情形之一的，可以中止履行：

（一）经营状况严重恶化；

（二）转移财产、抽逃资金，以逃避债务；

（三）丧失商业信誉；

（四）有丧失或者可能丧失履行债务能力的其他情形。

当事人没有确切证据中止履行的，应当承担违约责任。

第一百零七条 当事人一方不履行合同义务或者履行合同义务不符合约定的，应当承担继续履行、采取补救措施或者赔偿损失等违约责任。

第一百零八条 当事人一方明确表示或者以自己的行为表明不履行合同义务的，对方可以在履行期限届满之前要求其承担违约责任。

《中华人民共和国民事诉讼法》

第六十四条 当事人对自己提出的主张，有责任提供证据。

当事人及其诉讼代理人因客观原因不能自行收集的证据，或者人民法院认为审理案件需要的证据，人民法院应当调查收集。

人民法院应当按照法定程序，全面地、客观地审查核实证据。

《商业特许经营管理办法（试行）》

第六条 特许者必须具备下列条件：

（一）具有独立法人资格；

（二）具有注册商标、商号、产品、专利和独特的、可传授的经营管理技术或决窍，并有一年以上良好的经营业绩；

（三）具有一定的经营资源；

（四）具备向被特许者提供长期经营指导和服务的能力。

《商业特许经营管理办法》

第七条 特许人应当具备下列条件：

（一）依法设立的企业或者其他经济组织；

（二）拥有有权许可他人使用的商标、商号和经营模式等经营资源；

（三）具备向被特许人提供长期经营指导和培训服务的能力；

（四）在中国境内拥有至少两家经营一年以上的直营店或者由其子公司、控股公司建立的直营店；

（五）需特许人提供货物供应的特许经营，特许人应当具有稳定的、能够保证品质的货物供应系统，并能提供相关的服务。

（六）具有良好信誉，无以特许经营方式从事欺诈活动的记录。

《商业特许经营条例》

第三条 本条例所称商业特许经营（以下简称特许经营），是指拥有注册商标、企业标志、专利、专有技术等经营资源的企业（以下称特许人），以合同形式将其拥有的经营资源许可其他经营者（以下称被特许人）使用，被特许人按照合同约定在统一的经营模式下开展经营，并向特许人支付特许经营费用的经营活动。

第七条 特许人从事特许经营活动应当拥有成熟的经营模式，并具备为被特许人持续提供经营指导、技术支持和业务培训等服务的能力。

特许人从事特许经营活动应当拥有至少 2 个直营店，并且经营时间超过 1 年。

第八条 特许人应当自首次订立特许经营合同之日起 15 日内，依照本条例的规定向商务主管部门备案。在省、自治区、直辖市范围内从事特许经营活动的，应当向所在地省、自治区、直辖市人民政府商务主管部门备案；跨省、自治区、直辖市范围从事特许经营活动的，应当向国务院商务主管部门备案。

特许人向商务主管部门备案，应当提交下列文件、资料：

（一）营业执照复印件或者企业登记（注册）证书复印件；

（二）特许经营合同样本；

（三）特许经营操作手册；

（四）市场计划书；

（五）表明其符合本条例第七条规定的书面承诺及相关证明材料；

（六）国务院商务主管部门规定的其他文件、资料。

案例13　外商投资者特许经营资格的认定标准

韩某与北京某健美有限公司特许经营合同纠纷案①

☞ 案情简介

原告： 韩某（甲方）

被告： 北京某健美有限公司（乙方）

乙方于2003年2月18日经工商登记成立，企业类型为外商独资经营，经营范围为女子健美、美容服务，技能培训及管理服务。2004年7月2日，甲乙双方签订了《特许经营合同》。合同约定：乙方授予甲方使用乙方提供的Inch by Inch商品或服务之权利，并对甲方的经营活动给予积极的支持；乙方同意甲方使用Inch by Inch的商标、商号；甲方支付乙方加盟费10万元之日起1个月内再向乙方支付设备费344 750元，设备安装调试完毕后甲方支付剩余设备费296 500元；北京市朝阳区亚运村行政区域范围内乙方不得发展第二家加盟店，否则乙方应赔偿甲方相关损失；若甲、乙双方中任何一方违反合同约定，履约方有权要求解除本合同；若是甲方违约时其已支付的全部款项归属于乙方，乙方违

① 本案例选自：北京市第二中级人民法院民事判决书（2005）二中民终字第14880号.

约时已收到的款项全部退还给甲方。双方均认可乙方授权给甲方特许经营的项目为：使用特定的仪器、设备从事美体塑身服务。2005 年 3 月 28 日，乙方经国家工商行政管理总局商标局核准，获得注册一图形加“Inch by Inch”英文文字组合商标，核定服务项目为第 44 类：保健；美容院；按摩；纹身；修指甲（商品截止）。

2004 年 7 月 6 日甲方向乙方交纳了加盟费 10 万元。甲方寻找加盟店的经营场所期间，乙方没有为甲方开办加盟店给予明确的技术指导和经营指导。2004 年 12 月，甲方突然接到乙方的律师函，声称要与甲解除合同并没收甲方所交的 10 万元加盟费。甲方随后通知乙方不能继续履行合同，并要求返还已收取的加盟费。甲方认为双方签订的《特许经营合同》违反了我国法律、行政法规关于限制外资企业在中国内地从事特许经营活动的强制性规定，且乙方在订立《特许经营合同》时，超越了经营范围，缔约时不具有相应的履行合同的能力，其缔约过失导致特许经营合同无效，给甲方造成重大损失和合同期待利益损失。故起诉至法院，要求：（1）确认《特许经营合同》无效；（2）乙方返还甲缴纳的加盟费 10 万元，赔偿给甲方造成的直接经济损失、律师代理费及调查取证费共计 6 万元。

乙方辩称，甲乙双方签订的《特许经营合同》是双方真实意思表示，是有效的；合同没有履行的过错在于甲方，根据合同约定不能返还 10 万元；甲方陈述的损失应由其自行承担。故不同意其诉讼请求。

☞ 审理结果

原审法院依据《中华人民共和国合同法》第 52 条第（五）项、第 58 条，《最高人民法院关于适用〈中华人民共和国合同法〉若干问题的解释（一）》第 10 条之规定，判决：（1）确认甲乙双方 2004 年 7 月 2 日签订的《Inch by Inch CHINA 特许经营合同》无效；（2）乙方于本判决生效之日起 10 日内返还甲方 10 万元；（3）乙方自本判决生效之日起 10 日内赔偿甲方合理支出费用 240 元；（4）驳回甲方的其他诉讼请求。

原审判决后，甲方服从原审判决、乙方不服向法院提起上诉。二审法院于 2005 年 10 月 27 日受理后，依法组成合议庭，审理了本案。本案现已审理终结。由于上诉人的上诉理由缺乏事实及法律依据，二审法院不予支持。原审判决认定事实清楚、适用法律正确，二审法院予以维持，并依据《中华人民共和国民事诉讼法》第 153 条第 1 款第（一）项之规定，判决如下：

驳回上诉，维持原判。二审案件受理费 4 710 元，由北京某健美有限公司负担（于本判决生效之日起 7 日内交纳）。

☞ 法理评析

乙方系外资企业，其在中国境内的投资、所获利润和享有的其他合法权益，受中国法律保护，但其从事经营活动必须遵守中国法律、法规的规定。甲乙双方 2004 年 7 月 2 日签订的是特许经营合同。对外商投资企业从事特许经营活动，国务院 2002 年 2 月 11 日发布的《指导外商投资方向规定》，以及国务院 2002 年 3 月 4 日批准的《外商投资产业指导目录》及其附件中将其列为限制类外商投资项目，属于我国逐步开放的产业。尤其是在《外商投资产业指导目录》附件第二类限制类第（五）项第 3 条中明确规定特许经营不迟于 2004 年 12 月 11 日允许外商投资。该条款中并没有限定具体适用何种商业或服务业项目，只针对了特许经营这种商业运作方式。1997 年 11 月 14 日原国内贸易部曾发布《商业特许经营管理办法（试行）》，该管理办法规定在中华人民共和国境内从事商业（包括餐饮业、服务业）特许经营活动的企业、个人或其他经济组织在开展经营活动时，应按本规定将有关材料提交中国连锁经营协会备案。2004 年，商务部又发布了新的《商业特许经营管理办法》，明确规定外商投资企业以特许经营方式从事商业活动的，应向原审批部门提出申请增加“以特许经营方式从事商业活动”的经营范围。

本案中乙方作为外商投资企业应当知道我国限制外商投资经营项目的强制性规定，在其从事特许经营活动前应按规定报有关管理部门审批，但乙方至今未就其从事特许经营活动提出备案，取得批准。在这种情况下，甲乙双方在 2004 年 7 月 2 日签订的《特许经营合同》明显违反了我国行政法规的强制性规定。我国《合同法》规定违反法律、行政法规的强制性规定订立的合同，属于无效合同。原审法院基于法律、法规的规定，以及涉案《特许经营合同》签订后，甲方仅交纳了加盟费给乙方，尚未使用乙方的商标、商号等从事经营活动，该合同未进入实质履行阶段的事实，认定甲乙双方所签订的《特许经营合同》无效，法律依据及事实依据均很充分，二审法院予以维持。

我国《合同法》规定，合同无效后，因该合同取得的财产，应当予以返还；有过错的一方应当赔偿对方因此所遭受的损失，双方都有过错的，应当各自承担相应的责任。乙方作为外资企业应当知道我国限制其经营活动的规定及对特许经营活动的规定，但其仍与甲方签订涉案《特许经营合同》，并收取甲方支付的 10 万元加盟费，具有主观过错，故应承担返还甲方支付的 10 万元加盟费并赔偿甲方因此所受到的损失的法律责任。鉴于甲方主张其直接损失的证据缺乏关联性，法院未予采信。甲方为本案支出的调查取证费属于合理开支，法院予以支持。

原审判决后，甲方服从原审判决、乙方不服提起上诉。其上诉理由是：双方所签《特许经营合同》系双方真实意思表示，并未违反相关法律、行政法规的强制性规定。早在 1997 年 11 月 14 日原国内贸易部就颁发了《商业特许经营管理办法（试行）》，并非如原审判决所认定的 2004 年 12 月 11 日之前国家不允许外商投资企业以特许经营方式从事商业活动，且上诉人所从事的健美、健身服务业也非国家限制或禁止外商经营的项目，所以原审判决认定双方所签合同无效，缺乏法律、法规依据。另外，双方所签合同已经进入实际履行阶段，没有继续履行的原因完全是甲方违约所致，故请求二审法院查明事实，撤销原审判决，确认双方所签合同有效，承担上诉费。

二审法院受理后依法组成合议庭审理认为，上诉人的上诉理由缺乏事实及法律依据，不予支持，原审判决认定事实清楚、适用法律正确，予以维持。

☞ 本案启示

北京某健美有限公司与韩某特许经营合同纠纷案给我们的启示有二：

一是特殊行业、特殊企业特许经营资格的认定标准。特许经营是指特许者将自己所拥有的商标、商号、经营模式等以特许经营合同的形式授予被特许者使用，被特许者按合同规定，在特许者统一的业务模式下从事经营活动，并向特许者支付相应的费用。根据国务院《指导外商投资方向规定》及其批准的《外商投资产业指导目录》，特许经营属于中国逐步开放的产业，列为限制类外商投资项目，并明确于 2004 年 12 月 11 日后允许外商投资。也就是说，在 2004 年 12 月 11 日之前，国家不允许外商投资企业以特许经营方式从事商业活动。而乙方与甲方在 2004 年 7 月 2 日签订的特许经营合同中，约定乙方授权甲方使用其商标、商号从事运用特定仪器设备进行美体塑身的经营活动，属于国家限制其从事的商业特许经营方式，明显违反了上述行政法规的强制性规定。该特许经营合同签订后，仅是甲方交纳了加盟费给乙方公司，该合同并未进入实质履行阶段，即甲方没有使用乙方提供的商标、商号等从事经营活动。同时，乙方至今未获得以特许经营方式在我国从事商业活动的批准。故综合上述因素认定涉案的特许经营合同属于无效合同。

二是外资商业特许经营合同无效的法律后果。乙方作为外资企业应该知道我国限制其经营范围的强制性规定，仍然与甲方签订特许经营合同，对于该合同无效具有主观过错，因此其应当返还甲方支付的 10 万元加盟费，并赔偿甲方因此所受到的损失。甲方为本案诉讼支出了律师代理费、工商登记、商标档案查询费计

80 240 元，为寻找加盟店经营场所支付的汽油费、餐费、停车费，为筹建加盟店租赁办公用房支付了租赁费，筹建期间支付的员工工资等。鉴于甲方因主张其直接损失的证据缺乏关联性，原审法院未予采信，故其要求乙方赔偿其直接损失，依据不足，原审法院不予支持。甲方主张乙方支付有关的律师代理费，法律依据不足，原审法院亦不予支持。甲方为本案支出的调查取证费属于合理开支，应予以保护。

☞ **法条点击**

《中华人民共和国合同法》

第五十二条　有下列情形之一的，合同无效：

（一）一方以欺诈、胁迫的手段订立合同，损害国家利益；

（二）恶意串通，损害国家、集体或者第三人利益；

（三）以合法形式掩盖非法目的；

（四）损害社会公共利益；

（五）违反法律、行政法规的强制性规定。

第五十八条　合同无效或者被撤销后，因该合同取得的财产，应当予以返还；不能返还或者没有必要返还的，应当折价补偿。有过错的一方应当赔偿对方因此所受到的损失，双方都有过错的，应当各自承担相应的责任。

案例 14　被特许人利用特许人法定资格规避风险的防范

杨某与刘某特许经营连锁加盟合同纠纷案①

☞ **案情简介**

原告： 杨某（甲方）

被告： 刘某（乙方）

甲方诉称，2002 年乙方向甲反复介绍“家禾”火锅品牌系国家工商行政管

① 本案例选自：甘肃省张掖市甘州区法院民事判决书（2005）甘民初字第 81 号.

理局的注册商标，全国有效，该品牌对技术管理具有统一规范的一套标准，要求甲加盟其所谓的“家禾”火锅品牌楼群。2002 年 11 月 22 日，甲方与乙方签订了“张掖家禾火锅城加盟连锁店”协议，该协议对“家禾”连锁品牌、加盟方式、加盟期限、加盟费作了约定。协议签订后，甲方在山丹县开办了家禾火锅城。根据约定甲方应向乙方交纳首期加盟费 5 万元，由于甲方资金十分紧张，在协议签订后，只向乙方交纳了 4 万元，欠 1 万元要求乙方宽限，乙方同意，但提出欠款必须在交纳下期加盟费时一次交清，交清后乙方才向甲方提供相关手续。2003 年 11 月底甲方向乙方交清加盟费后要求乙方提供加盟连锁相关手续时，乙方却屡屡推拖，拒不提交，且乙方在甲方经营期间，无法提供所谓统一规范的标准和要求，甲方只好在摸索中经营。之后，甲方经向有关部门核实，乙方所谓家禾火锅品牌，并非经国家工商行政管理局注册的商标，也非加盟连锁店。现诉讼要求：(1) 依法终止甲、乙双方签订的“张掖家禾火锅城加盟连锁店”协议；(2) 要求乙方立即返还不当利益 5 万元，承担利息 7 000 元及违约金 1 万元；(3) 承担本案全部诉讼费用。在举证期限届满前，甲方申请变更第 (1) 项诉讼请求为：要求撤销甲、乙方签订的“张掖家禾火锅城加盟连锁店”协议。

乙方在庭审中辩称，双方合同是2002 年签订的，如果甲方行使撤销权，应在 1 年内提出，现甲方已丧失撤销权，且甲乙方双方签订的合同是双方真实意思表示，且是甲方主动要求加盟的，不存在撤销的情形。此时乙方已完全履行了合同，只是甲方不履行合同。

☞ 审理结果

甲方杨某与乙方刘某经营合同纠纷一案，法院受理后依法组成合议庭，公开开庭进行了审理。本案现已审理终结。由于本案中不存在法定的撤销事由，现甲方要求撤销加盟连锁店合同的主张理由不成立，故对甲方此项主张法院未予支持。甲方给乙方交纳加盟费，系其自愿行为，乙方按双方合同约定收取甲方加盟费合法有据，同时乙方亦按合同约定履行了自己的义务，并无违约行为，故甲方要求乙方返还加盟费 5 万元，承担利息及违约金的主张的理由不成立，法院不予支持。据此，依照《中华人民共和国合同法》第 54 条 1 款、2 款之规定，法院判决如下：(1) 驳回甲方杨某的诉讼请求；(2) 案件受理费 2 520 元，其他诉讼费 2 016 元，合计 4 536 元，由甲方负担。

如不服本判决，可在判决书送达之日起 15 日内，向法院递交上诉状，并按对方当事人的人数提出副本，上诉于甘肃省张掖市中级人民法院。

☞ 法理评析

2002 年 11 月 22 日，甲乙双方签订的“张掖家禾火锅城加盟连锁店”合同约定，乙方同意甲方加盟“家禾火锅楼”群，乙方将“家禾火锅楼”铜字牌匾予以甲方使用权；加盟期限为 3 年，自 2002 年 11 月 22 日起至 2005 年 11 月 22 日止，地域限定为山丹县；双方商定的加盟费为 3 年共计 11 万元，每年加盟费 3 万元。第一年付 5 万元，第二、三年每年付 3 万元。付款方式为在合同签订时一次性支付第一年加盟费 5 万元，第二年以后每年付款时间在上一年加盟期限截止日前 10 日一次性付清。乙方在加盟期内负有的义务为：保证按时供给甲方原材料，确保甲方正常工作运行；确保甲方后厨技术力量，确保出品质量、规格达标；乙方应向甲方提供全面的管理模式及调配高层管理人员；在合同约定的加盟期限内，乙方不得无故收回授权等。合同同时确定的违约责任为：乙方如不按时供应原材料或其他，甲方有权单方面解除合同，要求乙方赔偿其实际损失，退还剩余加盟费及支付违约金 1 万元；若甲方擅自起用或转让加盟授权，乙方有权单方解除合同并要求甲方支付违约金 1 万元等。双方还自愿达成用工协议与加盟前后陆续派遣培训人员及经营餐饮总监对甲方工作进行监督指导等条款。由此可见，甲乙双方签订的合同本质上属于商业特许经营合同。

合同签订后，甲方分两次给乙方交纳加盟费 5 万元，甲方在山丹县开办了“家禾火锅城”。期间乙方按合同约定，履行了供给甲方火锅原材料，提供统一的餐巾纸、筷套，调配后厨大师傅、大堂经理，培训服务、管理人员，派专业人员对甲方加盟店统一策划、布局，并对甲方工作予以指导，提供统一的管理及经营模式等加盟期内负有的义务。甲方加盟店正常经营期间，甲方于 2003 年 12 月 17 日向中国某商标专利事务所有限公司西北分公司查询家禾商标，该公司答复为：截至 2003 年 11 月 1 日，查询无在先权利商标。2004 年 10 月 18 日，甲方再次向甘肃某商标代理有限公司查询家禾商标，仍无在先权利商标。2004 年 12 月 17 日，甲方向法院起诉，庭审中乙方同意解除双方的加盟合同。

另查，乙方于 2004 年 3 月 9 日向国家工商行政管理总局商标局申请商标注册，该商标局于同年 4 月 16 日给乙方发了注册申请受理通知书，至今尚未核准注册。证明以上事实的证据有加盟连锁合同、加盟费收条、商标查询单、出库单、餐巾纸袋、照片、国家工商行政管理总局商标局注册申请受理通知书等书证，出庭证人杨某、黄某、薛某、杜某、刘某、史某证言及双方当事人当庭陈述，并经庭审质证属实，足以认定。

乙方个人自创字号依法经营张掖市甘州区家禾火锅城，甲乙双方在平等自愿的基础上签订的加盟连锁店合同，该合同系双方当事人真实意思表示，不违背相关法律、法规的强制性规定，而现有法律对此类加盟连锁合同内容并无限制性规定，同时在合同实际履行过程中，甲、乙双方亦按合同约定履行了各自负有的义务，故甲、乙双方签订的张掖家禾火锅城加盟连锁店合同合法有效。甲方提出乙方隐瞒其个人经营家禾火锅城真实情况，冒充家禾火锅品牌系国家工商行政管理局注册商标，采取欺骗手段使其加盟，应属无效，要求依法撤销该加盟连锁协议。根据我国《合同法》第 54 条的规定，本案所涉的加盟连锁店合同内容由双方当事人自己约定，意思表示真实，合同内容并不违反法律强制性和禁止性规定，不侵犯他人合法利益和社会公共利益。在签订合同时，该家禾标记虽非注册商标，但确系乙方正在正常使用并由其独有的专用标记，合同签订后，乙方亦按合同约定全面履行了义务，并保证甲方的加盟连锁店正常开业经营。现甲方加盟店停止经营，并非是由于其加盟的家禾商标非注册商标造成，因此该家禾标记是否为注册商标并不影响甲方所加盟火锅店的经营状况，亦不必然影响双方履行合同约定的义务，且在双方合同履行期间，国家商标局已于 2004 年 4 月受理了乙方的家禾商标注册申请，乙方的行为并不构成欺诈。本案中不存在法定的撤销事由，现甲方要求撤销加盟连锁店合同的主张理由不成立，故对甲方此项主张法院不予支持。甲方给乙方交纳加盟费，系其自愿行为，乙方按双方合同约定收取甲方加盟费合法有据，同时乙方亦按合同约定履行了自己的义务，并无违约行为，故甲方要求乙方返还加盟费 5 万元，承担利息及违约金的主张，理由不成立，法院不予支持。

☞ 本案启示

杨某与刘某特许经营连锁加盟合同纠纷案给我们的启示有三：

一是谨防被特许人利用特许人欠缺法定资格要件规避经营风险。无论是 1997 年 11 月 14 日颁行的《商业特许经营管理办法（试行）》、自 2005 年 2 月 1 日起施行的《商业特许经营管理办法》，还是自 2007 年 5 月 1 日起施行的《商业特许经营管理条例》都要求特许经营中的特许者必须拥有属于自己的商标、商号、经营模式等经营资源。本案中，甲方主张因特许人没有注册商标，以故意欺诈而撤销该合同，而法院以特许人实际上拥有的商标权不以注册批准为由判定合同不存在欺诈，目的是阻止甲方对履行中的特许经营合同以特许者签订合同时不具备法定资格条件规避特许经营风险。但如何在现实中衡平特许与被特许人之间的利益、利用特许者的法定资格条件强化对有关特许经营者的行为规范效果，有待进一步思考。

二是《合同法》与《商业特许经营管理条例》的协调适用。本案中甲乙双方签订的“张掖家禾火锅城加盟连锁店”协议，从本质上看属于特许经营合同，理应归属于当时的“特许经营管理暂行条例”规范，但从法院受理、审判整个纠纷的过程中可以看出，主要是以《合同法》的基本规范来调整特许经营法律关系的，进而就出现了甲方以欺诈为由提出的解除协议诉求与法院认定不存在欺诈为据，最后作出认定协议合法有效，驳回甲方全部诉讼请求的判决。这样的判决对解决现实中一方利用特许经营合同的形式规避各自经营风险、谋取不正当利益、缺乏诚信经营观念的行为导向，值得我们深思。

三是对特许经营者资格制度的完善。就现行《商业特许经营管理条例》来看，要求商业特许经营主体具备三个基本要素：（1）特许人必须是拥有注册商标、企业标志、专利、专有技术等经营资源的企业。（2）特许人和被特许人之间是一种合同关系。特许人、被特许人是相互独立的市场主体，特许经营本质上是一种民事行为。（3）特许人从事特许经营活动应当拥有至少 2 个直营店，并且经营时间超过 1 年。《条例》对作为特许条件的“两店一年”直营店限定为特许人直接拥有的直营店，对于特许人的子公司、控股公司所建立的直营店不计算在内。《条例》如此规定的主要目的，直营店具有一定的示范作用，便于其他经营者从直营店的经营中较为直观地了解特许人的品牌、经营模式、经营状况等，以防止一些企业利用特许经营进行欺诈活动。

☞ 法条点击

中华人民共和国《合同法》

第五十四条　下列合同，当事人一方有权请求人民法院或者仲裁机构变更或者撤销：

（一）因重大误解订立的；

（二）在订立合同时显失公平的。

一方以欺诈、胁迫的手段或者乘人之危，使对方在违背真实意思的情况下订立的合同，受损害方有权请求人民法院或者仲裁机构变更或者撤销。

《商业特许经营管理办法》

第二条　本办法所称商业特许经营（以下简称特许经营），是指通过签订合同，特许人将有权授予他人使用的商标、商号、经营模式等经营资源，授予被特许人使用；被特许人按照合同约定在统一经营体系下从事经营活动，并向特许人支付特许经营费。

《商业特许经营管理条例》

第三条 本条例所称商业特许经营（以下简称特许经营），是指拥有注册商标、企业标志、专利、专有技术等经营资源的企业（以下称特许人），以合同形式将其拥有的经营资源许可其他经营者（以下称被特许人）使用，被特许人按照合同约定在统一的经营模式下开展经营，并向特许人支付特许经营费用的经营活动。

《商业特许经营管理办法（试行）》

第二条 特许经营是指特许者将自己所拥有的商标（包括服务商标）、商号、产品、专利和专有技术、经营模式等以特许经营合同的形式授予被特许者使用，被特许者按合同规定，在特许者统一的业务模式下从事经营活动，并向特许者支付相应的费用。

第六条 特许者必须具备下列条件：

（一）具有独立法人资格；

（二）具有注册商标、商号、产品、专利和独特的、可传授的经营管理技术或决窍，并有一年以上良好的经营业绩；

（三）具有一定的经营资源；

（四）具备向被特许者提供长期经营指导和服务的能力。

案例15 诚实信用为特许者必备的品格要件

刘某诉北京某科教文化有限公司特许加盟合同纠纷案①

☞ 案情简介

原告： 刘某（甲方）

被告： 北京某科教文化有限公司（乙方）

① 本案例选自：北京市朝阳区人民法院民事判决书（2005）朝民初字第21055号.

2005 年 5 月 20 日，甲乙双方签订了一份加盟合同，约定由甲方支付乙方合同履约金 15 000 元和年度管理费 1 500 元。甲方在收到乙方合同履约金及年度管理费后，有义务允许乙方使用甲方经营的连锁体系使用的企业名称、注册商标并开展“川本 O 动漫”相关产品的经营业务；甲方负责向乙方提供统一的专营店装修方案；乙方有权依合同经营甲方系列产品；乙方按“川本 O 动漫”连锁店的统一形象要求，严格按甲方提供的统一设计方案施工，并自行承担装修费用；乙方在本合同签订时，一次性向甲方支付合同履约金 15 000 元，加盟级别为标准店，甲方则按市场指导价格为乙方提供价值 20 000 元的货品；合同期限为 1 年，从 2005 年 5 月 20 日至 2006 年 5 月 19 日止。加盟合同签订后，2005 年 6 月 2 日，甲方向乙方支付了合同履约金 15 000 元和年度管理费 1 500 元。乙方向甲方提供了产品，并传真了一份《标准店首次配货清单及产品价目表》（简称《配货清单》）。甲方称《配货清单》中的产品在收到时，具体的货物和数量与《配货清单》有差异，其中一些产品甲方已经出售。在甲方支付了上述费用后发现乙方并不具备从事特许经营的条件和资格，而且在签订合同时隐瞒许多重大事实，由此使得甲方违背自己的真实意愿签订了加盟合同，遭受了经济损失。故起诉至法院，请求判令：(1) 撤销 2005 年 5 月 20 日双方签订的加盟合同；(2) 乙方返还甲方合同履约金 15 000 元和年度管理费 1 500 元；(3) 乙方赔偿甲方装修损失及为诉讼发生的费用共 9 089 元。

乙方辩称，双方是自愿签订的加盟合同，加盟合同合法有效。乙方承认其并未注册过商标、在广告宣传中的投资分析存在一些夸大成份，向法庭出示一份名为“川本 O 动漫独家代理商证明书”。该证明书记载：“日本川本 O 动漫株式会社特此证明：乙方为日本川本 O 动漫株式会社系列产品的中国国内独家生产经营合作伙伴及品牌使用权。有效期：2004 年 3 月 9 日至 2008 年 3 月 8 日。”但乙方未举证证明日本川本 O 动漫株式会社是否存在以及其是否有权作出授权，同时提出不对该证明书进行公证和认证。乙方已经履行了加盟合同的主要义务，不存在合同可撤销的情形，请求驳回甲方诉讼请求。

☞ 审理结果

法院经审理查明：因加盟合同甲方支出装饰工料费、路费和食宿费，上述事实有加盟合同、发货单、发票、财富手册、证明书以及双方当事人的陈述等在案佐证。依据《中华人民共和国合同法》第 54 条第 2 款、第 58 条之规定，法院判决如下：(1) 撤销 2005 年 5 月 20 日甲乙双方签订的加盟合同；(2) 乙方返还甲方合同履约金 15 000 元以及年度管理费 1 500 元；(3) 乙方赔偿甲方经济损失 2 000 元；(4) 甲方返还乙方因加盟合同取得的产品，不能返还的部分折价返还（产品名称、数量和价格见本判决附表）；(5) 驳回甲方的其他诉讼请求。

案件受理费 1 034 元，由甲方负担 290 元（已交纳），由乙方负担 744 元（于本判决生效后 7 日内交纳）。

如不服本判决，可在判决书送达之日起 15 日内向本院递交上诉状，并按对方当事人的人数提出副本，上诉于北京市第二中级人民法院。

☞ 法理评析

一方以欺诈的手段使对方在违背真实意思的情况下订立的合同，受损害方有权请求法院撤销合同。本案中，甲方以乙方欺诈为由请求撤销其与乙方签订的加盟合同，故需判断乙方在与甲方签订加盟合同时是否存在欺诈行为。乙方与甲方签订的加盟合同的目的在于乙方将经营的连锁体系使用的企业名称和注册商标许可给甲方使用，甲方支付相应费用。在签订加盟合同之前，乙方并没有任何注册商标，只是拥有一份名为“川本 O 动漫独家代理商证明书”的文件，该证明书称日本川本 O 动漫株式会社证明乙方为该会社系列产品的中国国内独家生产经营合作伙伴及品牌使用权。对于该证明书，现乙方没有提供证据证明日本川本 O 动漫株式会社的真实存在以及证明书上签章的真实性，因此不能认定乙方拥有许可他人使用加盟合同约定的“川本 O 动漫”名称或注册商标的权利。此外，依据商务部 2004 年 12 月 31 日颁布《商业特许经营管理办法》的要求，特许人在签订特许经营合同前应当以书面形式向被特许人披露其基本信息资料。设立该披露义务旨在使加盟商能客观地知悉特许人的经营情况，了解投资的风险，其目的就在于防止欺诈，促进行业的发展，保护投资人的利益。

本案中，乙方未在签订加盟合同前将其经营特许经营的基本情况、不拥有注册商标、宣传中存在夸大内容等基本信息向甲方披露，使甲方无法客观地判断特许经营的前景，进而无法在此基础上作出是否签约的正确选择。而且，乙方在其宣传手册中称：中国动漫产业每年能产生 1 000 亿人民币的市场；加盟动漫产业是一项风险极低的投资项目，投入 1 ~ 2 万就可以经营小店，只要严格遵循川本 O 动漫的经营方针，回报率就能实现 100% ~ 300%；JP“川本 O 动漫”总部提供全国统一的央视、卫星电视、时尚潮流、财经、互联网等全方位媒体广告支持，并在一定的时期和范围内，组织连锁系统开展各类新产品上市、节假日专题促销及相应的公益、公关活动，由公司统一策划、统一宣传，你在家中就可以坐享盛名之下的滚滚财源。该财务手册最后的署名为“川本 O 动漫（中国）连锁总部”。没有投资风险的提示、故意夸大投资回报，该宣传手册具有很强的误导性。综上，乙方将“川本O动漫”以及不存在的注册商标许可他人使用，主观上具有欺诈的故意，在此情况下甲方受误导违背真实意思作出了签订加盟合同的意思表示，现甲方在法定的合理期限内提出撤销合同的主张，理由成立，法院予以支持。

因加盟合同的撤销，乙方应向甲方返还因加盟合同收取的合同履约金和年度管理费。由于加盟合同的撤销系乙方的过错，对因加盟合同给甲方造成的损失，乙方应当予以赔偿，法院酌情予以确定。由于加盟合同被撤销，甲方应返还其收到的乙方提供的产品，不能返还的部分折价补偿。甲方收到的具体产品及数量，由于乙方未举证，因此以甲方统计的实际收货产品及数量为准。对于不能退还产品的价值，在配货清单中有记录，且符合加盟合同对货物总款的约定，因此可以作为折价的依据。

☞ 本案启示

刘某诉北京某公司特许加盟合同纠纷案给我们的启示有二：

一是诚实信用为特许者必备的品格要件。本案中导致法院判决甲乙双方签订的特许经营合同可撤销的本质要件是，特许者广告宣传中的夸大其词与虚假宣传等不诚信、欺诈行为。特许者法定资格的实质要件对特许经营合同的订立、生效是充分、必要条件，而对已经开始履行的特许经营合同只是充分条件而非必要条件。

二是对合同期限较短的特许经营合同被特许人合法权益的保护。本案中甲乙双方签订的特许经营合同期限仅为1年，鉴于特许人法定资格要件的缺失、广告宣传中的虚假陈述，法院为体现《商业特许经营管理条例》的立法精神，规范我国商业特许行业的特许行为，不仅要求特许人返还被特许人支付的加盟费，而且同时赔偿由此给被特许人带来的经济损失。

☞ 法条点击

《中华人民共和国合同法》

第五十四条　下列合同，当事人一方有权请求人民法院或者仲裁机构变更或者撤销：

（一）因重大误解订立的；

（二）在订立合同时显失公平的。

一方以欺诈、胁迫的手段或者乘人之危，使对方在违背真实意思的情况下订立的合同，受损害方有权请求人民法院或者仲裁机构变更或者撤销。

当事人请求变更的，人民法院或者仲裁机构不得撤销。

第五十八条 合同无效或者被撤销后，因该合同取得的财产，应当予以返还；不能返还或者没有必要返还的，应当折价补偿。有过错的一方应当赔偿对方因此所受到的损失，双方都有过错的，应当各自承担相应的责任。

案例16 特许人的法定义务是否为特许资格的必要条件

上海某服饰贸易有限公司特许经营资格的认定①

☞ 案情简介

原告：梁某（甲方）

被告：上海某服饰贸易有限公司（乙方）

2002年1月1日，日本某株式会社出具授权书，授权乙方在中国市场全权使用“小罗曼”及“little romance”商标，并许可乙方在中国市场有偿给第三方使用该商标，使用范围包括服饰、包袋等相关产品的立体印花加工、销售等一切商业经营活动，有效期从2002年1月1日至2007年12月31日。

2002年1月28日，甲、乙双方订立了特许加盟经营协议，约定除乙方外，甲方是唯一在上海市场具有批发经销权并按乙方指定的价格销售其提供的含有“little romance”商标的服饰、包袋等产品。甲、乙双方的合作方式为区域特许专卖，乙方的职责为：提供（1）独家经营的商品和原材料；（2）立体印花和手绘发泡技术；（3）商品陈列及推广诀窍；（4）营销企划和商品管理培训；（5）后勤支援。甲方的职责为：提供（1）繁华地段的店铺；（2）装修及货架道具；（3）经营管理；（4）一次性支付给乙方特许经营加盟费2.5万元，商标使用费2.5万元。此外，双方在附属条款中约定，“乙方提供设备一台，甲方付款一万元，质量问题由乙方修理，在修理期间乙方提供备用设备”。双方还就协议终止的有关事项作出约定。该协议的有效期为2002年1月28日至2005年1月28日。

协议订立后，甲方向乙方支付了特许经营加盟费2.5万元及商标使用费2.5

---

① 本案例选自：上海市浦东新区人民法院（2002）浦民三（知）初字第17号民事判决.

万元，压烫机设备1万元；乙方交给甲方一台旧的压烫机，并向甲方提供了店牌设计及店内布局设计图稿各1份。2002年2月初，甲方开始在七浦路兴旺服饰市场地下6街1号商铺经营乙方提供的含有“little romance”商标的服饰、包袋。3月11日，甲方向乙方发出传真，指出乙方未按协议规定落实开业辅导，提供的服装系列不全，未提供成熟的技术指导，造成甲方加盟店服装业务发展缓慢，经济上受到损失，要求乙方能迅速解决问题。同日，乙方向甲方回复传真，称服装新品已逐步生产出来，欢迎甲方随时看货，希望甲方尽快安排时间到乙方处进行立体印花、手绘发泡、电脑印花技术的培训。乙方在传真中承认，甲、乙双方的确在合作上有不成熟的一面，有些问题需要双方经常沟通、共同努力、克服目前的困难。4月20日，甲方向乙方发出催告通知，再次指出乙方公司的服装产品短缺、系列不全，并对乙方将立体印花原材料菲林片销售给明堂（tang画王）公司以及未按承诺向甲方提供新的压烫机设备提出意见，要求乙方提供系列齐全的“little romance”商标的服饰、新的压烫机设备及相关技术培训。5月7日，甲方向乙方发出解除经销协议的通知，并要求乙方退还5万元加盟费及商标使用费、1万元压烫机设备费以及其他相关费用。乙方置之不理，于是甲方请求法院：（1）解除甲、乙双方于2002年1月28日签订的经销协议；（2）返还甲方加盟费人民币25 000元；（3）返还甲方商标使用费人民币25 000元；（4）案件诉讼费由乙方承担。

☞ 审理结果

法院经审理认为，甲、乙双方订立的特许经营合同意思表示真实，且无违反国家有关法律强制性的规范，故应确认有效。甲方按照合同约定履行了相应的合同义务，而乙方在合同订立后，未及时向甲方提供必要的产品、技术及经营管理支持，影响了甲方加盟店的正常运作，且自乙方成立到与甲方订立协议时仅2个月，缺乏必要的营销经验，甲乙双方订立的特许经销协议已无法继续履行。根据我国《合同法》关于解除合同条件的规定，法院判决如下：（1）解除甲、乙双方于2002年1月28日签订的经销协议；（2）乙方应在本判决生效后7日内，返还甲方加盟费人民币2.5万元；（3）乙方应在本判决生效后7日内返还甲方商标使用费人民币2.5万元；（4）乙方应在本判决生效后7日内，返还甲方购买压烫机的费用人民币1万元；（5）甲方应在本判决生效后7日内，将乙方交付的压烫机返还乙方；（6）乙方应在本判决生效后7日内，赔偿甲方经济损失人民币400元。

案件受理费2 610元及财产保全费710元，由乙方承担2 860元，甲方承担

460 元。

判决后乙方不服提出上诉，二审法院经审理认为上诉人在收取了被上诉人的加盟费与商标使用费后，未对其应承担的主要义务进行全面履行，其应承担主要责任。因此，原审法院判决上诉人与被上诉人解除协议、恢复原状并无不当。原审判决认定事实清楚，适用法律正确。依照《中华人民共和国民事诉讼法》第 153 条第 1 款第（一）项、第 158 条的规定，判决如下：

驳回上诉，维持原判。

本案二审诉讼费人民币 2 610 元由上诉人乙方负担。

☞ 法理评析

甲、乙双方之间的争议焦点有二：一是乙方没有按照约定提供种类齐全、数量充足的服饰包袋、立体印花和手绘发泡技术培训、商品陈列及推广诀窍、营销企划的行为是否构成违约；二是甲方擅自停止经营小罗曼加盟店并主张相应经济损失的理由及依据是否充分。

对争议焦点一，原审法院认为乙方提供的盘货表、出货单不能证明其提供的“little romance”商标的服饰、包袋的数量、种类已达到了甲方加盟店开展正常批发经销业务的要求，乙方提供的原职工马某的书面证言仅能说明其曾到甲方进行过技术传授，但不能证明其传授的技术内容以及该技术已达到可操作的程度，商品陈列及推广诀窍、营销企划的行为是商业特许经营许可方应当提供给被许可方的必要内容，也是甲方向乙方支付加盟费的重要对价内容。乙方在甲方加盟店开业后未提供该方面的相应培训，也未提供及时、必要的指导，构成违约。

对争议焦点二，原审法院认为乙方于合同订立后的近 2 个月内，未履行技术传授及经营指导义务，未适当履行提供产品的义务，致使甲方无法正常开展特许经营活动，在此情况下，甲方转移经营重点，兼营其他服饰，是其防止损失扩大的合理措施，不构成违约；根据合同约定甲方已开始经营小罗曼加盟店，其为此支出的店铺租赁费、装修费及店员工资费用，应属于履行合同必要的正常支出。但乙方违约，致使甲方的加盟店无法继续经营，使甲方为履行合同而按照乙方专门装设的灯箱、店牌等装备也失去其专有的使用价值，对此乙方应予酌情赔偿。

鉴于甲、乙双方订立的特许经营合同均出自于双方真实意思的表示，且无违反国家有关法律的内容，故应确认有效，对双方均具有法律约束力。甲方按照合同约定向乙方支付了加盟费、商标使用费、压烫机设备费，提供了小罗曼加盟店铺并完成了装修，开始了日常的经营管理活动，其合同义务已得到履行。乙方作为特许经营的许可方，向被许可方提供符合加盟店经营需要的经营指导、培训和产品供应，是其实施特许经营应当承担的最主要的义务，也是加盟店正常经营的必要前提，乙方在合同订立后，未及时向甲方提供必要的产品、技术及经营管理支持，影响了甲方加盟店的正常运作，经甲方书面通知催告，仍未能及时履行上述义务，致使甲方无法实现合同目的，其行为已构成违约。此外，从乙方的自身情况来看，自乙方成立到甲方订立协议时仅 2 个月，乙方获得日本某株式会社授权使用“little romance”商标尚不到 1 个月，故缺乏必要的营销经验；从乙方履行合同的实际情况来看，乙方在向甲方提供长期经营指导和服务的能力方面也存在明显的欠缺，甲、乙双方订立的特许经营协议已无法继续履行。甲方依据合同约定的终止条款，要求解除与乙方订立的经销协议，符合我国《合同法》关于解除合同的条件的规定，应予支持。甲方要求乙方返还加盟费 2.5 万元及商标使用费 2.5 万元，因乙方未按合同约定履行特许经营许可方的主要义务，故甲方的该项请求应予支持；甲方要求乙方返还购买压烫机的费用 1 万元的要求，应属合理，予以支持，但甲方同时应向乙方返还压烫机；甲方要求乙方赔偿经济损失的请求，对其中合理部分，酌情予以支持。

在二审审理过程中，上诉人与被上诉人均表示对一审法院所查明的事实没有异议、上诉人对被上诉人要求解除经销协议不表示异议。综上所述，二审法院认为上诉人与被上诉人签订的经销协议是双方的真实意思表示，符合平等互利、协商一致的原则，双方当事人均应恪守。协议签订后，被上诉人按协议约定向上诉人支付了加盟费、商标使用费、压烫机设备费，并提供了进行过装修与可用于经营的加盟店铺。现上诉人提出上诉称，其在协议订立后，按协议约定履行了相关义务且本案的违约方系被上诉人，但对此其未能提供充分的证据予以证明。鉴于上诉人作为特许经营合同的许可方未能按协议及时、必要地对被上诉人提供商品并进行管理指导、培训等经销支持，被上诉人曾两次书面通知上诉人要求其履行协议，但上诉人均未能及时履行其应尽的义务并予以补救。从协议的整个履行情况来看，被上诉人已履行了其主要义务，虽然被上诉人在协议的履行过程中对未配合上诉人完成立体印花和手绘发泡技术的培训也有过错，但是上诉人在收取了被上诉人的加盟费与商标使用费后，未对其应承担的主要义务进行全面履行，其应承担主要责任。因此，原审法院判决上诉人与被上诉人解除协议，恢复原状并无不当。原审判决认定事实清楚，适用法律正确。

☞ 本案启示

上海某服饰公司特许经营资格的认定纠纷案给我们的启示有二：

一是特许人的法定义务为特许经营中特许人法定资格的构成要件。根据甲乙双方订立的特许经营协议看，乙方有义务提供其独家经营的商品、向甲方提供立体印花和手绘发泡技术的义务。但乙方现没有证据证明其在甲方两次提出商品系列不全并要求其提供新品的情况下，能够及时地根据甲方的需求向甲方提供可用于开展正常批发经销业务的商品，马某的证言不足以证明乙方已按协议履行了经营技术传授义务。乙方不履行特许经营协议法定义务的行为表明特许人不具备特许经营者的实质资格条件。

二是特许费分期缴纳的约定不影响特许人履行法定义务的时间。特许人法定义务的履行是被特许人特许经营活动实施的前提条件，特许费的多少与缴纳期间与被特许人使用特许经营权的时间及其获利的高低有关。因此本案中乙方不能以协议未约定义务履行时间且甲方未全部缴纳特许费为由分期履行法定义务。特许人应在被特许人依约履行了相应的义务后，一次性履行其法定义务，以保证被特许方特许经营活动的正常进行。

☞ 法条点击

《中华人民共和国合同法》

第九十三条 当事人协商一致，可以解除合同。

当事人可以约定一方解除合同的条件。解除合同的条件成就时，解除权人可以解除合同。

第九十四条 有下列情形之一的，当事人可以解除合同：

（一）因不可抗力致使不能实现合同目的；

（二）在履行期限届满之前，当事人一方明确表示或者以自己的行为表明不履行主要债务；

（三）当事人一方迟延履行主要债务，经催告后在合理期限内仍未履行；

（四）当事人一方迟延履行债务或者有其他违约行为致使不能实现合同目的；

（五）法律规定的其他情形。

第九十七条 合同解除后，尚未履行的，终止履行；已经履行的，根据履行情况和合同性质，当事人可以要求恢复原状、采取其他补救措施，并有权要求赔偿损失。

《中华人民共和国民事诉讼法》

第一百五十三条 第二审人民法院对上诉案件，经过审理，按照下列情形，分别处理：

（一）原判决认定事实清楚，适用法律正确的，判决驳回上诉，维持原判决；

（二）原判决适用法律错误的，依法改判；

（三）原判决认定事实错误，或者原判决认定事实不清，证据不足，裁定撤销原判决，发回原审人民法院重审，或者查清事实后改判；

（四）原判决违反法定程序，可能影响案件正确判决的，裁定撤销原判决，发回原审人民法院重审。

当事人对重审案件的判决、裁定，可以上诉。

第一百五十八条　第二审人民法院的判决、裁定，是终审的判决、裁定。

第二章

商业特许经营合同内容法律风险的防范

案例17 被特许人利用特许合同规避经营风险的防范

陈某诉上海某食品有限公司特许经营合同纠纷案①

☞ 案情简介

原告： 陈某（甲方）

被告： 上海某食品有限公司（乙方）

原告诉称：甲、乙双方于2001年4月1日签订《特许经营合同》，甲方加入"永和豆浆中式美食"国际连锁店，许可使用期限为2001年4月1日起至2004年4月30日止。合同约定特许经营授权许可的内容及范围为：甲方享有在唐山市独家经营永和豆浆中式美食商标的使用权，乙方负有相关食品原料的采购、广告招牌制作、宣传义务。乙方向甲方提供代表该特许体系的营业象征及经营手册，对乙方提供开业前的教育和培训；甲方负有对乙方提供的调理技术等保密义务、向乙方支付权利金（每月营业额的3%）、加盟储备金8万元、商标授权金10万元、保证金5万元。合同签订后，甲方如约向乙方支付了商标使用费等共

---

① 本案例选自：上海市浦东新区人民法院［2003］浦民二（商）初字第1853号．北京法院网，［2008－12－31］．

计306 695元的相关费用，乙方如约履行了店铺规划、内部工程装潢，进行开业前的培训，甲方经营的永和豆浆店于2001年5月16日开业。事后甲方得知乙方并非“永和”注册商标所有权人，在与甲方签约时，乙方成立尚不足1年，不符合“1年以上良好经营业绩”的法定条件，不具备特许者条件，且乙方经营管理混乱、法律手续不完备，在餐饮连锁店中无独特的专利产品和可传授的经营管理技术和诀窍。乙方的欺诈行为使甲方在履行了约定义务后，未能取得合法有效的特许经营权，不仅无法得到预期利益，还长期亏损，合法权益受到严重侵害。此外，乙方承诺在唐山市不授权第三方成立加盟店，唐山市却开设了其他的“永和豆浆店”，导致甲方的独家“特许经营”形同虚设。由于以上原因，甲方在经营4个月内亏损达190 151.77元，无法维持正常营业，自2001年9月30日起停业至今。为此，甲方请求法院判决：（1）确认甲、乙双方于2001年4月1日签订的《特许经营合同》无效；（2）判令乙方退还甲方基于《特许经营合同》支付的费用306 695元，并按同期银行固定资产贷款利率支付利息；（3）判令乙方赔偿甲方损失190 151.77元；（4）由乙方承担本案诉讼费。

被告辩称：（1）乙方系“永和”及“稻草人”图形文字注册商标的许可使用人，不存在隐瞒自身情况、故意欺诈甲方的情形。乙方2000年9月成立后，成为台湾弘奇（后为永和国际）在大陆的特许连锁业务的惟一许可人。台湾弘奇与永和国际均书面许可乙方在中国大陆发展“永和豆浆”特许连锁业务，并签订了商标许可使用合同。（2）乙方在唐山市从未有甲方之外的授权行为，唐山市其他“永和豆浆店”的存在与乙方无关，乙方一直积极努力打击假冒侵权的门店。2003年12月30日，乙方以书面形式向法院表示同意解除《特许经营合同》，并退还甲方合同保证金5万元。

☞ 审理结果

法院经审理查明：“永和豆浆”品牌最初由台湾弘奇在台湾创立，1995年，台湾弘奇先后将其“永和”文字和“稻草人”头型的组合商标、“稻草人”孩童全身图形商标以及“稻草人”头型图形商标在中华人民共和国国家工商行政管理总局商标局核准注册。本案中乙方虽非“永和豆浆”品牌的持有人，但通过“永和豆浆”相关注册商标、“永和豆浆中式美食体系”所有权人台湾弘奇的书面授权，获得了“永和豆浆”在大陆地域的特许经营权，及其在授权区域内许可他人使用台湾弘奇专用商品、商标、营销模式、培训体系、财务体系、专有技术等，发展“永和豆浆”加盟店的权利。台湾弘奇的授权行为并未违反我国法律的规定，因此乙方已取得中国大陆地区特许人的资格。在台湾弘奇将注册商标转让给永和国际之后，乙方继续从永和国际取得注册商标的使用权以及许可他人使用的权利。因此，甲方称乙方不具备特许者资格、以欺诈手段与甲方签订合同的理由不能成立。鉴于“永和豆浆”的相关商标在1995年已在中国大陆注册，该品牌在我国餐饮业中具有一定的知名度，加之乙方是依据台湾弘奇的授权与甲方签订合同，因此，乙方成立的时间对与甲方订立加盟合同行为的效力无直接影响。

考虑到甲方停业至今以及乙方同意解除合同的意愿，根据《中华人民共和国合同法》第60条、第93条第1款之规定，法院判决如下：（1）解除甲、乙双方于2001年4月1日签订的《特许经营合同》；（2）乙方于本判决生效后10日内返还原甲方合同保证金人民币50 000元；（3）乙方于本判决生效后10日内返还甲方商标使用费人民币8 100元，加盟金人民币6 480元，共计人民币14 580元；（4）甲方的其他诉讼请求，不予支持。

案件受理费人民币10 404元，由乙方负担1 353元，甲方负担9 051元。

☞ 法理评析

经营合同在我国市场经济发展中的基本表现形式有：承包经营、租赁经营、联营等。特许经营作为一种源于承包、租赁、联营合同又在本质上区别于承包、租赁、联营合同的新的经营模式，与承包、租赁、联营行为的主要区别有三：一是特许经营合同的内容更为复杂，其中既包括特许者享有知识产权的商标、商号、诀窍、训练和技术，特许者对被特许者的相对监管、控制权，还包括被特许者应遵循的特许者指示、货源协议条款；二是要求特许者具备法定的资格条件，特许者的资格是决定特许经营合同效力的必备条件；三是规范、调整特许经营合同的法律依据不同，除了援引《合同法》、《民法通则》中的一些基本原则外，对特许经营合同主体、内容等的审查，优先适用规范商业特许经营管理的法律制度体系。

根据我国有关商业特许经营法律、法规的相关规定，特许经营者得以与他人签订特许经营合同的前提是具备法定的特许经营资格。甲方认为与乙方签订特许经营合同无效的主要理由是乙方不具备特许者的法定资格条件。根据我国相关的法律规定，在特许经营合同效力的认定中，特许者适格的确是特许经营合同有效成立的前提。但本案所涉及的特许者资格问题，主要是指乙方是否有权将特许经营权授予他人，从举证责任分配的角度而言，甲方应就此提供证据。本案中，乙方虽非“永和豆浆”品牌的持有人，但通过“永和豆浆”所有权人台湾弘奇、永和国际的书面授权，获得了“永和豆浆”在大陆地区的特许经营权及其在授权区域内许可他人使用台湾弘奇专用商品、商标，发展“永和豆浆”加盟店的权利。鉴于“永和豆浆”的相关商标在1995年已在中国大陆注册，该品牌在我国餐饮业中具有一定的知名度，加之乙方是依据台湾弘奇的授权与甲方签订合同。因此，乙方已取得中国大陆地区特许人的资格，甲方称乙方成立时间不足1年、不具备特许者资格、以欺诈手段与其方签订的特许经营合同无效的理由不能成立。

对于“永和豆浆”品牌特许经营权所有人台湾弘奇、永和国际授权许可乙方，与甲方订立加盟合同行为的效力认定，乙方的成立时间无直接影响。乙方提供了台湾弘奇的授权书。依据授权书，台湾弘奇作为永和豆浆品牌的持有者，授予乙方在特定地域内独占的、自己开特许店或向他人进行特许的权利，因此乙方具备特许者资格。依据合同法的基本原理，如果乙方不具备该资格，其与甲方签约的行为属于无权处分行为，在未得到特许品牌所有权人追认的情况下，一方面构成对品牌权利人（台湾弘奇）的侵权；另一方面将直接导致其与他人签订的特许经营合同无效。

就甲方认为乙方存在“无独特的专利产品和可传授的经营管理技术和诀窍”的主张，法院不予支持的理由：首先，乙方已经按约定将“永和豆浆”的注册商标、企业形象等授权甲方使用，并已在甲方开业前就员工操作规程、食品的制作工艺等对甲方的员工进行了培训和指导；其次，依据惯例，餐饮连锁店的操作规程、食品制作工艺等均需统一，否则难以体现特许者统一的业务模式，故乙方作为“永和豆浆”相关注册商标、“永和豆浆中式美食体系”所有权人台湾弘奇的被特许人，必须适用“永和豆浆”专有的商品、商标、营销模式、培训体系。综上，法院确认乙方已履行了相应的合同义务。

关于甲方主张的第二个理由，即乙方允许他人在对甲方享有特许经营的授权范围内开设加盟店的问题，则取决于特许经营合同双方对于区域性的特许经营是否做了排他性的约定。本案中案外人刘某在甲方享有特许经营区域内，未经授权使用“永和豆浆”相关注册商标、“永和豆浆中式美食体系”开设永和豆浆店的行为，乙方已向法院起诉并就刘某给付的赔偿款项80%向甲方支付了85 265元。从本案的实际情况来看，甲方经特许开设的永和豆浆店停业原因一是第三人开假店对甲方合法权益造成的影响，二是甲方在停业后，怠于继续履行《特许经营合同》造成其经济损失的扩大。

甲方要求乙方承担因甲方自身行为造成的损失，于法无据。鉴于甲方有关加盟合同无效的主张不成立，且乙方不存在违约行为，因此甲、乙双方之间的合同尚不具备解除的条件。现乙方自愿解除合同并退还甲方保证金5万元，于法不悖，法院对此应予准许。因此，对法院判决解除合同之日至合同期满之日 2004 年 4 月 30 日的商标使用费和加盟金，乙方应酌情按比例向甲方返还，是于法有据、合情合理的。

☞ 本案启示

陈某诉上海某食品有限公司特许经营合同纠纷案给我们的启示有二：

一是谨防被特许人利用特许合同规避经营风险。特许经营者资格取得的法定条件中，特许者成立时间上的限制是对特许经营商标、品牌所有权人的要求，对其授权的被特许人在授权范围内与第三人签订的特许经营合同，被特许人的成立时间，不是认定被特许人与第三人签订特许经营合同效力的必备条件。为避免特许经营合同履行中出现纠纷，当事人在签订特许经营合同时，应就特许经营合同中的内容、条款进行充分的阐释，作出详细的约定，以免特许经营权人利用特许经营合同的内容规避经营风险。

二是特许加盟费的合理收取与确定依据。特许加盟费是加盟方获取特许经营权的对价，加盟方在交纳特许加盟费用后即可享受由他人成功经营模式带来的经营收益，因此加盟费在法律性质上不同于预付款。如果特许经营合同未涉及特许人违反法定或约定义务，被特许人中途解约的，加盟费不存在退还问题。本案之所以判决乙方返还部分加盟费，主要是考虑到乙方同意解除特许经营合同以及甲方始终处于亏损状态这一事实，努力实现合同双方的利益平衡。

☞ 法条点击

《中华人民共和国合同法》

第六十条　当事人应当按照约定全面履行自己的义务。当事人应当遵循诚实信用原则，根据合同的性质、目的和交易习惯履行通知、协助、保密等义务。

第九十三条　当事人协商一致，可以解除合同。当事人可以约定一方解除合同的条件。解除合同的条件成就时，解除权人可以解除合同。

第九十四条　有下列情形之一的，当事人可以解除合同：

（一）因不可抗力致使不能实现合同目的；

（二）在履行期限届满之前，当事人一方明确表示或者以自己的行为表明不履行主要债务；

（三）当事人一方迟延履行主要债务，经催告后在合理期限内仍未履行；

（四）当事人一方迟延履行债务或者有其他违约行为致使不能实现合同

目的；

（五）法律规定的其他情形。

《商业特许经营管理办法（试行）》

第七条 特许人应当具备下列条件：

（一）依法设立的企业或者其他经济组织；

（二）拥有有权许可他人使用的商标、商号和经营模式等经营资源；

（三）具备向被特许人提供长期经营指导和培训服务的能力；

（四）在中国境内拥有至少两家经营一年以上的直营店或者由其子公司、控股公司建立的直营店；

（五）需特许人提供货物供应的特许经营，特许人应当具有稳定的、能够保证品质的货物供应系统，并能提供相关的服务；

（六）具有良好信誉，无以特许经营方式从事欺诈活动的记录。

案例18 特许经营合同中违约金的性质认定

上海某餐饮公司诉沈某特许经营合同纠纷案①

☞ 案情简介

原告：上海某餐饮有限公司（甲方）

被告：沈某（乙方）

原告诉称：甲、乙双方于2006年1月5日签订了《技术服务合同》及《技术服务补充协议》各一份。《技术服务合同》中约定甲方授权乙方使用甲方公司经营技术资产、公司商标，设立蓝与白中式速食餐饮店。甲方对乙方开店辅导，并在合同存续期间对乙方提供长期持续的技术支持等服务，乙方应在每月5日前，将前一月会计账册提供甲方核对；乙方向甲方支付特许权使用费，即在次月10日前将上月的特许权使用费汇入甲方指定账户，汇款手续费由乙方承担，如逾期支付，须按每超过一天加付1%的比例向甲方支付逾期付款违约金，直到付

① 本案例选自：上海市第一中级人民法院 民事判决书（2008）沪一中民五（知）初字第149号．特许经营律师网，http；//www.148texu.cn［2008－12－31］．

清为止。如乙方拖欠该款超过3个月，则甲方有权单方解除合同；乙方所需货品可由甲方提供，乙方应于次月10日前将与甲方发生的上月结算货款汇入甲方指定帐户，如乙方拖欠货款达两个月或已累计超过3个月，则甲方有权停止供货，并有权从履约保证金中扣除相应欠款，保证金不足部分，乙方应在一周内补足，否则甲方有权终止合同；乙方如逾期支付甲方规定的加盟费、履约保证金、特许权使用费、月结货款、广告宣传费及其他应支付的费用，应按每逾期一天加付1%的比例向甲方支付逾期付款违约金，直至付清为止；乙方若拖欠甲方各种应付款项达人民币5万元以上的，可视为重大违约，甲方有权直接通知乙方单方面解除合同，并不退还乙方所交履约保证金人民币10万元，且甲方有权要求乙方赔偿甲方惩罚性违约金人民币30万元；合同还对双方的违约行为、解除合同及其后果等事项进行了约定。《技术服务补充协议》约定：乙方在签订合同时向甲方交纳履约保证金人民币5万元，另人民币5万元履约保证金由乙方在餐厅开业后1个月内交纳；加盟费人民币20万元，在签订合同时向甲方交纳；特许权使用费由乙方每个月交纳人民币6 000元。加盟店成立至今，甲方按约向乙方提供货品，但乙方却未按合同约定付清货款。

甲方自2006年7月28日起多次催告乙方未果，于2007年3月27日致函乙方终止合同，并起诉至法院，请求法院：（1）判令乙方向甲方偿还欠款人民币18 633 208元及其违约金391 297.37元；（2）乙方向甲方支付特许权使用费人民币48 000元及违约金64 800元；（3）乙方向甲方支付违约金人民币300 000元；（4）乙方拆除店铺内外所标示之商标、名称，并将各类营运使用报表、经营Know-how的相关文件资料及物品、营运使用之电脑软件及各VIP会员资料归还甲方；（5）本案诉讼费用和律师费人民币20 000元由乙方承担。

被告辩称甲方违约在先，具体表现在以下五个方面：一是甲方未进行周密详尽的商圈调查、科学理性的投资回报分析使乙方错误选址；二是甲方主动提出并购江湾店的计划失败，造成乙方损失；三是品牌使用费中包括的自助火锅，甲方自己的火锅店不到一年就关门，但没有将真实情况提供给乙方；四是甲方合同中约定的促销及广告宣传从未兑现，也没有进行新店开张后的人员培训及后续技术支持；五是甲方明确约定货物验收应由厨房人员、主管和仓库人员一起签字才生效，现甲方提供的送货单只有一人签字，乙方不予认可。

☞ 审理结果

法院依法组成合议庭，公开开庭进行了审理，并依照《中华人民共和国商业特许经营管理条例》第16、18、22条的规定、《中华人民共和国合同法》第

107 条、第 114 条第 2 款之规定，判决如下：（1）乙方于本判决生效之日起 10 日内支付甲方货款人民币 62 675.08 元；（2）乙方于本判决生效之日起 10 日内支付甲方特许权使用费人民币 48 000 元；（3）乙方于本判决生效之日起 10 日内支付给甲方逾期付款违约金（自 2007 年 3 月 28 日至判决生效之日止，每日以人民币 110 675.08 元为基数，按照千分之一的比例计算）；（4）乙方于本判决生效之日起 10 日内支付给甲方律师费人民币 10 000 元；（5）乙方于本判决生效之日起 10 日内拆除上海市逸仙路 488 号店铺内外所标示的“蓝与白”商标、名称，并将各类营运使用报表、经营 Know-how 的相关文件资料及物品、营运使用的电脑软件及各 VIP 会员资料归还甲方。

负有金钱给付义务的当事人，如果未按本判决指定的期间履行给付金钱义务，应当依照《中华人民共和国民事诉讼法》第 229 条之规定，加倍支付迟延履行期间的债务利息。

案件受理费人民币 13 839.87 元，由甲方负担人民币 9 539.87 元，乙方负担人民币 4 300 元。

如不服本判决，可在判决书送达之日起 15 日内，向法院递交上诉状，并按对方当事人的人数提出副本，上诉于上海市高级人民法院。

☞ 法理评析

本案中，甲乙双方签订的《技术服务合同》及《技术服务补充协议》，从合同约定的内容上看，属于特许经营合同。该特许经营合同是当事人真实的意思表示，因此双方均应遵守约定。基于甲方基本履行了合同义务，乙方拖欠甲方货款数为人民币 112 675.08 元，甲方在 2007 年 1 月 23 日告知乙方以履约保证金人民币 5 万元抵扣货款，故确认乙方尚欠甲方货款人民币 62 675.08 元。对乙方尚欠甲方特许权使用费人民币 48 000 元亦予确认。因乙方未按约定支付货款、特许权使用费已构成违约，甲方依合同约定行使合同解除权，法院应予支持。关于合同中约定的违约金及其逾期违约金比例是否妥当，应根据法律设置违约金制度的功能与作用判定。从合同法的基本原理来看，我国违约金的功能与性质是以补偿性为主、惩罚性为辅的。因此，违约金的补偿性质决定了违约金与违约损失赔偿具有紧密的关联性，即违约金的补偿性是以损失赔偿额为基础的；违约金的数量与比例的确定，应遵循违约金数额与违约造成的损失大体相当的原则。我国法律授予法院提高或降低违约金的自由裁量权，目的就是能够更好的体现以事实为依据、以法律为准绳的公平、正义理念。

本案中，以《技术服务合同》为表现形式的特许经营合同中约定，甲方向乙方既主张逾期支付货款和特许权使用费的违约金，每天按欠款额的1%计算，又主张惩罚性违约金人民币30万元，明显与违约金以补偿性为主、惩罚性为辅的功能背离，和违约金与违约损失大体相当的原则不符。因此，法院为平衡甲、乙双方之间的利益，将甲方主张的逾期支付货款和特许权使用费的违约金，调低为每天按欠款额的1%计算，而对于人民币30万元违约金的诉请，法院不予支持。甲、乙双方约定的律师费承担，考虑到本案实际的情况，甲方应承担律师费人民币10 000元。甲方在终止合同后，要求乙方拆除店铺内外所标示的甲方具有专有权的商标、名称，并将各类营运使用报表、经营Know-how的相关文件资料及物品、营运使用的电脑软件及各VIP会员资料归还甲方的诉请，法院应予以支持。因乙方提供的证据不足以证明其主张甲方违约在先的辩称意见，法院对该辩解意见不予采纳。

甲方为支持其诉请，提供如下证据：(1)《技术服务合同》及《技术服务补充协议》，证明甲、乙双方间经营合同关系成立，双方对相关权利、义务作了详细约定；(2)还款计划1份，证明乙方自2006年8月起拖欠甲方货款、至今仍拖欠人民币18万余元未付；(3)货款核算明细表1份，证明乙方拖欠甲方货款人民币339 340.26元，乙方在8月份、11月份归还了部分，现尚欠人民币186 332.08元未付；(4)付款凭证1组，证明乙方已付货款人民币146 735元；(5)甲方委托律师发给乙方的函件4份及相应的挂号信凭证，证明甲方多次向乙方催款，但乙方没有回复，故乙方再次发函要求解除合同；(6)委托代理合同、甲方支付律师费的发票，证明甲方为解决纠纷，聘请律师，支付人民币2万元律师费；(7)供货货款的统计表及其相应的发货单217页，证明甲方自2006年3月至同年8月31日共向乙方供应了价值人民币339 375.28元的货物；(8)致加盟店资料清单1份，证明在乙方加盟开店时，甲方交给乙方的资料清单，现甲方要求乙方予以返还；(9)2006年9月22日的对账单1份，证明双方曾对账，乙方确认截止2006年9月15日剔除双方有异议的部分，尚欠甲方人民币186 332.08元未付。

乙方对甲方提供的证据发表如下质证意见：(1)对证据1的真实性无异议，但由于乙方营业业绩较差，甲方同意免除特许权使用费；(2)对证据2的真实性没有异议，但甲方所述的欠款金额有误；(3)对证据3有异议，认为甲方应当提供由乙方人员签字的整体配送货物明细单；(4)对证据4、5、6无异议，但认为乙方没有违约；(5)对证据7中非乙方员工签收的发货单27张不予承认；(6)对证据8清单上的资料愿意归还，但有些已丢失无法返还；(7)证据9所述的总欠款，乙方并未确认。乙方为支持其辩解，提供了货品验收单及“蓝与白”加盟手册，证明甲方规定货品验收时需3个人签字方可生效的文本文件。

甲方认为从证据本身考虑，关键是甲方配送的货乙方是否已收到。

基于甲方提供的大部分证据真实、合法，与本案具有一定的关联性，能成为本案认定事实的依据。但甲方提供的发货单中乙方否认的部分，因甲方无其他证据证明该27张发货单所指货物系乙方员工签收，故乙方拖欠甲方货款数为：人民币186 332.08元减去73 657元等于112 675.08元。

☞ 本案启示

上海某餐饮公司诉沈某特许经营合同纠纷案给我们的启示有二：

一是特许经营合同中违约金性质、比例的确定。从我国《合同法》的基本原理来看，特许经营合同当事人约定的违约金是以对守约方的补偿性为主、对违约方的惩罚为辅。因此，违约金的补偿性质决定了违约金与违约损失赔偿具有紧密的关联性，即违约金的约定是以损失赔偿额为基础的；违约金的数量与比例的确定，应遵循违约金数额与违约造成的损失大体相当的原则。

二是特许经营合同履行出现纠纷时法律适用的准确性。现实中合同双方当事人签订合同的内容、性质、涉猎的领域，决定了合同纠纷出现时合同的效力、内容适法的判定依据。本案中甲乙双方签订的《技术服务合同》及《技术服务补充协议》按照其约定的内容事项及其适用范围，属于商业特许经营合同。因此，对《技术服务合同》及其《补充协议》约定的内容、效力，应在适用《合同法》一般原理的情形下，优先适用《商业特许经营管理条例》进行判定。我国现行《商业特许经营管理条例》体现的是商业特许经营中被特许人利益的重点保护原则。因此，特许人在进行有关商业特许经营合同的签订中，要认真研究《商业特许经营管理条例》的立法宗旨、目的，慎重考察被特许人的经营能力及其信誉状况，否则将在加盟利益的诱惑下，给特许者带来不必要的风险与损失。

☞ 法条点击

《商业特许经营管理条例》

第十六条 特许人要求被特许人在订立特许经营合同前支付费用的，应当以书面形式向被特许人说明该部分费用的用途以及退还的条件、方式。

第十八条 未经特许人同意，被特许人不得向他人转让特许经营权。被特许人不得向他人泄露或者允许他人使用其所掌握的特许人的商业秘密。

第二十二条 特许人应当向被特许人提供以下信息：

……

（三）特许经营费用的种类、金额和支付方式（包括是否收取保证金以及保证金的返还条件和返还方式）；

……

（七）特许经营网点投资预算。

《中华人民共和国合同法》

第一百零七条　当事人一方不履行合同义务或者履行合同义务不符合约定的，应当承担继续履行、采取补救措施或者赔偿损失等违约责任。

第一百一十四条　……

约定的违约金低于造成的损失的，当事人可以请求人民法院或者仲裁机构予以增加；约定的违约金过分高于造成的损失的，当事人可以请求人民法院或者仲裁机构予以适当减少。

案例 19　加盟合作办学协议的性质认定与法律规范

厦门某教育资讯有限公司诉北京某英语培训中心纠纷案[①]

☞ 案情简介

原告：北京某英语培训中心（甲方）

被告：厦门某教育资讯有限公司（乙方）

原告诉称：2007 年 3 月 15 日，甲方与乙方就进行“疯狂英语”培训课程事宜签订《联合办学协议书》。协议约定：甲、乙双方合作的基本原则是资源共享、风险各担；乙方需具有当地社会力量办学许可证及相关资质证明；甲方负责提供与“疯狂英语”品牌使用、培训项目本身有关的资质证明，并颁发授权证书；合作开设的课程仅限在厦门、泉州地区举行，招生对象为厦门、泉州市内的学生及市民；甲方向乙方提供培训教材、培训方法指导、对通过考核的学员颁发结业证书；甲方对乙方聘用的英语教师进行培训、考核，保障受训教师能按照

① 本案例选自：北京市第二中级人民法院民事判决书（2008）二中民终字第 18415 号．北京法院网，[2009 - 11 - 31]．

“疯狂英语”教学方法独立带班上课；乙方需缴纳地区品牌使用费17万元，协议签订时一次性向甲方交纳前期品牌使用费7万元，剩余的10万元在乙方招到800名学员后付给甲方；在乙方对甲方指派的教师按照甲方统一标准支付课时费，同时应承担甲方教师的差旅费及食宿费，乙方亦可将其教师送至甲方北京总部接受培训；乙方负责招生、教学、考核等工作的教学费用支出；甲方负责提供教师培训，同时提供“疯狂英语”品牌的对价，是甲方分得乙方培训费（不含教材费）实际收费总和的10%作为管理费；每期课程结束后2个工作日内，乙方将所应得的利益分配额以现金或支票方式支付给甲方，甲方需如数开具发票；协议有效期自2007年3月15日起至2008年3月14日止。协议签订后，乙方向甲方交纳品牌使用费7万元，乙方使用上述商标进行了招生，在协议期内共招生680人，每人收费2 500元。乙方应依约向甲方支付管理费17万元，但经甲方多次催要，乙方均拒绝支付。故甲方诉至法院，请求判令：乙方支付管理费17万元。

被告辩称并反诉：甲方没有办学许可证，在不具有办学资质的情况下与乙方签订《联合办学协议书》构成欺诈，同时甲方收取乙方7万元的品牌使用费，却没有为乙方开具发票，损害了国家利益。乙方请求确认：（1）双方签订的协议无效；（2）驳回甲方的诉讼请求。

☞ 审理结果

法院经审理查明，甲、乙双方就“疯狂英语”培训课程事宜签订的《联合办学协议书》，在两个条款中均约定了甲方提供“疯狂英语”品牌、乙方应当支付相应费用的内容，但是此约定并未违反国家强制性规定，属于合法有效的约定；《联合办学协议书》明确约定乙方向甲方支付管理费的条件是甲方提供教师培训和“疯狂英语”品牌，不是其他管理义务；即使甲方存在未履行提供结业证书、教材、宣传品、每六个月考核等义务的违约行为，乙方可以依据涉案协议关于违约责任的相关约定，向甲方主张赔偿损失，但不影响协议的成立与法律效力。乙方的上述主张缺乏依据，法院未予支持，并依据《中华人民共和国合同法》第107条、第109条之规定，判决如下：（1）乙方于本判决生效之日起10日内支付甲方管理费9万元；（2）驳回甲方的其他诉讼请求；（3）驳回乙方的反诉请求。

乙方不服，在法定期限内提起上诉。二审法院经审理认为乙方的上诉理由不能成立，原审法院认定事实清楚，适用法律正确，依照《中华人民共和国民事诉讼法》第153条第1款第（一）项之规定，判决如下：

驳回上诉，维持原判。

一审本诉案件受理费 3 700 元，由甲方负担 1 700 元（已交纳），由乙方负担 2 000 元（于本判决生效之日起 7 日内交纳）；一审反诉案件受理费 750 元，减半收取 375 元，由乙方负担（已交纳）；二审案件受理费 2 050 元，由乙方负担（已交纳）。

本判决为终审判决。

☞ 法理评析

法院在审理中查明，2003 年 8 月 21 日“疯狂英语”的原商标所有权人经核准注册了第 3129435 号“疯狂英语”汉字与英文组合商标，核定服务项目包括培训、安排和组织会议、组织表演等。2004 年 12 月 14 日，“疯狂英语”的原商标所有权人授权其代理人李宁全权负责全国“疯狂英语”品牌授权的各项事宜。2005 年 1 月 1 日，甲方经“疯狂英语”原商标所有权人的代理人李宁授权，享有全权负责全国“疯狂英语”品牌授权的各项事宜。甲方作为依法享有全国“疯狂英语”品牌授权各项事宜的代理人，本身有没有办学许可证及成立的时间长短，与乙方签订的《联合办学协议书》效力没有直接关系，因此甲方不具有相应的办学许可证不影响 2007 年 3 月 15 日甲方与乙方就进行“疯狂英语”培训课程事宜签订的《联合办学协议书》的有效性。

甲、乙双方签订的《联合办学协议书》系双方真实意思的表示，内容亦不违反法律、行政法规的强制性规定，故应认定为合法有效的合同。2007 年 3 月 30 日，乙方向甲方交付了品牌使用费 7 万元，甲方向乙方出具了收据、未开具发票，但甲方表示可以随时为乙方开具发票。对于乙方请求确认甲、乙双方签订的《联合办学协议书》无效的反诉请求，法院依据双方在合同中约定甲方主要的合同义务是向乙方提供培训指导和疯狂英语品牌授权，且约定乙方应具备当地的社会力量办学许可证及相关资质证明，故甲方并未构成欺诈，也不损害国家利益。甲方未向乙方开具发票属于其履行行为不当，也不影响合同的效力，故对乙方要求确认合同无效的反诉请求，法院不予支持。

乙方订立《联合办学协议书》的目的，在于利用“疯狂英语”的品牌效应进行招生并获取收益。现甲方已经授权乙方在合同期内使用“疯狂英语”品牌从事英语培训，乙方也实际使用该品牌进行了招生、培训，故乙方应依约向甲方支付相应的品牌使用费、管理费。关于管理费的数额确定，甲方按照乙方提交的 2007 年培训工作总结中记载的暑假和寒假共计招生、培训 680 人次，打折后每人实收 2 500 元，计算的管理费数额为 17 万元。乙方辩称其 2007 年的培训工作总结记载 2007 年暑假、寒假共招生、培训 100 人，打折后每人实收 2 000 元；

存在教材不系统、教师未接受过总部培训、总部未提供结业证书等问题导致招生不理想和学员退学，并对总部表示感谢，希望能有稳定长远的合作；08 年的加盟合同请重新寄出等内容。结合本案中甲方在乙方实际使用该品牌进行招生培训中，履行义务不及时、未对乙方的教师进行培训，故应从上述管理费中扣除相应数额，法院根据双方协议的内容、履行的具体情况及教师培训的重要程度酌情扣除管理费 8 万元。因此酌定乙方向甲方支付管理费 9 万元，符合事实为依据、法律为准绳的公平、正义理念。

乙方反诉不成又进行的上诉中请求：撤销原审判决第一项，由被上诉人甲方承担一、二审诉讼费用。其主要理由为：甲、乙双方签订的《联合办学协议书》属于特许经营合同，甲方应当具有办学许可证，甲方收取了 7 万元品牌使用费，未开具发票属于损害国家利益的违约行为，故双方签订的协议书应属无效，甲方无理由收取相应的管理费。本案中，甲、乙双方在《联合办学协议书》中有关品牌使用费的约定，本质上是属于特许经营的加盟费，而有关管理费的约定条款，是基于甲方向乙方提供“疯狂英语”培训中所需的品牌结业证书、宣传品、教材、教师培训、特有教学方法进行授课的品牌使用、考核、管理等服务费。协议书约定甲方在乙方使用疯狂英语品牌培训中，提供教师培训等管理服务，乙方以其营业收入总和的 10% 作为管理费分配给甲方，符合特许经营合同中品牌使用管理服务费的目的，即《联合办学协议书》约定的品牌使用费，是允许乙方对甲方授权使用品牌的特许使用费，不是特许品牌使用过程中管理、服务的对价；管理费是甲方提供的品牌管理、服务费，是甲方提供教材、教师培训等管理、服务的对价。如甲方存在未提供结业证书、教材、宣传品、每六个月进行考核等违约行为，未尽到管理、服务义务，不应当收取管理费，故二审法院支持原审法院的结论。

☞ 本案启示

厦门某教育公司诉北京某英语培训中心纠纷案给我们的启示有二：

一是加盟特有品牌联合办学合作协议实质上为商业特许经营合同。司法机关在案件审理中对合同纠纷属性、内容定性不准、适用法律不当、判决理由不充分，是造成增加乙方反诉、上诉浪费司法成本的重要原因之一。在加盟或特许经营合同中，特许人与被特许人不仅要明晰相关法律制度的基本内涵，明确加盟费与管理费的区别，特许人资格、特许人代理人资格对特许合同效力影响的区别，

二是注意教育特许加盟协作办学与一般商业特许经营的区别所在。教育业与普通商业在市场经济发展中地位、作用相比，教育业的基础性、稳定性决定了国

家相关法律对教育业特许加盟协作办学资格、条件、形式规范的严格性。教育特许加盟双方当事人对相关法律、法规的全面、系统认知，是维护自己合法权益的基本保障。本案中，特许人与被特许人必须具备办学许可证是商业特许经营资格条件在教育业的具体表现，本案审理中只强调被特许人的办学资质是对有关法律、法规的误解。

☞ 法条点击

《中华人民共和国合同法》

第一百零七条　当事人一方不履行合同义务或者履行合同义务不符合约定的，应当承担继续履行、采取补救措施或者赔偿损失等违约责任。

第一百零八条　当事人一方明确表示或者以自己的行为表明不履行合同义务的，对方可以在履行期限届满之前要求其承担违约责任。

《中华人民共和国民事诉讼法》

第一百五十三条　第二审人民法院对上诉案件，经过审理，按照下列情形，分别处理：

（一）原判决认定事实清楚，适用法律正确的，判决驳回上诉，维持原判决；

……

案例 20　特许加盟费与特许权使用费的法律含义是否相同

上海某快餐有限公司与浙江某食品有限公司特许经营合同纠纷案[①]

☞ 案情简介

原告： 上海某快餐有限公司（甲方）

被告： 浙江某食品有限公司（乙方）

① 本案例选自："刘仍安律师代理的特许经营合同". 北京法院网，[2009-4-22].

原告诉称：2005年初，甲、乙双方订立了《上海某快餐特许加盟经营合同》，合同约定：甲方向乙方授予“上海某快餐有限公司”特许经营权，甲方负有传授加盟店快餐经营管理知识、进行员工培训、协助制作广告等义务，乙方支付加盟费20万元（无论何种情况均不退还），保证金5万元（非定金性质，在乙方违约等情况下甲方不予退还），并按月支付特许权使用费、特许广告费、食品原材料费等。合同还约定如一方违约，另一方可解除合同，违约金为30万元。加盟合同有效期限为10年。合同签订后，乙方缴纳了加盟费20万元及保证金5万元。之后，因乙方长期拖欠特许权使用费和特许广告费等，甲方经多次催讨未果于2006年初向法院提起诉讼，诉请法院：（1）解除甲、乙双方签订的特许加盟合同；（2）判决乙方支付1年以来的特许广告费、特许权使用费、违约金30万元以及保证金5万元。

被告反诉称：在特许加盟合同的履行过程中，因甲方未履行员工培训、广告制作等合同义务，所以乙方未支付其相应的特许权使用费、特许广告费，要求：（1）甲方继续履行合同义务，并由甲方承担违约责任；（2）特许加盟合同中约定的违约金过高，请求法院予以调整。

☞ 审理结果

法院经审理查明：甲、乙双方签订的《上海某快餐特许加盟经营合同》，符合商业特许经营管理法律制度体系中有关特许经营合同的主体、内容与形式要件，《上海某快餐特许加盟经营合同》系甲、乙双方意思一致的约定，合法有效。结合双方签订的合同内容、双方对合同义务的实际履行情况、双方当事人的诉讼请求，法院根据《商业特许经营管理办法》第14条、《中华人民共和国合同法》第93、94条的规定，判决如下：（1）解除双方的特许加盟合同；（2）乙方按照实际经营状况与甲方实际履行义务的内容与程度支付甲方特许广告费、特许权使用费，支付违约金5万元；（3）乙方交纳的特许加盟费20万元不予返还；（4）甲方退还乙方缴纳的保证金5万元。

如不服本判决，可在判决书送达之日起15日内，向法院递交上诉状，并按对方当事人的人数提出副本，提请上诉。

☞ 法理评析

特许经营是特许者将自己拥有的商标、商号、产品、专利或技术、经营模式、财务管理模式等以特许经营合同的形式授予被特许者使用，被特许者按合同规定，在统一的业务模式下从事经营活动，并向特许者支付相应费用的经营方式。当特许经营法律关系中的任意一方当事人具备法定或约定的解除条件，就允许其行使解除权解除合同。本案中，甲方依约履行了相应的合同义务，乙方没有按照约定履行支付相关费用的义务，具备特许经营合同约定的甲方行使解除权的条件，故法院支持甲方的诉讼请求，依法解除了甲、乙双方签订的《上海某快餐特许加盟经营合同》。

根据商务部发布的《商业特许经营管理办法》，加盟费是指被特许人为获得特许经营权而向特许人支付的一次性费用，加盟费一般是在特许经营合同签订后，由加盟方一次性支付的特许经营权使用费。市场经济条件下特许经营具有低风险、低成本，能够迅速、广泛地占领市场的特点，加盟者通过交纳加盟费获得特许经营资格，是为了降低经营风险、谋求更大的商业利益。特许双方签订特许经营合同时，要求加盟者交纳加盟费，特许人才能把特许经营权授予加盟者，加盟者也才有可能利用特许经营权开展特许经营业务。被特许人交纳加盟费的目的，是为了获得特许经营权。加盟费是加盟者获取特许经营资格的对价，有了这种特许经营资格，加盟者才能够以特许人特有的经营品牌，低风险、高效益地实现自身利益的最大化。加盟费是加盟者加盟特许经营必须交纳的风险金，是加盟者直接享受他人成功经营模式的对价。因此，在合同开始履行后，如果双方在合同中没有约定中途解除时的处理原则，而特许方又切实履行了收取加盟费所应承担的义务，将特许权授予了加盟者，那么，对于签订特许经营合同时一次性支付的特许加盟费，在特许经营合同中途解除时，一般不予退还。

特许权使用费是指被特许人在使用特许经营权过程中，按一定的标准或比例向特许人定期支付的特许经营权使用管理费用。本案中甲方在乙方的实际经营中履行了部分特许权使用中应尽的员工培训、商业广告义务，故乙方应按照实际经营状况与甲方实际履行义务的内容与程度，支付甲方特许广告费、特许使用费。

违约金是指合同当事人依法约定或由法律直接规定的，合同当事人一方违约时，偿付给守约方一定数额的货币。根据违约金设定的依据，可分为法定违约金与约定违约金。从我国《合同法》的立法和司法实践来看，违约金的性质属于补偿性的赔偿金。如《合同法》第 114 条规定“当事人可以约定一方违约时应当根据违约情况向对方支付一定数额的违约金，也可以约定因违约产生的损失赔偿额的计算方法。约定的违约金低于造成的损失的，当事人可以请求人民法院或者仲裁机构予以增加；约定的违约金过分高于造成的损失的，当事人可以请求人民法院或者仲裁机构予以适当减少。当事人就迟延履行约定违约金的，违约方支付违约金后，还应当履行债务。”签定合同时对违约金作出明确的约定，是对双方的约束及其权益遭受侵害后的补偿。本案中，双方约定违约方应向守约方支付相当于加盟费 1.5 倍的违约金。因甲方起诉时，乙方仅仅经营 1 年多，对甲方造成的损失有限，故法院对乙方减少违约金数额的请求予以考虑。因合同解除的效力是使合同恢复到订立之前的状态，而可得利益只有在合同完全履行时才可能产生，甲方选择了解除合同，故不应得到在合同完全履行情况下所应得的利益；又鉴于甲方无需返还特许加盟费，故无加盟费损失。所以最终法院酌情判决乙方支付甲方违约金 5 万元。

关于特许经营中的保证金，《商业特许经营管理办法》第 14 条规定："保证金是指为确保被特许者履行特许经营合同，特许人向被特许人收取的一定费用。合同到期后，保证金应退还被特许人。特许经营双方当事人应当根据公平合理的原则商定特许经营费和保证金。"由此看出，特许经营合同中的保证金仅具有担保合同履行的目的，没有定金的惩罚属性。本案中，虽然甲乙双方约定乙方违约时甲方可以没收保证金，但当合同因一方违约而提前解除时，特许保证金不具有定金那样的惩罚功能。因此法院判决中要求乙方支付一定数额的违约金，但甲方应退还乙方缴纳的保证金 5 万元。

☞ 本案启示

上海某快餐与浙江某食品公司特许经营合同纠纷案给我们的启示有三：

一是准确理解特许加盟费、特许经营管理费涵义与用途。通过前述加盟费与特许权使用费含义的比较可以看出二者的区别有三：首先，特许加盟费是被特许人为获得特许经营权而向特许人支付的一次性费用，特许权使用费是被特许人在使用特许经营权过程中按一定的标准或比例分期向特许人支付的使用特许经营权监督、管理费用；其次，特许加盟费缴纳的用途是加盟者获取特许经营权、降低经营风险、谋求更大商业利益的对价，特许权使用费是特许人在加盟者经营中履行员工培训、商业广告等义务的报酬；最后，加盟费是加盟者加盟特许经营必须交纳的风险金，在特许经营合同履行中因加盟人违约解除时一般不予退还，特许权使用费则需视特许人对加盟者员工培训、商业广告义务的实际履行情况进行支付。

二是明晰特许加盟经营中保证金与违约金之间的关系。违约金是指合同当事人依法约定或由法律直接规定的，合同当事人一方违约时，偿付给守约方一定数额的货币。根据违约金设定的依据，可分为法定违约金与约定违约金。从我国《合同法》的立法和司法实践来看，违约金的性质属于补偿性的赔偿金；《商业特许经营管理办法》规定保证金是指为确保被特许者履行特许经营合同，特许人向被特许人收取的一定费用。合同到期后，保证金应退还被特许人。特许经营双方当事人应当根据公平合理的原则商定特许经营费和保证金。由此看出，特许经营合同中的保证金仅具有担保合同履行的目的，没有违约金的补偿属性。

三是定金、订金之间的联系与区别。定金是指合同一方当事人预先向对方交纳一定数额的货币，以保证双方当事人签订合同的履行。我国《合同法》规定给付定金的一方不履行约定的债务的无权要求返还定金，收受定金的一方不履行约定的债务的应当双倍返还定金，即定金具有惩罚的属性。定金适用时需满足以下三个条件：（1）定金总额不得超过合同标的的20%；（2）定金必须签定书面的形式；（3）同时约定定金与违约金的，选择赔偿时只能在定金和违约金之间选择其一。订金在法律上具有预付款的性质，是预付款的一部分，是当事人的一种支付手段，不具有担保性质。合同履行中订金只能抵充货款，合同不履行时只能如数返还。

☞ 法条点击

《中华人民共和国合同法》

第九十三条 当事人协商一致，可以解除合同。当事人可以约定一方解除合同的条件。解除合同的条件成就时，解除权人可以解除合同。

第九十四条 有下列情形之一的，当事人可以解除合同：

（一）因不可抗力致使不能实现合同目的；

（二）在履行期限届满之前，当事人一方明确表示或者以自己的行为表明不履行主要债务；

（三）当事人一方迟延履行主要债务，经催告后在合理期限内仍未履行；

（四）当事人一方迟延履行债务或者有其他违约行为致使不能实现合同目的；

（五）法律规定的其他情形。

《商业特许经营管理办法》

第十四条 特许经营费是指被特许人获得特许经营权所支付的费用，包括下列几种；

（一）加盟费：是指被特许人为获得特许经营权而向特许人支付的一次性费用；

（二）使用费：是指被特许人在使用特许经营权过程中按一定的标准或比例向特许人定期支付的费用；

（三）其他约定的费用：是指被特许人根据合同约定，获得特许人提供的相关货物供应或服务而向特许人支付的其他费用。

保证金是指为确保被特许者履行特许经营合同，特许人向被特许人收取的一定费用。合同到期后，保证金应退还被特许人。

特许经营双方当事人应当根据公平合理的原则商定特许经营费和保证金。

案例21 特许经营合同权利、义务内容的特殊性

周某与某国际企业管理（北京）有限公司特许经营纠纷案①

☞ 案情简介

原告： 周某（甲方）

被告： 某国际企业管理（北京）有限公司（乙方）

2008年3月21日，甲方与乙方签订了《超市大赢家合作协议》，甲方成为乙方的全国连锁会员。合同约定甲方只能在乙方购进产品。合同有效期自2009年3月20日止。双方在合同书中就乙方授权甲方经营“超市大赢家”精品超市的约定内容包括：“乙方同意甲方于合同期限内在乙方认可的经营地点使用乙方公司的商号，并以其经营模式经营“超市大赢家”系列产品；乙方授权甲方在辽宁省大连市大连开发区开设“超市大赢家”精品超市，甲方按标准店的标准向乙方一次性支付19 600元，为首批进货款，乙方提供乙方规定的零售价格20 000元的产品为甲方的首批进货（首批进货不退）；乙方每次发货后，甲方凭乙方的发货清单验货、收货，如有异议，甲方应在收货3天内以书面形式或传真告知乙方，否则乙方视为甲方如数收到发货清单上的商品”等。合同签订当日，乙方向甲方出具授权书，甲方向乙方交纳首批货款19 600元。

合同履行过程中，由于甲方就乙方提供的商品质量、型号、数量存在分歧，甲方以乙方提供的大多数商品是不合格产品，而且乙方未依据甲方网上的订单发货，擅自更换绝大多数产品，违背了甲方的真实意愿，并且乙方未按相关法规进行信息披露，在其网站上宣称“超市大赢家是小商品行业的精品和品牌联合体，她以某国际企业管理公司为依托，以国内外家电生产厂家、饰品生产厂家、礼品、工

① 本案例选自：北京市丰台区人民法院民事判决书（2008）丰民初字第19569号.

艺品、玩具、五金家电、化妆品、文具用品、办公用品等近百家生产厂家和国际品牌中国总代理为基础”等具有欺诈性为由，认为乙方的行为严重违反了双方的约定，给甲方造成了损失，特提起诉讼，请求法院判令：（1）解除双方签订的特许经营合同，并赔偿甲方的货款损失 12 006.16 元、装修款损失 13 515 元、房屋租赁损失 9 000 元、工商税款 1 060.4 元、货运费损失 818 元、公证费 2 000 元、间接损失 20 000 元，共计 58 399.56 元；（2）本案诉讼费由乙方承担。

☞ **审理结果**

法庭审理查明：2008 年 3 月 21 日甲乙双方签订的《超市大赢家（标准店）合作协议》中，就乙方授权甲方经营“超市大赢家”精品超市做出约定的内容表明，甲乙双方签订的合同符合商业特许经营合同的特征，其性质应为特许经营合同。甲乙双方当事人对自己提出的诉讼请求所依据的事实或反驳对方诉讼请求所依据的事实有责任提供证据加以证明。没有证据或证据不足以证明当事人的主张的，由负有举证责任的当事人承担不利后果。甲方提出乙方未按其订单发货，尽管乙方认可订单的真实性，但甲方未能提供证据证明乙方发出的货物与订单不符，故对甲方诉讼请求主张的事实，法院不予采信。甲方提出乙方提供的货物质量不合格及有欺诈行为，未提供相应证据，法院亦不予采信。甲方提出乙方未按相关规定进行信息披露，但未具体指出乙方对哪些信息未予披露致使其合同目的无法实现，故甲方的诉讼理由，法院不予采纳。综上，甲方请求解除该合同并赔偿相关损失的诉讼请求，法院不予支持。

法院依据《最高人民法院关于民事诉讼证据的若干规定》第 2 条之规定，判决如下：

驳回甲方周某的全部诉讼请求。

☞ **法理评析**

本案中，甲乙双方签订的合同内容符合商业特许经营合同的特征，其性质应为特许经营合同。但法院在有关事实与证据的认定过程中，存在以下三点不足：一是商业特许经营合同中的有关当事人对自己提出的诉讼请求所依据的事实或反驳对方诉讼请求所依据的事实有责任提供证据，法院在这些证据的认定中存在不足。对于乙方在其网站上宣称的“超市大赢家是小商品行业的精品和品牌联合体，她以国际企业管理公司为依托，以国内外家电生产厂家、饰品生产厂家、礼品、工艺品、玩具、五金家电、化妆品、文具用品、办公用品等近百家生产厂家和国际品牌中国总代理为基础”等宣传用语的真实性，法院及其当事人甲方极其容易进行核实，不能简单地按照有关民事诉讼的证据规则进行认定。因为甲乙双方在商业特许经营合同的签订过程中，实际上地位是不平等的，不能简单、机械地以处于弱势的甲方没有提供证据就不支持其诉讼请求。二是甲方就乙方未按相关规定进行信息披露，但未具体指出乙方对哪些信息未予披露致使其合同目的无法实现，故甲方的诉讼理由法院不予采纳具有一定的局限性。按照我国现行的《商业特许经营管理条例》，特许人负有信息披露的法定义务，乙方信息披露义务履行的程度及其对甲方合同目的实现的影响程度，理应由法院进行判断，而不应简单的按照一般的民事诉讼证据规则进行逻辑推理，最终导致甲方的合法权益不能得到应有的保护。三是法院采信乙方因甲方无足够证据证明乙方提供的商品存在质量问题、退换货的事实证明乙方严格履行了合同，没有给甲方造成损失，反而给甲方提供了大量的帮助。甲方的经营行为是有风险的，应自行承担。法院适用由负有举证责任的当事人承担不利后果的一般民事诉讼规则，作出驳回甲方请求解除该合同并赔偿相关损失的全部诉讼请求，有待思考。

☞ 本案启示

周某与某有限公司特许经营纠纷案给我们的启示有二：

一是明晰商业特许经营合同中双方当事人法定权利、义务特殊性的原因。从1997年11月14实施的《商业特许经营管理办法（试行）》，到2005年2月1日起施行的《商业特许经营管理办法》，再到2007年5月1日起施行的《商业特许经营管理条例》，其中商业特许经营管理法律制度中特许人、被特许人之间权利、义务构建的特殊性及其主要原因是，双方当事人地位的不平等性日益受到法律的关注，并且通过相关权利、义务构筑的均衡配置来衡平双方当事人之间的利益。

二是商业特许经营合同中特许人法定的信息披露义务。有关商业特许经营中中特许人的信息披露义务，不仅在《商业特许经营管理条例》中列专章进行规定，如《商业特许经营管理条例》第19条、20条、21条，而且国务院专门颁布了有关《商业特许经营信息披露管理办法》，来使得商业特许经营中处于相对弱势的被特许人的合法权益得到周延的保护与及时的救济。

☞ 法条点击

《商业特许经营管理条例》

第十九条 特许人披露的基本信息资料应当包括以下内容：

（一）特许人的名称、住所、注册资本、经营范围、从事特许经营的年限等主要事项，以及经会计师事务所审计的财务报告内容和纳税等基本情况；

（二）被特许人的数量、分布地点、经营情况以及特许经营网点投资预算表等，解除特许经营合同的被特许人占被特许人总数比例；

（三）商标的注册、许可使用和诉讼情况；商号、经营模式等其他经营资源的有关情况；

（四）特许经营费的种类、金额、收取方法及保证金返还方式；

（五）最近五年内所有涉及诉讼的情况；

（六）可以为被特许人提供的各种货物供应或者服务，以及附加的条件和限制等；

（七）能够给被特许人提供培训、指导的能力证明和提供培训或指导的实际情况；

（八）法定代表人及其他主要负责人的基本情况及是否受过刑事处罚，是否曾对企业的破产负有个人责任等；

（九）特许人应被特许人要求披露的其他信息资料。

由于信息披露不充分、提供虚假信息致使被特许人遭受经济损失的，特许人应当承担赔偿责任。

第二十条　被特许人应当按照特许人的要求如实提供有关自己经营能力的资料，包括主体资格证明、资信证明、产权证明等。在特许经营过程中，应当按照特许人的要求及时提供真实的经营情况等合同约定的资料。

第二十一条　在特许经营期间及特许经营合同终止后，被特许人及其雇员未经特许人同意，不得披露、使用或者允许他人使用其所掌握的特许人的商业秘密。

案例22　特许经营合同解除与违约责任是否竞合

某教育培训学校诉北京某文化艺术传播有限公司特许经营合同纠纷案①

☞ 案情简介

原告：南京某教育培训学校（反诉乙方、甲方）

① 本案例选自：北京市朝阳区人民法院民事判决书（2008）朝民初字第14410号．特许经营律师网，http：//www.148texu.cn.

被告：北京某文化艺术传播有限公司（反诉甲方、乙方）

2007 年 4 月 30 日，乙方与甲方签订特许加盟合作协议书。合同约定：乙方授权甲方为罗兰钢管舞健身俱乐部南京加盟部，甲方加盟后可以在江苏省南京市范围内使用“罗兰钢管健身舞培训中心”及“罗兰钢管健身舞”和“北京某文化艺术传播有限公司”等名称，使用罗兰钢管健身舞蹈的名称对外招收学习钢管健身的学员及从事广告活动，并享有罗兰本人的广告肖像权；乙方享有对甲方进行业务监督管理的权利；乙方协助甲方每季度不少于一次更新钢管舞舞蹈音乐和运动服装的服务；乙方提供市场信息和不定期合作举办钢管舞演出活动，促进甲方开展工作；乙方每年组织甲方开展一次经营交流会和为期 2 至 5 天的技术指导，费用甲方自理；乙方给甲方提供一个免费的高级钢管舞健身教练培训名额，并颁发相应的证书；乙方根据甲方的申请，提供培训、讲解，指导、传授工作方法与技巧；乙方根据甲方的申请，委派教练到当地培训学员，需提前一天提出申请，应提前预支教练的交通费和课时劳务费及食宿费，食宿标准每天不低于 200 元，课时劳务费每天不低于 300 元；乙方不定期进行广告宣传（媒体、网站等），乙方的网站上需体现甲方的钢管舞方面的相关娱乐健身信息，具体信息内容由甲方提供，乙方审核；合同签订之后，乙方在收到甲方的加盟费 7 天之内，需将配送的物品，包括专业钢管舞靴子 5 双、服装 5 套、罗兰牌便携式钢管 5 根、教学光盘、管理手册、教材、会员卡、员工手册、各类管理表格文档、喷绘设计、形象板、授权铜牌等发给甲方；协议签订 3 天内，甲方应交纳加盟费 38 000 元；如乙方违约，需返还甲方全部加盟费用，如甲方违约，乙方有权根据损失抵扣加盟费；合作业务地点为江苏省南京市玄武区珠江路 88 号新世界中心 B 座 3603 室；合作期间为 2007 年 5 月 1 日至 2017 年 4 月 30 日。

同年 5 月 4 日，甲方向乙方交纳了加盟费 38 000 元。乙方向甲方颁发了授权牌，甲方以乙方的名义在江苏省南京市玄武区珠江路 88 号新世界中心 B 座 3603 室进行招生教学，并在上述地点悬挂了罗兰的照片。由于甲、乙双方在合同履行中发生争议随诉至法院。甲方认为乙方没有按照合同约定履行相应的义务，致使甲方订立合同的目的无法实现，要求：（1）解除乙方与甲方签订的特许加盟合同；（2）乙方返还其加盟费并赔偿由此给甲方造成的经济损失。

乙方反诉甲方没有依约支付教练的交通费、劳务费和食宿费，反诉请求法院判令：（1）停止销售乙方品牌以外的商品；（2）甲方支付乙方品牌使用费 38 000 元，支付证人出庭费 3 000 元。

☞ 审理结果

根据双方的现有证据，可以认定乙方存在没有每季度不少于一次更新钢管舞舞蹈音乐和运动服装服务、没有每年组织开展一次经营交流会和为期2至5天的技术指导、在网站上进行夸大宣传和没有依约配送物品等违约行为。但这些违约行为并未影响甲方使用罗兰钢管健身舞的名称经营加盟项目，故均不构成根本违约，甲方仅有权据此要求乙方承担相应的违约责任，而无权据此要求解除双方合同。因此，对甲方要求解除合同并据此要求返还加盟费和赔偿损失的诉讼请求，法院不予支持。

对于乙方要求甲方支付教练费用、证人出庭费及停止销售罗兰品牌以外商品行为的反诉请求，法院认为乙方现有证据不足以证明杜某确系其委派给甲方的教练，其也未就支付证人出庭费的情况进行举证，且未举证证明甲方存在销售罗兰品牌以外商品的行为，故对其反诉请求，法院不予支持。综上，依据《中华人民共和国民事诉讼法》第64条第1款之规定，判决如下：（1）驳回甲方的诉讼请求；（2）驳回乙方的反诉请求。

本诉案件受理费850元，由甲方负担（已交纳）；反诉案件受理费800元，减半收取400元，由乙方负担（已交纳）。

如不服本判决，可在判决书送达之日起15日内向法院递交上诉状，并按对方当事人的人数提出副本，上诉于北京市第二中级人民法院。

☞ 法理评析

依据我国现行与本案相关的法律、法规，甲乙双方签订的特许加盟合作协议书，系双方真实意思的表示，内容亦不违反法律或行政法规的强制性规定，属合法有效的合同，双方应当严格按照合同约定全面履行自己的义务。

对甲方提出乙方存在的违约行为：第一，每季度不少于一次更新钢管舞舞蹈音乐和运动服装服务，乙方就此仅提供了北京中体音像出版中心出版发行的罗兰钢管舞教学光盘，但未举证证明曾将上述光盘交予甲方。此外，也未提供其他证据，故根据乙方的现有证据不能认定其履行了此项合同义务。第二，对于提供市场信息和不定期合作举办钢管舞演出活动的义务，乙方于2007年7月14日至7月15日和北京市健美协会共同组织了首届全国钢管舞公开赛，甲方派人参加了该比赛。故可以认定乙方履行了此项义务。第三，每年组织开展一次经营交流会和为期2至5天的技术指导，乙方未就此进行举证，应认定其违约。第四，提供一个免费的高级钢管舞健身教练培训名额，并颁发相应的证书。根据本案查明的事实，甲方的教练林某到乙方接受了培训并取得了证书，因此乙方已经履行了上述义务。第五，根据申请提供培训、讲解、指导、传授工作方法与技巧，甲方并未举证证明其曾向乙方提出过申请，且乙方的法定代表人罗某曾到该校进行指导、培训，故不能认定乙方违约。对甲方此项主张，法院不予支持。第六，根据申请委派教练到当地培训学员，甲方表示其未向乙方提出过申请，故即使乙方未向其派出教练，也不构成违约。第七，关于网站上的夸大宣传，虽然乙方通过报纸、比赛等途径进行了宣传，但网站上的内容与客观事实不符，因此属于履行不当的行为，同样构成违约。第八，关于配送物品，甲方认可其确实使用了乙方授权的品牌和罗兰本人的肖像，但否认收到过其他物品。乙方的现有证据亦不足以证明其确实给甲方配送了合同约定的全部物品，据此本院认定乙方仅部分履行了此项义务。

诉讼中，甲方认可乙方的法定代表人罗某曾到该校进行过培训、指导，但提出罗某是顺路到的该校。甲方未就其曾向乙方提出过培训、指导的申请进行举证。乙方提出其已向甲方配送了合同约定的全部物品，为此提交了一份有甲方教练林某签名的配送表、邮寄单和林某的证言，但甲方对上述证据均不予认可，且邮寄单上显示的地址不是甲方的经营地址。乙方未就其支付证人出庭费的情况进行举证，也未就甲方存在销售罗兰品牌以外商品的行为提供相应证据。以上事实有特许加盟合作协议书、收据、汇款单、证书、报纸、会务册、网页打印件、公证书、光盘、证人证言、记录表、发放工资结算单及当事人陈述等在案佐证。综上，法院作出驳回甲方的诉讼请求、驳回乙方反诉请求的判决。

☞ 本案启示

某教育培训学校诉北京某公司特许经营合同纠纷案给我们的启示有二：

一是商业特许经营合同解除与违约责任不存在竞合。商业特许经营合同的解除原则上没有溯及力，而且可以和违约责任中的赔偿损失并存。特殊情况下商业特许经营合同的解除可以具有溯及力，判定的标准有二：（1）能够周延地保护守约方的合法权益、制裁违约方的不诚信行为，有利于宏观经济效益最大化和公平竞争的市场经济发展；（2）与商业特许经营合同的具体内容与性质相吻合。如是非继续性的合同，违约责任的法律后果一般依据过错责任归责原则，由违约人支付违约金或赔偿损失。

二是商业特许经营合同中合同解除条件的明晰。商业特许经营合同的解除条件可以是约定、也可以是法定的。由于本案中甲、乙双方签订的商业特许经营合同中没有就合同解除约定条件，所以甲方主张合同的解除，只能是在符合法定解除条件时才可以解除。我国《合同法》在第93条第1款、第94条中规定了适用于一切合同的一般法定解除条件，第164条至167条、第219条等规定了仅适用于特殊合同的特别法定解除条件。根据我国《合同法》的相关规定，本案中合同的解除只有满足一般法定解除的条件才可以解除。

☞ 法条点击

《中华人民共和国合同法》

第九十三条　当事人协商一致，可以解除合同。

当事人可以约定一方解除合同的条件。解除合同的条件成就时，解除权人可以解除合同。

第九十四条　有下列情形之一的，当事人可以解除合同：

（一）因不可抗力致使不能实现合同目的；

（二）在履行期限届满之前，当事人一方明确表示或者以自己的行为表明不履行主要债务；

（三）当事人一方迟延履行主要债务，经催告后在合理期限内仍未履行；

（四）当事人一方迟延履行债务或者有其他违约行为致使不能实现合同目的；

（五）法律规定的其他情形。

第一百六十四条　因标的物的主物不符合约定而解除合同的，解除合同的效力及于从物。因标的物的从物不符合约定被解除的，解除的效力不及于主物。

第一百六十五条　标的物为数物，其中一物不符合约定的，买受人可以就该物解除，但该物与他物分离使标的物的价值显受损害的，当事人可以就数物解除合同。

第一百六十六条　出卖人分批交付标的物的，出卖人对其中一批标的物不交付或者交付不符合约定，致使该批标的物不能实现合同目的的，买受人可以就该批标的物解除。

出卖人不交付其中一批标的物或者交付不符合约定，致使今后其他各批标的物的交付不能实现合同目的的，买受人可以就该批以及今后其他各批标的物解除。

买受人如果就其中一批标的物解除，该批标的物与其他各批标的物相互依存的，可以就已经交付和未交付的各批标的物解除。

第一百六十七条　分期付款的买受人未支付到期价款的金额达到全部价款的五分之一的，出卖人可以要求买受人支付全部价款或者解除合同。出卖人解除合同的，可以向买受人要求支付该标的物的使用费。

第二百一十九条 承租人未按照约定的方法或者租赁物的性质使用租赁物，致使租赁物受到损失的，出租人可以解除合同并要求赔偿损失。

案例23 特许经营合同中服务费、意向金之间的关系

杨某诉北京某咖啡有限公司特许经营纠纷案[①]

☞ 案情简介

原告： 杨某（甲方）

被告： 北京某咖啡有限公司（乙方）

2006年7月19日，乙方与甲方签订《百怡咖啡加盟意向书》，准备接受甲方的加盟申请。依该意向书甲方于2006年7月20日向乙方支付了5万元签约定金。2006年8月2日，乙方又与甲方签订店铺管理合同。依据该合同，甲方又于同年8月7日向乙方支付了37万元百怡咖啡店建设及营运咨询管理费。2006年12月7日乙方与甲方签订《协议书》约定：本协议签署之前双方订立的任何协议及意向，自本协议生效之日起无效，为本协议所替代。《协议书》确认：乙方在对甲方全面审查的基础上，认可甲方符合乙方关于特许经营“百怡咖啡”的条件，许可甲方在北京地区根据本协议开设并经营一家百怡咖啡店；甲方于2006年8月向乙方一次性支付全部费用人民币42万元整，其中包括“百怡咖啡”的5年品牌使用费、店面全套设备及家具、首次备料、店面设计、装修及员工培训等，乙方承诺为甲方开设一家价值在58万元标准的新店；因本协议合作方式的权利义务的特殊性（即甲方已将全部费用一次性支付给乙方），乙方在合作的过程中应当特别注意保护甲方权利及利益。鉴于新店设立过程的复杂性、双方权利义务的交错性，双方协商同意按照如下情形分配彼此权利、义务、责任：选址、定址、签署《租贷协议》的期限为《协议书》签订之日起10个工作日，乙方应积极协助甲方与北京万达广场9号楼商谈租赁事宜，如甲方同意选择

① 本案例选自：北京市第二中级人民法院民事判决书（2008）二中民终字第17876号.

万达广场 9 号楼作为开店地址并且成功签订《租赁协议》的，甲方在 3 个工作日内将 200 000 元款项汇给乙方启动后续进程；如乙方在规定期限内，诚实守信、积极主动地全部完成上述约定义务，甲方即使因为市场分析等因素未选择店址而放弃建店的，乙方可以收取人民币 50 000 元的服务费用，将其余 370 000 元在收到甲方终止合作通知后 3 日内返还甲方；如乙方在规定期间内，没有履行或部分履行上述约定义务、或故意耽误、不当影响、甚至破坏甲方工作计划的（包括但不限于乙方没有按照甲方的意思表示与出租方谈判、签署租赁协议等），甲方可以随时终止合同，乙方应在收到甲方终止合作的通知后，3 日内将全部 420 000 元人民币返还甲方并支付自款项交付乙方之日至合作终止日的存款利息。如给甲方造成其他损失的，应一并赔偿。

2007 年 1 月 9 日，乙方与甲方签订《补充协议》，确认乙方已经于 2006 年 12 月 13 日、12 月 18 日和 12 月 28 日分三次与出租方北京某投资有限公司就租赁万达广场 9 号楼场地进行沟通，因出租方不同意甲方提出的租赁条件致使无法达成《租赁协议》，甲方基于以上原因同意放弃万达广场 9 号楼的场地租赁，并认同乙方作出的相应工作。

之后，乙方基于甲方的要求将 370 000 元汇到其指定的账户，甲方分别于 2007 年 11 月 22 日以传真及特快专递形式、于 2008 年 6 月 23 日以特快专递形式向乙方发出律师函，提出终止合同并要求返还 5 万元，乙方不同意。故甲方诉至法院，要求：乙方返还 50 000 元余款及迟延支付的利息 9 050 元。

☞ 审理结果

原审法院依据《中华人民共和国合同法》第 91 条第（七）项、第 98 条之规定，判决：（1）确认甲方与乙方 2006 年 12 月 7 日签订的协议书于 2008 年 6 月 23 日终止；（2）乙方于本判决生效之日起 10 日内返还甲方 5 万元；（3）乙方于本判决生效之日起 10 日内支付甲方逾期利息 437.5 元；（4）驳回甲方的其他诉讼请求。

乙方不服原审判决，向法院提起上诉，请求撤销原审判决，驳回甲方的诉讼请求，并由甲方承担一、二审诉讼费用。

针对乙方提出的原审判决认定事实错误、乙方可以协助甲方选择其他店址、该款项可以作为建店费用不应予以返还的上诉理由，二审法院经合议庭审理认为，乙方的上诉理由不能成立，原审法院认定事实清楚，适用法律正确，依照《中华人民共和国民事诉讼法》第 153 第条第 1 款第（一）项之规定，判决如下：

驳回上诉，维持原判。

一审案件受理费 1 275 元，由甲方负担 75 元（已交纳），由乙方负担 1 200 元（于本判决生效后 7 日内交纳）；二审案件受理费 1 061 元，由乙方负担（已交纳）。

本判决为终审判决。

☞ 法理评析

甲、乙双方签订的涉案协议书属于商业特许经营合同的性质，系双方当事人的真实意思表示，亦不违反国家法律、行政法规的强制性规定，故特许经营合同合法有效，双方当事人均应依照协议书的约定全面履行各自的义务。本案中甲、乙双方争议的焦点有三：一是乙方是否安排甲方考察了北京久隆百货一层大厅；二是甲方是否有权要求终止合同并要求乙方返还剩余的 5 万元款项；三是能否认定甲、乙双方的协议书已经终止。

鉴于乙方主张其已经安排甲方考察了北京久隆百货一层大厅的证据为其员工赵某的证人证言，但在甲方对赵某的证人证言不予认可时，乙方未提交其他相关证据予以佐证的情况下，法院认定乙方未安排甲方考察北京久隆百货一层大厅；根据涉案《协议书》的约定，乙方不履行或部分不履行上述约定义务、或故意耽误、不当影响、甚至破坏甲方工作计划的，甲方可以随时终止合同，乙方应在收到甲方终止合作的通知后，3 日内将全部 42 万元人民币返还甲方并支付自款项交付乙方之日至合作终止日的存款利息。如给甲方造成其他损失的，应一并赔偿的约定，甲方有权终止合同并要求乙方返还剩余的 50 000 元；甲、乙双方所签订的《协议书》于 2008 年 6 月 23 日终止，乙方应当在收到甲方终止合作的通知后 3 日内将全部款项返还甲方，故乙方应当在 2008 年 6 月 26 日前将剩余 5 万元返还甲方。因乙方至今未将上述款项返还给甲方，故应向甲方支付逾期利息。关于逾期利息的数额，应从 2008 年 6 月 27 日起计算，甲方主张按照日万分之二点五的标准计算至 2008 年 7 月 31 日，据此计算出乙方应支付的逾期利息数额为 437.5 元。

二审中乙方提出其未返还的 5 万元属于意向金不应予以返还的主张缺乏法律依据，二审法院不予支持；甲方提出涉案逾期利息应当按照涉案《协议书》的约定计算，鉴于该款的适用条件是乙方存在故意耽误、不当影响、甚至破坏甲方工作计划的主观故意，而甲方并未举出充分证据证明乙方涉案违约行为存在上述主观故意，故其要求计算逾期利息的抗辩主张缺乏依据，二审法院不予采纳。二审法院经审理查明的其他事实与原审法院相同，故上诉人乙方的上诉理由不能成立。

☞ 本案启示

杨某诉北京某咖啡公司特许经营纠纷案给我们的启示有二：

一是特许经营合同中服务费、意向金之间的联系与区别。服务费是指，接受劳务的当事人与提供劳务的当事人，就一定的劳务取得劳务报酬的方式之一。意向金是指附条件的定金，是在买方有购买意向后，向中介公司表示诚信委托其购买而支付的一定金额。当卖方同意买方的购买条件，中介机构将意向金转交给卖方后，意向金自动转化成定金。意向金的功能有三：（1）彰显委托人委托中介机构的诚意；（2）保障中介机构中介行为的效率；（3）避免卖方中途反悔与不诚信的行为。

二是商业特许经营合同终止的涵义与后果。合同终止是指，合同当事人一方为意思表示，使继续性的合同关系面向将来消灭的行为。以德国为代表的大陆法系国家一般认为合同终止是合同解除的一种。合同终止与合同解除二者的联系在于二者都是由一方当事人为意思表示即可发生效力的形成权。二者的区别有二：（1）合同终止使继续性合同效力自终止之日起面向将来消灭，以前的合同关系依然有效、不发生恢复原状的后果，当事人基于合同所为的给付不用返还；（2）合同终止的原因不限于违反法定或约定的条件，当事人基于自己的需要可以提出合同终止。我国《合同法》将合同终止与合同消灭等同，把与合同解除相关的合同终止统一称为合同解除。

☞ 法条点击

《中华人民共和国合同法》

第九十一条 有下列情形之一的，合同的权利义务终止：

（一）债务已经按照约定履行；

（二）合同解除；

（三）债务相互抵销；

（四）债务人依法将标的物提存；

（五）债权人免除债务；

（六）债权债务同归于一人；

（七）法律规定或者当事人约定终止的其他情形。

第九十八条 合同的权利义务终止，不影响合同中结算和清理条款的效力。

《中华人民共和国民事诉讼法》

第一百五十三条 第二审人民法院对上诉案件，经过审理，按照下列情形，分别处理：

（一）原判决认定事实清楚，适用法律正确的，判决驳回上诉，维持原判决；

（二）原判决适用法律错误的，依法改判；

（三）原判决认定事实错误，或者原判决认定事实不清，证据不足，裁定撤销原判决，发回原审人民法院重审，或者查清事实后改判；

（四）原判决违反法定程序，可能影响案件正确判决的，裁定撤销原判决，发回原审人民法院重审。

当事人对重审案件的判决、裁定，可以上诉。

案例24 特许经营合同与商业代理协议的关系

上海某软件有限公司与长沙某信息技术有限公司特许经营纠纷案①

☞ 案情简介

原告：长沙某信息技术有限公司（甲方）

被告：上海某软件有限公司（乙方）

2004年4月1日，甲、乙双方签订了一份《软件产品代理合作协议书》。该协议约定：乙方授权甲方为其在湖南省的唯一代理销售商，代理销售乙方的软件产品，协议期限为2004年4月1日至2006年12月31日；协议约定了软件产品的供货价和销售价，并约定完成销售后的利润返点比例；协议还约定了双方的其他权利义务等。2005年12月和2006年4月，甲方从乙方两次购进货物，货款分别为99 250元和100 000元。2005年4月1日后，乙方在其发给全国经销商的报纸以及该公司网站刊登的代理经销商名录公告中删除甲方的名字，并不再向甲

① 本案例选自：湖南省长沙市中级人民法院民事判决书（2008）长中民三终字第2552号.

方发货，造成甲方原购进的鲁班算量、鲁班定额算量、鲁班钢筋高级版（价值共计 119 200 元）无法销售。

2006 年 6 月 1 日，甲方发函并派人与乙方协商，要求乙方支付拖欠的利润返点，并赔偿因提前解除合同给甲方造成的损失。但双方未能达成一致意见，2006 年 7 月 7 日，甲方以乙方违约为由向湖南省长沙市芙蓉区人民法院提起诉讼，请求法院判令：（1）乙方向甲方支付利润返点 88 337. 5 元；（2）乙方赔偿甲方损失 576 050 元。湖南省长沙市芙蓉区人民法院经过审理，支持了甲方的诉讼请求。由于甲方 2006 年购进的产品无法销售，于是甲方再次以乙方违约为由，诉请法院判决：乙方退还其滞销的软件货款。

湖南省长沙市芙蓉区人民法院受理后认为，双方当事人虽就利润返点及可得利益进行过诉讼，但与本案分属不同的诉讼标的。故湖南省长沙市芙蓉区人民法院依照《中华人民共和国合同法》第 107 条、第 113 条第 1 款的规定判决：（1）甲方退还乙方价值 119 200 元的软件；（2）乙方退还甲方原货款 119 200 元（不能退还部分的软件按供货单价折抵货款）。

判决作出后乙方不服，提起上诉，要求撤销原判决，改判驳回甲方的全部诉讼请求，并由甲方承担本案全部诉讼费用。

☞ 审理结果

二审法院结合乙方在指定举证期限内向法院提交的证据，经过合议庭调查、审理认为，原案已就本次争议标的的合同利益进行了处理，甲方在取得相应利益后，又再就同一标的提出退货请求，没有事实与法律依据，乙方要求驳回甲方诉讼请求的上诉请求应予支持，原判决适用法律错误，应予改判。据此，二审法院依照《中华人民共和国民事诉讼法》第 153 条第 1 款第（二）项、《中华人民共和国民法通则》第 84 条之规定，判决如下：（1）撤销湖南省长沙市芙蓉区人民法院（2008）芙民初字第 360 号民事判决；（2）改判驳回甲方的诉讼请求。

本案一审案件受理费 2 756，二审案件受理费 2 756 元，共计 5 512 元，由甲方负担。上述款项中，二审案件受理费已由乙方预交，不作退回，由甲方收到本判决之日起 10 日内迳付给乙方。

本判决为终审判决。

☞ 法理评析

本案中，甲乙双方签订的《软件产品代理合作协议书》，具有代理经营合同与商业特许经营合同的双重属性。该协议系双方真实意思的表示，内容不违反法律和行政法规的禁止性规定，故该协议合法有效，双方均应按照协议约定的内容履行相应的义务。甲方按照协议约定履行义务，乙方在其报纸和网站的经销商名录中以公示的方式删除了甲方的名字，且不再向甲方发货，乙方以自己的行为表明不再继续履行协议约定义务构成违约。甲方要求乙方支付因乙方无故取消甲方代理资格造成其货物无法销售所产生的货款损失（按供货单价计算）的诉讼请求符合法律规定，故原审法院予以支持。按湖南省长沙市中级人民法院（2007）长中民二终字第0296号民事判决中对损失484 635元的计算方法，甲方的销售利润为：销售乙方产品的总金额减去应缴国、地税后，再减去进货的成本金额，即损失484 635元中已包括本案诉争的退货款（进货成本）。

本案争议的焦点在于双方争议标的物的利益是否已在原案中进行处理。事实上鉴于本案中《软件产品代理合作协议书》，既有代理经营合同又具商业特许经营合同的双重属性。有关代理或特许经营合同解除后的未销售代理产品，理应全部退货。但鉴于甲方在原案中，已就争议货物的处置问题作出请求返利、继续销售的选择，这一选择也已得到法院支持，且甲方已实际销售了部分货物（2006年一案二审中乙方提交的2007年1月23日案外人湖南恒基工程造价咨询有限公司购买的鲁班软件发票，来源于（2007）长中民二终字第0296号案卷，拟证明甲方2007年1月还在销售乙方的鲁班软件。甲方在原案中还主张了销售产品的预期利益。根据《中华人民共和国合同法》第113条规定，预期利益是指“合同履行后，可以获得的利益”，也就是说甲方在原案中主张权利时，即原案一、二审法院在判决时，均已考虑到协议完全履行时甲方能够从协议中取得的利益，原协议没有规定诸如协议到期后，回收积压货物等退货条款，即存货滞销的合同风险由甲方承担，故在甲方已实际取得合同的完整利益的情况下，不能同时回避本应由自己承担的合同风险；在协议解除后尽管甲方辩称本案软件销售代理协议合法有效，乙方根本违约导致甲方无法销售库存货物事实成立，甲方完全可以再追究因乙方根本违约导致无法销售库存货物给甲方造成的购货成本损失。但事实上在协议解除后甲方仍在销售该产品，也没有提交因乙方拒绝升级、提供售后服务等而导致其无法继续销售的证据。

因此，乙方有关本案的上述理由：一是本案认定事实不清，适用法律不当；二是原审法院违背了“一事不再理”的诉讼原则，重新受理，使甲方在原案已经通过民事诉讼得到赔偿之后，再次通过诉讼获取不当利益；三是甲方在原审中提交的证据不足以证明原审的诉讼请求。乙方在法院指定的举证期限内提交如下证据：证据1.（2006）芙民初字第1270号案《民事审判笔录》，来源于（2006）芙民初字第1270号案卷，拟证甲方2006年一案的利润返点计算从2005

年4月1日至2006年3月31日，该笔货款甲方已经在2006年一案判决中得到了返利款；证据2. 2006年一案中甲方提交的三张发票，来源于（2006）芙民初字第1270号案卷，拟证明2006年一案甲方提交的证据与本案甲方一审提交的证据重合，该笔货款甲方已经在2006年一案判决中得到了返利款是成立的。

☞ 本案启示

上海某公司与长沙某公司特许经营纠纷案给我们的启示有二：

一是明确商业特许经营合同与代理合作协议的区别。商业特许经营与委托代理的区别表现有四：（1）特许经营中特许人与被特许人是法律地位独立、平等的不同经济主体；委托代理中委托人与受托人既可以是法律地位独立、平等的不同经济主体，也可以是主组织体内部法律地位不平等的雇佣关系、母公司与子公司、分支机构之间的关系。（2）特许人、被许人者在品牌、质量、商标、经营理念、折扣计划、经营范围、营业时间等方面具有高度统一性；委托代理中委托人、受托人在组织制度及其经营模式上既可以整齐划一，也可以有一定的自由选择空间。（3）在特许经营中特许人必须具备法定的特许人资格条件，拥有注册商标、企业标志、专利、专有技术等经营资源；而委托代理关系中委托人既可以是具备一定条件的特殊主体，也可以是与受托人一样的普通经营主体。（4）特许经营中被特许人要向特许人缴纳特许使用费；而委托代理关系中一般是委托人给付代理人一定的代理费。

二是注重商业特许经营合同与代理合作协议的融合。现实中特许经营与委托代理的联系表现有三：（1）被特许人、受托人的权利都来源于特许人、委托人的授权；（2）被特许人、受托人必须按照特许人、委托人的意志行为；（3）特许人与被特许人之间的关系本质上也是委托人与受托人之间的一种委托代理关系。鉴于商业特许经营法律关系与商业委托代理法律关系的区别与融合，现实中代理人或被特许人在自己的合法权益受到侵害时，要注重商业特许经营法律关系与商业委托代理法律关系的区别与联系，结合自身与特许人、委托人之间事实上的法律关系性质，通过相关的事实证据，诚信、公正地寻求法律帮助，维护代理人或被特许人的合法权益。

☞ 法条点击

《中华人民共和国合同法》

第一百零七条　当事人一方不履行合同义务或者履行合同义务不符合约定

的，应当承担继续履行、采取补救措施或者赔偿损失等违约责任。

第一百一十三条 当事人一方不履行合同义务或者履行合同义务不符合约定，给对方造成损失的，损失赔偿额应当相当于因违约所造成的损失，包括合同履行后可以获得的利益，但不得超过违反合同一方订立合同时预见到或者应当预见到的因违反合同可能造成的损失。

经营者对消费者提供商品或者服务有欺诈行为的，依照《中华人民共和国消费者权益保护法》的规定承担损害赔偿责任。

《中华人民共和国民法通则》

第八十四条 债是按照合同的约定或者依照法律的规定，在当事人之间产生的特定的权利和义务关系，享有权利的人是债权人，负有义务的人是债务人。

案例25 特许加盟协议与商品寄售合同的关系

沈阳某物业管理有限公司诉上海某贸易有限公司特许经营纠纷案[1]

☞ 案情简介

原告：沈阳某物业管理有限公司（甲方）

被告：上海某贸易有限公司（乙方）

2006年11月，甲、乙双方签订了《加盟合同》及《寄售合同》，约定甲方加盟乙方REX品牌，作为乙方在沈阳的经销代理商，有效期自2007年1月1日起至2008年12月31日止。其中，《加盟合同》第32条约定，签署本协议后6个月，甲方仍没有开店的，本合约终止。合同签订后，甲方依约于2006年12月8日向乙方支付加盟费、保证金、设计费人民币计152 000元，春夏季订货押金人民币306 294.45元；于2007年4月18日向乙方支付秋冬季订货押金人民币291 883.68元。

---

① 本案例选自：上海市第二中级人民法院民事判决书（2008）沪二中民五（知）初字第252号.

2007 年 11 月 15 日、12 月 27 日，由于甲方在签订合同后未在规定的时间内开业，违反《加盟合同》第 32 条约定的相关内容，为妥善解决问题，甲方经与乙方友好协商，双方分别签署《加盟合同终止协议》（编号：2007－0810－RSZZXY－1）、（编号：2007－1217－RSZZXY－1），《寄售合同终止协议》（编号：2007－0810－RSZZXY－2），约定终止双方于 2006 年 11 月签订的《加盟合同》及《寄售合同》，对相关善后事宜约定如下：（1）乙方按照合约规定没收甲方 2007 年春夏季订货押金 306 294.45 元，REX 加盟费 50 000 元及店铺 REX 设计费 52 000 万元，合计人民币 408 294.45 元。（2）乙方将没收甲方三分之一的 2007 年秋冬季订货押金人民币 97 294.56 元，剩余三分之二的订货押金人民币 194 589.12 元，将于 2008 年 1 月底之前退还给甲方。（3）乙方待甲方将《REX 加盟合同终止协议》及《REX 寄售合同终止协议》签订后，于 2007 年 12 月底前按照原合约规定退回履约保证金人民币 50 000 元。

2008 年 3 月 17 日，甲方致乙方《催款函》，要求乙方按照《加盟合同终止协议》（编号：2007－1217－RSZZXY－1）在一周内付清订货押金和履约保证金共计人民币 244 589.12 元。乙方逾期不履行，甲方诉至法院要求：乙方按照《加盟合同终止协议》付清订货押金和履约保证金共计人民币 244 589.12 元。

以上事实，由《加盟合同》、《寄售合同》、《兴业银行电汇凭证》、《沈阳 REX 加盟合同终止协议》（编号：2007－0810－RSZZXY－1）、《沈阳 REX 寄售合同终止协议》（编号：2007－0810－RSZZXY－2）、《沈阳 REX 加盟合同终止协议》（编号：2007－1217－RSZZXY－1）、《催款函》以及当事人诉辩意见、法院审理笔录等证据证实。

☞ 审理结果

甲、乙双方签订的《加盟合同》、《寄售合同》、《加盟合同终止协议》系双方真实意思的表示，亦与相关法律不悖，依法有效，对双方当事人均有法律约束力。合同签订后乙方未按时向甲方支付约定的款项，违反了合同约定。据此，甲方要求乙方支付订货押金人民币 194 589.12 元和履约保证金人民币 50 000 元的请求，应予支持。因乙方未能依约按时向甲方支付前述款项，甲方要求乙方依法承担迟延履行的违约责任，按银行同期贷款利率计付逾期利息的请求，法院亦予支持。

法院依照《中华人民共和国合同法》第 60 条第 1 款和第 107 条之规定，判决如下：（1）乙方应于本判决生效之日起 10 日内向甲方支付订货押金和履约保证金共计人民币 244 589.12 元；（2）乙方应于本判决生效之日起 10 日内向甲方支付欠款人民币 244 589.12 元的逾期付款利息（其中人民币 50 000 元自 2008 年

1月1日起，人民币194 589.12元自2008年2月1日起，均计至本判决生效之日止，按中国人民银行同期贷款利率计算）。

如果乙方未按本判决指定的期间履行给付金钱义务，应当依照《中华人民共和国民事诉讼法》第229条之规定，加倍支付迟延履行期间的债务利息。本案案件受理费人民币6 931.20元，由乙方负担。

如不服本判决，可在判决书送达之日起15日内，向本院递交上诉状，并按对方当事人的人数提出副本，上诉于上海市高级人民法院。

☞ 法理评析

本涉案合同纠纷的本质属于商业特许经营合同终止后，乙方迟延履行还款义务的合同纠纷。2006年11月，甲、乙双方签订《加盟合同》及《寄售合同》，约定甲方加盟乙方REX品牌，作为乙方在沈阳的经销代理商，甲方依约于2006年12月8日向乙方支付加盟费、保证金、设计费以及订货押金等。甲方后因公司内部调整，经与乙方友好协商，甲、乙双方于2007年11月15日、12月27日签署《沈阳REX加盟合同终止协议》（以下简称《加盟合同终止协议》）和《沈阳REX寄售合同终止协议》（以下简称《寄售合同终止协议》），约定终止2006年11月签订的《加盟合同》及《寄售合同》。《加盟合同终止协议》中约定：乙方应于2008年1月底之前退还甲方订货押金194 589.12元，于2007年12月底前退回履约保证金50 000元。后经甲方多次催讨，乙方以各种理由推托，未按约退还各种款项。为此，甲方请求判令乙方：（1）支付甲方订货押金人民币194 589.12元；（2）支付甲方履约保证金人民币50 000元；（3）支付甲方逾期付款利息至判决生效日止（按银行同期贷款利率自约定付款截止日暂计至2008年8月31日止为人民币10 969.22元）。

乙方对甲方起诉所依据的事实无异议，对甲方主张退还的订货押金人民币194 589.12元和履约保证金人民币50 000元亦无异议，由于乙方经营困难未能按时向甲方支付前述款项，甲方确实产生了利息方面的损失，但乙方目前仍无力向甲方支付上述款项。

根据《合同法》的相关规定，当事人应当按照约定全面履行自己的义务。甲、乙双方签订的《加盟合同》及《寄售合同》系双方真实意思的表示，亦与相关法律不悖，依法有效，对双方当事人均有法律约束力。合同签订后，由于甲方的原因导致前述合同未能继续履行，双方经协商一致，对该合同予以提前终止，并就相关款项的处理最终达成《加盟合同终止协议》（编号：2007－1217－RSZZXY－1），明确约定乙方除没收甲方三分之一的2007年秋冬季订货押金人民币 97 294.56 元，剩余三分之二的订货押金人民币 194 589.12 元，应于 2008 年 1 月底之前退还给甲方，以及乙方应于 2007 年 12 月底前向甲方退回履约保证金人民币 50 000 元。对该终止协议约定的内容乙方应按时履行，乙方未按时向甲方支付约定的款项，违反了协议约定。据此，甲方要求乙方支付订货押金人民币 194 589.12 元和履约保证金人民币 50 000 元的请求，应予支持。因乙方未能依约按时向甲方支付前述款项，甲方要求乙方依法承担迟延履行的违约责任，按银行同期贷款利率计付逾期利息的请求，法院亦予支持。

☞ 本案启示

沈阳某物业管理公司诉上海某公司特许经营纠纷案给我们的启示有二：

一是明确特许加盟协议与商品寄售合同的关系。本案中，甲、乙双方同时签订的《加盟协议》内容与《寄售协议》表明，加盟方实质上与特许人之间建立的是一种商业特许代理关系。虽然合同、协议是基于双方当事人之间意思自治、契约自由的产物，但加盟人还是要善于运用法律中权利、义务相对等、利益与风险相一致的基本原则维护自己的合法权益，避免或减少自己应承担的经营风险。法院在进行裁判时也应具体问题具体分析，以事实为依据结合加盟协议中的有关具体内容来确定加盟人与特许人之间的法律关系与权利、义务配置的对等性。

二是加盟人在加盟之前对有关加盟事项及其法律规范的全面考量。本案中，加盟人由于对自己加盟后开店能力过于自信，加盟合同签订时自愿承担过多的义务与风险，忽视寄售合同与加盟协议之间的关联性，导致其违约行为产生时，竟由特许人仅以特许加盟合同为由主张其权益，加之法院没有综合考量案情，仅以商业特许经营关系进行裁判，结果导致加盟方支付近 50 万元的加盟费与违约赔偿金，值得深思。

☞ 法条点击

《中华人民共和国合同法》

第六十条　当事人应当按照约定全面履行自己的义务。

当事人应当遵循诚实信用原则，根据合同的性质、目的和交易习惯履行通知、协助、保密等义务。

第一百零七条　当事人一方不履行合同义务或者履行合同义务不符合约定的，应当承担继续履行、采取补救措施或者赔偿损失等违约责任。

《中华人民共和国民事诉讼法》

第二百二十九条 被执行人未按判决、裁定和其他法律文书指定的期间履行给付金钱义务的，应当加倍支付迟延履行期间的债务利息。被执行人未按判决、裁定和其他法律文书指定的期间履行其他义务的，应当支付迟延履行金。

案例26 特许经营合同纠纷可否按一般买卖合同解决

张某诉太原某艺术品有限公司合同纠纷案[①]

☞ 案情简介

原告： 张某（甲方）

被告： 太原某艺术品有限公司（乙方）

2007年1月4日，甲、乙双方签订《合同书》约定：甲方是乙方生产的“开物”砖雕产品北京区域独家代理商，乙方特许甲方使用“开物”标识，按“开物”区域代理统一的管理模式经营，甲方需向乙方交纳3万元订金（订金计入首批货款中），合同期限自2007年1月1日至2009年1月1日；首批货款总额应达到12万元，第一年度进货额累计应达到80万元，甲方应提前15天将购货计划告知乙方，乙方每次供货依据甲方确认的发货清单，如有数量或品类差异，甲方应在货物到达3日内以书面传真形式或电子邮件告知乙方，否则视为甲方如数收到发货清单上的商品；合同期内，自出货一个月内发生的因质量或运输造成的残次品，应由乙方全额退换货，所有商品均可换货，甲方提供换货清单，换货期限自甲方收到货物当日起3个月内，换货的运输费用由甲方负担，所有进货和因质量问题造成的往返运输费用由乙方负担；甲方经营期间与乙方发生的退换货结算，均以货物形式处理。同时该合同还约定甲方享有“开物”产品的区域垄断权、价格自治权等，双方经协商一致可以提前终止合同，如因违约给对方造成损失，则由违约方向守约方赔偿违约金5万元。

---

① 本案例选自：北京市东城区人民法院民事判决书（2008）东民初字第03705号.

合同签订当日，甲方支付货款 3 万元。2007 年 1 月，甲方在收到乙方样品后，曾就货物质量提出相应意见，比如粘歪、掉漆等。2007 年 1 月 28 日，乙方向甲方传真发货单。1 月 30 日，乙方通过山西深海物流发货 94 箱，双方对该批货物不持异议。同年 2 月 1 日，乙方向甲方邮箱发送主题为“欠货明细”的邮件，载明所欠货物为花纹佛头 54 件、人像佛头 4 件、吉祥如意 95 件、牡丹花开 15 件、一品清廉 40 件、四季平安 40 件、小财神 300 件、对刀门神 8 件、秦尉门神 8 件、赵杨门神 20 件。2 月 2 日，乙方公司工作人员郑某再次将上述欠货明细传真给甲方。2 月 4 日，乙方向甲方发货 27 箱，货运单载明系工艺品，乙方主张该批货物是补发已经确认的欠货，甲方坚持认为是包装袋。2 月 28 日，乙方向甲方发货 3 箱。3 月，甲方催促乙方交货，乙方工作人员表示货物正在制作中，需延期交付。4 月 15 日，甲方向乙方传真“盘货单”一份，载明乙方少发货物以及损坏货物的金额为 3 561 元，要求更换产品为秦尉门神 10 对、对刀门神 10 对、赵杨门神 5 对，金额为 3 710 元。同日，甲方通过北京市春光货运退回乙方货物 8 箱。5 月 19 日，乙方向甲方发货 5 箱。9 月 7 日，乙方向甲方发货 1 箱。12 月 18 日，甲方向乙方发送“调换货品清单”的传真，明确需调换货品金额为 7 371 元，拟调换为“麻布大龙盘”123 个，金额为 7 380 元。12 月 20 日，甲方通过北京飞马神速货运退还乙方货物 18 箱，并支付运费 110 元。2008 年 3 月，甲方向乙方发送“盘货单”的传真，总计货款为 43 506 元。

由于甲、乙双方属于异地交易，且在合同履行过程中双方并未完全按照合同约定方式履行货物订购、交付、确认等手续，导致双方就货物数量、交付时间、货物质量等发生分歧。于是甲方以乙方未在约定时间发货，发货数量货物质量均与合同约定不符，已经违反合同约定，给甲方造成损失为由起诉要求：（1）解除与乙方的合同，由乙方退还货款 54 652 元，返还运费 110 元；（2）支付违约赔偿金 50 000 元；（3）由乙方承担诉讼费用。

☞ 审理结果

甲、乙方之间签订的合同约定虽涉及商业特许经营的内容，但双方一致确认合同性质为一般买卖合同，且合同实际履行过程中主要涉及的是一般买卖合同的内容，故法院依据双方当事人意思表示，并结合我国《合同法》及其涉案合同的主要内容和实际履行情况，确认本案所涉合同性质为一般买卖合同。依法成立的合同，自成立时生效，双方当事人均应依约全面履行。当事人一方不履行合同义务或履行合同义务不符合约定的，应当承担继续履行、采取补救措施或赔偿损失等违约责任。综上所述，法院依据《中华人民共和国合同法》第 44 条第 1

款、第60条、第93条第1款、第97条、第107条之规定，判决如下：（1）甲方与乙方于2007年1月4日签订的合同自本判决生效之日起解除；（2）乙方自本判决生效之日起30日内返还甲方货款7 371元；（3）驳回甲方的其他诉讼请求。

如乙方未按本判决所指定的期间履行给付金钱义务，则应依据《中华人民共和国民事诉讼法》第229条之规定，加倍支付延迟履行期间的债务利息。

案件受理费2 395元，由甲方负担2 000元（已交纳），乙方负担395元（于本判决生效后7日内交纳）。

如不服本判决，可在判决书送达之日起15日内，向法院递交上诉状，并按对方当事人的人数提出副本，交纳上诉案件受理费，上诉于北京市第二中级人民法院。如在上诉期满后7日内不交纳上诉案件受理费的，按自动撤回上诉处理。

☞ 法理评析

甲、乙方之间签订的合同约定虽涉及商业特许经营的内容，但庭审中由于甲、乙双方均明确表示双方签订的合同系一般买卖合同，双方并未按照合同约定的特许经营条款实际履行，故法院依据双方当事人的意思表示，并结合我国《合同法》及其涉案合同的主要内容和实际履行情况，确认本案所涉合同性质为一般买卖合同。本案争议事实主要包括以下三点：

一是乙方是否按照甲方订货金额足额发货？根据双方合同履行情况，乙方在2007年1月30日发货94箱后，双方曾确认欠货明细，根据该欠货明细和合同附件砖雕产品价目表，该欠货金额为12 500元。2月4日和2月28日，乙方分别向甲方发货27箱和3箱，虽然甲方主张该27箱全是包装袋，但根据现场勘验情况，即使一件货物配一个包装袋，也无需如此多的包装袋，所以乙方认为该27箱是货物的主张，更符合常理，法院在现有证据条件下，确认该27箱是乙方发送的欠货。2月28日的3箱，乙方认可是包装袋，法院予以确认。2008年3月，甲方曾向乙方催促交货，据此可知，乙方在2008年3月仍欠付部分货物。2007年4月15日，甲方传真的“盘货单”显示乙方少发货物以及损坏货物的金额为3 561元，要求换货，并于同日将上述损坏货物发回给乙方。乙方于5月19日发货5箱，从双方主张及发货时间考虑，应为乙方针对甲方于2007年4月15日要求换货的盘货单所为，故该批货物为乙方补发欠货以及为甲方调换部分货物。此后，甲方又于2007年12月20日发回金额为7 371元的货物，要求调换为“麻布大龙盘”。乙方虽称已经发出该笔所换货物，但未提交相应发货凭据。综合当事人双方履行合同情况，法院确认乙方已经依约足额向甲方发货，但在甲方发回部分货物要求调换时，乙方未能予以更换，该部分货物涉及金额为7 371元。

二是乙方出售给甲方的货物质量是否符合合同的约定？根据双方合同约定，甲方购进的所有商品均可换货，由甲方提供换货清单，但乙方承诺换货的期限是自甲方收到货物当日起三个月内。根据双方的履行情况，乙方出售给甲方的货物的确存在粘歪、掉漆、裂纹、脱落等质量瑕疵，但在甲方提出换货主张后，乙方已于2007年5月19日为甲方更换了一批货物。甲方2007年12月20日发回的货物，即使存在质量问题，也已经超过了合同约定的换货期限。而且，甲方现在主张存在质量问题的货物，由于货物存放时间较长以及甲方多次进行搬运的情况，已无法确认其质量发生问题的时间。基于此，可以视为乙方出售货物的质量符合合同约定。但乙方在收到甲方2007年12月20日退回的货物后，未及时拒绝换货，并表示已经于2007年年底或2008年年初重新发货，故应视为双方就此笔换货事宜达成一致，乙方应按约定履行。

三是乙方是否按时向甲方发货？合同约定发货时间是在收到尾款后两日内。甲方2007年1月30日向乙方电汇货物尾款，乙方于同日向甲方发货94箱，虽然双方均确认存在部分欠货，但在乙方要求延期后，甲方亦接收该批货物，亦可视为甲方同意乙方对该部分货物的延期交付。

根据上述已查明事实，乙方已经足额交付货物，甲方虽然主张货物质量存在瑕疵，但未能在合同约定期限内提出异议并履行换货手续，甲方的实际履行行为亦表示其接受了乙方部分货物的延期交付，故甲方主张乙方违约，要求乙方承担违约责任的诉讼请求，证据不足，法院不予支持。但需指出，乙方在收到甲方于2007年12月20日退回的部分货物后，未及时拒绝且表示已作换货处理，但该换货行为未有证据支持，故乙方对该部分货物仍负有退、换货处理的义务。考虑乙方未能及时对甲方退回货物作换货处理，故对甲方退回的该部分货物，由乙方按甲方订货价进行退货处理，向甲方返还该部分货物的货款。至于甲方要求乙方承担运费110元的诉讼请求，由于甲方的此项支出并不符合合同约定应由乙方承担运费的范畴，故法院对此不予支持。鉴于双方当事人均同意解除合同，并表示合同解除后果由法院处理，法院对此不持异议。

☞ 本案启示

张某诉太原某艺术品公司合同纠纷案给我们的启示有二：

一是一定条件下特许经营合同纠纷可按一般买卖合同解决。本案中，甲、乙双方之间签订的合同约定虽符合特许经营合同的内容，但双方一致确认合同性质为一般买卖合同，合同实际履行亦未涉及特许经营的内容。故法院依据双方当事人的意思表示，并结合合同主要内容和实际履行情况，在不违反国家及其社会公共利益的前提下，以意思自治原则选择适用有关合同类型更有利于当事人合法权益的保护，进而确认本案所涉合同性质为一般买卖合同，即依法成立的合同，自成立时生效，双方当事人均应依约全面履行。当事人一方不履行合同义务或履行合同义务不符合约定的，应当承担继续履行、采取补救措施或赔偿损失等违约责任。

二是明晰不同性质合同选择适用的法律后果。本案当事人在涉案合同中没有关于加盟费的缴纳约定，而是以订金的形式作为加盟方履行合同的保障与使用特许人特有字号的对价，因此法院依据当事人的意愿与相关法律规定，本着以法律为准绳、事实为依据的司法裁判原则，灵活选择、界定该合同的法律属性，为尽快解决矛盾纠纷、稳定当事人的法律关系、以最小的成本实现最大的经济与法治效益提供了较好的典范。但实践中有关合同法律关系的当事人一定要明晰不同性质的合同关系，对双方当事人合法权益保护的角度、力度等价值取向是不同的。

☞ 法条点击

《中华人民共和国合同法》

第四十四条 依法成立的合同，自成立时生效。

法律、行政法规规定应当办理批准、登记等手续生效的，依照其规定。

第六十条 当事人应当按照约定全面履行自己的义务。

当事人应当遵循诚实信用原则，根据合同的性质、目的和交易习惯履行通知、协助、保密等义务。

第九十三条 当事人协商一致，可以解除合同。

当事人可以约定一方解除合同的条件。解除合同的条件成就时，解除权人可以解除合同。

第九十七条 合同解除后，尚未履行的，终止履行；已经履行的，根据履行情况和合同性质，当事人可以要求恢复原状、采取其他补救措施，并有权要求赔偿损失。

第一百零七条 当事人一方不履行合同义务或者履行合同义务不符合约定的，应当承担继续履行、采取补救措施或者赔偿损失等违约责任。

《中华人民共和国民事诉讼法》

第二百二十九条 被执行人未按判决、裁定和其他法律文书指定的期间履行给付金钱义务的，应当加倍支付迟延履行期间的债务利息。被执行人未按判决、裁定和其他法律文书指定的期间履行其他义务的，应当支付迟延履行金。

案例27　加盟费是否为特许经营合同的构成要件

韩某诉北京某商贸有限公司特许经营纠纷案①

☞ 案情简介

原告： 韩某（甲方）

被告： 北京某商贸有限公司（乙方）

2007年4月12日，甲、乙双方就甲方加盟乙方连锁店经营家居服饰事宜签订加盟合约，合同有效期为2007年4月1日至2009年3月31日。合同约定：甲方应在乙方的整体经营思路下经营，经营的主线商品一致，在整体经营模式下统一价格、形象、广告和促销活动；乙方同意甲方使用"魅"的门店，拥有对其门店位置、商标制作、销售技术、门店管理、专职培训、经营决策等事项的处理权；甲方门店名称是：海淀区四通桥西北角购酷服装市场妩媚坊人大店；经营保证金15 000元，甲方1年内无违约行为，提取5 000元作为货款；合同期内，甲、乙双方无意继续经营，应于3个月前书面通知对方并支付违约金，待双方认可办理解约手续后，一个月内在乙方的监督下清理库存，一个月后不得再继续使用该店的标识及形象；合同期满后，乙方于6个月后无息退还甲方的保证金；合同终止后在6个月内甲方不得经营乙方的同类产品，如若发现乙方有权扣除甲方的保证金，并保留追诉权。

合同签订后，甲方向乙方交纳经营保证金15 000元，在购酷服装市场内租赁摊位以"妩媚坊"为标识进行外贸家居类服饰的销售。乙方交付甲方50张会员卡，发出40余张，剩下的会员卡及发放会员卡的资料已经丢失、无法提供。

2007年11月28日，乙方与甲方就解除合同事宜达成协议，约定：根据合同的解除协议第4条之规定，扣除保证金5 000元作为违约金；乙方按进货价收

---

① 本案例选自：北京市朝阳区人民法院民事判决书（2008）朝民初字第01858号.

回提供的所有货品，金额以实际盘货库存量为准支付给甲方，同时收回所提供的所有标识；在解除合约6个月后，如无任何违约行为，将剩余的保证金9 000元无息返还。乙方与甲方均确认乙方扣除保证金的缘由是，甲方在合同有效期限内要求提前解除合同。2007年12月5日，甲方与购酷市场的物业公司解除租赁合同，停止了经营业务。2007年12月6日，乙方从甲方处取走价值9 167.4元的货物。甲方表示在本案中不就9 000元保证金向乙方提出主张，将在约定期限届满时另行起诉。

依据合同终止及解除的内容，乙方应按进货价收回甲方库存的货物。2007年12月6日乙方取走价值9 167.4元的货物，但至今未向甲方支付货款。故甲方将乙方诉至法院，请求判令：乙方支付甲方退货款9 167.4元。

☞ 审理结果

基于双方当事人的陈述、举证、质证及法院的认证、事实调查，甲方与乙方签订的加盟合约及解除合同的协议系双方真实意思表示，内容不违反法律、行政法规的强制性规定，故合法有效，当事人应当按照约定全面履行自己的义务。依据《中华人民共和国合同法》第107条之规定，法院判决如下：（1）乙方于本判决生效之日起10日内支付甲方退货款9 167.4元；（2）驳回乙方的反诉请求。

如果乙方未按本判决指定的期间履行给付金钱义务，应当依照《中华人民共和国民事诉讼法》第229条之规定，加倍支付迟延履行期间的债务利息。

本案诉讼费50元，由乙方公司负担，于本判决生效后7日内交纳，反诉费275元，由乙方负担（已交纳）。

如不服本判决，可在判决书送达之日起15日内向法院递交上诉状，并按对方当事人的人数提出副本，上诉于北京市第二中级人民法院。

☞ 法理评析

甲方与乙方签订的加盟合约及解除合同的协议系双方真实意思表示，内容不违反法律、行政法规的强制性规定，故合法有效，当事人应当按照约定全面履行自己的义务。根据甲、乙双方在解除合同协议中的约定，乙方应按甲方的进货价和收回货物的数量向甲方支付相应退货款，现乙方在合同解除后从甲方处取走价值9 167.4元的货物，其应向甲方支付相应数额的退货款。故甲方要求乙方支付9 167.4元退货款的诉讼请求，符合双方约定，法院予以支持。

根据我国《民事诉讼法》及司法解释的相关规定，当事人对自己提出的诉讼请求所依据的事实或者反驳对方诉讼请求所依据的事实有责任提供证据加以证明。对于乙方提出的反诉请求，法院认为乙方主张甲方在双方合同解除后的6个月内仍在以“妩媚坊”的形式销售同类产品，其应就此承担举证责任。乙方的现有证据不足以证明甲方在与其解除合同后仍在继续经营同类产品，乙方应当承担举证不能的后果。同时，根据双方加盟合约及解除协议的约定，甲方在合同终止后6个月内如经营同类产品，应承担被扣除保证金的责任。因此，对乙方据此拒绝支付退货款并反诉要求甲方停止经营与其同类产品、赔偿经济损失的诉讼请求，因缺乏事实依据，法院不予支持。

对于乙方要求确认不予返还所收取甲方9 000元保证金的诉讼主张，因甲方在本案中明确不就上述保证金提出主张，故法院对乙方的此项请求在本案中亦不予处理。对于乙方要求甲方返还会员客户资料的主张，法院认为甲方已经将会员卡和发放会员卡的资料发出或丢失，在客观上无法履行，且双方并未在加盟合约或者解除合同协议中约定甲方的此项义务，乙方也未举证证明不返还会员资料会给其造成直接的经济损失。故对乙方的该项请求，法院亦不予支持。

☞ 本案启示

韩某诉北京某公司特许经营纠纷案给我们的启示有二：

一是加盟费不属于特许经营合同内容的构成要件。实践中由于特许经营双方对特许经营权利及其风险考量的角度、标准不一，特许经营加盟费的支付方式、功能、作用也应进行灵活对待。本案中双方当事人将加盟费以保证金的方式进行交付，并且约定：在合同的履行过程中，如果甲方1年内无违约行为，可以提取5 000元作为货款；合同终止后在6个月内如若发现甲方继续经营乙方的同类产品，乙方有权扣除甲方的保证金。如此将商业特许经营中法定的特许加盟费意思自治地变通使用，有助于提高商业特许经营模式的市场效率，满足我国现代市场经济发展过程中当事人的现实需求。

二是特许经营合同履行中特许经营权的保护应注重有关证据的真实与关联性。庭审中乙方答辩并反诉称：依据双方在加盟合约中的约定，甲方在合同终止后6个月内不得经营乙方的同类产品，如发现，乙方有权扣除其保证金并有权追诉。在乙方与甲方签订解除合同协议后，发现甲方仍在以加盟店的形式销售与乙方同类的产品，严重违反了其后合同义务。但由于乙方举证的证明材料只具有真实性，不具有关联性或证明力不足、证人与乙方存在利害关系，继而使得乙方的反诉请求，不为法院支持。

☞ 法条点击

《中华人民共和国合同法》

第一百零七条 当事人一方不履行合同义务或者履行合同义务不符合约定的，应当承担继续履行、采取补救措施或者赔偿损失等违约责任。

《中华人民共和国民事诉讼法》

第二百二十九条 被执行人未按判决、裁定和其他法律文书指定的期间履行给付金钱义务的，应当加倍支付迟延履行期间的债务利息。被执行人未按判决、裁定和其他法律文书指定的期间履行其他义务的，应当支付迟延履行金。

案例28 特许人违约时特许加盟费可否要求返还

重庆某保健服务有限公司与赵某特许经营纠纷案①

☞ 案情简介

原告： 重庆某保健服务有限公司（甲方）

被告： 赵某（乙方）

2004年5月25日，甲、乙双方签订《合同书》。《合同书》约定：（1）甲方许可乙方在浙江省诸暨市开设“重庆某保健服务有限公司诸暨分店”，有偿使用甲方的商标、服务标志、经营技术、装饰风格及相关产品。（2）加盟期限为开业之日起5年。（3）合同签订后，乙方一次性支付甲方“商标使用、特许经营、员工培训等权利金45万元，其中商标使用费5万元，员工培训费40万元”。（4）乙方开业后两个月免收“管理费”，从第3个月每月按营业额的8%向甲方支付“管理费用”，于次月10日内一次性付清。（5）甲方为乙方培训合格员工40名、管理人员2名、员工技术骨干1名，为乙方“开业运作服务”；若开业后

① 本案例选自：重庆市第五中级人民法院民事判决书（2006）渝五中民初字第341号.

因经营需要增派员工，由乙方书面申请甲方同意，并支付甲方培训费 4 000 元/人，由甲方招聘、培训、分派到位。(6) 如因乙方管理不当或福利待遇差造成员工流失，由乙方自行负责。如甲方员工因不适应生活和工作准予调离，或经双方确认属甲方所派管理者管理不善引起员工流失，差额由甲方补足。(7) 若甲方不能履行义务，影响乙方经营，乙方有权缓交或停交“管理费”；若乙方不按时足额交纳“管理费”，甲方有权解除合同，追缴欠款。(8) 若一方违约，则向对方支付违约金 135 000 元。同日，甲方向乙方出具《承诺书》，承诺在 2004 年 10 月 30 日前把培训合格和配齐的员工和管理技术人员派往暨分店。

2004 年 5 月 25 日，甲、乙双方签订《商标使用许可合同》。合同约定：(1) 甲方许可乙方使用其注册商标。(2) 使用期限为 5 年。期满后如需延长使用，由双方续订合同。(3) 许可使用费 50 000 元，于合同生效后 5 日内支付。

2004 年 9 月 1 日，甲方向乙方派遣了 39 名员工。同年 9 月 8 日，乙方与甲方签订《补充说明》，将“连锁期限”补充约定为 2004 年 9 月 8 日至 2009 年 9 月 7 日。同年 9 月 21 日，乙方委派的员工贾某以经理的名义签署了“重庆某保健诸暨店足浴员工名单”，共 47 名。同年 10 月 8 日，乙方以营业状况良好，客流量逐步增加，员工紧缺为由，要求甲方增派两名员工。同年 10 月至 2005 年 1 月，乙方的月营业额依次为 181 940 元、219 225 元、188 400 元、169 825 元。

2004 年 11 月以后，乙方的部分员工因对待遇、工作环境、管理方式等不满，向乙方提出过意见，并陆续有部分员工辞职离去。由于甲方与乙方就本案纠纷协商未果，甲方于 2006 年 10 月 27 日向法院提起诉讼，要求：(1) 解除甲、乙双方签订的特许经营合同（包括《合同书》、《商标使用许可合同》、《承诺书》、《补充说明》；(2) 乙方立即停止使用甲方商标和字号；(3) 乙方支付甲方特许经营费 298 000 元；(4) 诉讼费用由乙方承担。

☞ 审理结果

法院通过对本案事实的调查，根据对相关证据的分析认证，并结合当事人的陈述，认为甲、乙双方签订的《合同书》、《商标使用许可合同》、《补充说明》的主要内容是：甲方将其所有的商标、商号、经营模式等经营资源许可乙方使用，乙方按照合同约定在统一经营体系下从事经营活动，并向甲方支付特许经营费。双方的合同关系体现了商业特许经营合同的特征，属于商业特许经营合同。结合当事人的诉讼请求，法院依照《中华人民共和国合同法》第 93 条第 2 款、第 109 条、第 114 条第 1 款和《中华人民共和国民事诉讼法》第 128 条的规定，判决如下：(1) 解除甲、乙双方签订的特许经营合同（包括《合同书》、《商标使用许可合同》、《承诺书》、《补充说明》)；(2) 乙方立即停止使用甲方商标和字号；(3) 乙方于判决生效后10日内支付甲方特许经营费298 000元；(4) 驳回乙方的其他诉讼请求。

本诉案件受理费9 005元、其他诉讼费1 801元，合计10 806元，由乙方负担。反诉案件受理费4 300元，由甲方负担。

如果未按本判决指定的期间履行给付金钱义务，应当依照《中华人民共和国民事诉讼法》第229条之规定，加倍支付迟延履行期间的债务利息。

如不服本判决，可在判决书送达之日起15日内向法院递交上诉状，并按对方当事人的人数提出副本，上诉于重庆市高级人民法院。

☞ 法理评析

甲、乙双方签订的《合同书》、《商标使用许可合同》、《补充说明》，甲方向乙方出具的《承诺书》表明，甲、乙双方建立的是商业特许经营合同，即甲方将其所有的商标、商号、经营模式等经营资源许可乙方使用，乙方按照合同约定在统一经营体系下从事经营活动，并向甲方支付特许经营费。双方的合同关系体现了商业特许经营合同的特征。本涉案合同是双方当事人的真实意思表示，不违反法律、行政法规的强制性规定，合同合法有效。

按照《合同书》约定，甲方为乙方开业应培训、派遣合格员工、管理人员和技术骨干共43名。尽管甲方于2004年5月25日承诺将相关人员在2004年10月30日前配齐派往乙方，但双方在同年9月8日已通过《补充说明》将开业时间约定为2004年9月8日，因此甲方应在该日前将约定人员派到乙方。甲方直至同年9月21日才将足够数量的人员派到乙方，虽不至于给乙方的经营造成重大影响，但根据合同约定已经构成违约。乙方有权根据合同约定要求甲方支付约定的违约金135 000元。乙方要求支付违约金的反诉理由成立，其请求应予支持。但是，乙方对于要求甲方赔偿65 000元损失的请求，没有说明其构成并提交充足证据证实，法院不予支持。

甲方没有按照《合同书》约定在乙方开业前向其派遣43名相关人员，但是已经派遣了39名，不至于对乙方的经营造成重大影响，并且在2004年9月21日已将足够数量的人员派到乙方，乙方也在增派人员申请中表示营业状况良好，因此乙方应当按照合同约定支付约定费用。双方在合同中约定的“管理费”和“管理费用”实际属于特许经营费。乙方至今没有支付特许经营费构成违约，应当按照合同约定支付特许经营费，以及约定违约金135 000元。关于特许经营费的额度，由于双方不能就营业额达成一致，法院认为按照证据能够证明的2004

年 10 月至 2005 年 1 月乙方月营业额平均值计算较为适宜。该时段乙方的月平均营业额为 189 847.5 元。按照合同约定，从 2004 年 11 月开始按每月营业额的 8% 支付甲方特许经营费。从 2004 年 11 月计算到甲方起诉当月，累计已达 364 507.2 元，甲方仅要求乙方支付 298 000 元，法院予以准许。

根据合同约定，若乙方不按时足额交纳特许经营费，甲方有权解除合同。乙方至今没有交纳特许经营费，因此甲方请求判令解除特许经营合同的理由成立，法院予以支持。乙方请求继续履行合同的理由不成立，其请求不应支持。鉴于特许经营合同应当解除，乙方基于该合同约定而取得的使用甲方商标和字号的权利已丧失，因此甲方要求乙方停止使用甲方商标和字号的请求成立，法院也予以支持。

☞ 本案启示

重庆某保健公司与赵某特许经营纠纷案给我们的启示有二：

一是特许人违约时特许加盟费可否要求返还。特许加盟费是指特许人将特许经营权授予被特许人时所收取的一次性费用。依照国际及行业惯例，无论合同规定的经营期间是否届满，被特许人一般均无权要求特许人退还全部或部分加盟费，但因特许人有违约情形除外。本案中甲、乙双方约定合同签订后乙方一次性支付的甲方商标使用、特许经营、员工培训等权利金 45 万元。由于特许人甲方的违约行为影响了被特许人乙方的经营，所以特许加盟费可以适当扣除。

二是商业特许经营合同解除的谨慎运用。本案中甲、乙双方形成的商业特许经营法律关系及其营销模式，不仅被特许人需要大量的人力、物力、财力的投入，而且特许人也能够由此迅速占领市场份额、利用既有的资源增加自己的经济收益。本案中只是由于被特许人迟延缴纳特许费，特许人就执意解除该特许经营合同，无论对合同双方当事人还是社会资源的有效利用来说，都是一种浪费。因此在商业特许经营中，商业特许经营合同的解除制度需谨慎运用。

☞ 法条点击

《中华人民共和国合同法》

第九十三条　当事人协商一致，可以解除合同。

当事人可以约定一方解除合同的条件。解除合同的条件成就时，解除权人可以解除合同。

第一百零九条　当事人一方未支付价款或者报酬的，对方可以要求其支付价款或者报酬。

第一百一十四条 当事人可以约定一方违约时应当根据违约情况向对方支付一定数额的违约金，也可以约定因违约产生的损失赔偿额的计算方法。

约定的违约金低于造成的损失的，当事人可以请求人民法院或者仲裁机构予以增加；约定的违约金过分高于造成的损失的，当事人可以请求人民法院或者仲裁机构予以适当减少。

当事人就迟延履行约定违约金的，违约方支付违约金后，还应当履行债务。

《中华人民共和国民事诉讼法》

第一百二十八条 法庭辩论终结，应当依法作出判决。判决前能够调解的，还可以进行调解，调解不成的，应当及时判决。

案例29 被特许人与其表见代理人是否共同承担违约责任

刘某与某公司特许加盟合同纠纷仲裁案[①]

☞ 案情简介

仲裁申请人：刘某（甲方）

仲裁被申请人：某公司（乙方）

甲方与乙方于2004年4月12日签订了《特许经营加盟合同》，约定乙方许可甲方加盟乙方的连锁店，前三年的加盟费共10 000元、保证金20 000元，乙方为甲方提供铺底货物50 000元，合同期限为：从2005年4月12日到2008年4月11日止。合同还约定了仲裁条款。2005年4月5日由吴某签署门面租赁合同租用某市某花园2号小区19号商铺，月租金为1 700元。《特许加盟经营合同》签订后按乙方的要求由乙方对该铺面进行了装修。同时，甲方根据乙方的要求购置了两部空调机、风帘机等设备。根据乙方的结算，装修费为20 686元，附属设备、物料、用品等投入款项3 242.90元。2005年5月6日甲、乙双方签

① 本案例选自：百度“特许经营网”惠州仲裁委员会裁决书案号［2007］惠仲第×号.

署加盟投资结算表（5 万元模式），表明甲方投入费用 53 928. 90 元；乙方投入 108 261. 69 元。甲方与乙方均依合同约定，履行了各自的义务。

2006 年 1 月 27 日乙方以甲方要求退出加盟事业的名义，与甲方的加盟店员工吴某签署了《关于 A 住宅小区分店退出特许加盟事业的协议》。2006 年 2 月 5 日，乙方乘甲方不在铺面管理时，将甲方的全部物品搬离商店，拆毁商店的装修、招牌等物品。为此，甲方以乙方未经其同意，与甲方的店员串通，突然解除《特许加盟经营合同》，造成甲方商店装修损失 20 686 元，附属设备、物料、用品等投入款项 3 242. 90 元，以及因加盟乙方连锁店购置的货品和租房空置等巨大经营损失应该予以赔偿为由，2007 年 1 月提起仲裁申请，请求：（1）甲方与乙方于 2005 年 4 月 12 日签署的《特许加盟合同》有效；（2）乙方因违约退回甲方的加盟费 10 000 元、保证金 20 000 元，并支付从收款之日起至清款之日止按人民银行同期同类贷款利率计付利息（暂计止 2006 年 9 月 30 日为 1 000 元，此后利息另计）；（3）乙方因违约赔偿甲方经济损失共 23 928. 90 元，其中店面装修费 20 686 元，附属设备、物料、用品等投入款项 3 242. 90 元；（4）本案仲裁费用由乙方承担。

乙方收到上述材料及仲裁申请书副本和相关证据材料后，在提交答辩书的同时，提交了仲裁反请求书，要求确认吴某的行为构成表见代理，乙方作为善意第三人有理由相信吴某有权签订《退出协议》，甲方的仲裁请求应予驳回；甲方应当履行《退出协议》，向乙方返还大型机电设备、电脑软硬件系统、货架及开业首批铺货商品，否则应当按财物价值 107 761 元赔偿乙方的损失。

☞ 仲裁结果

根据《仲裁规则》第 80 条的规定，本案适用简易程序由 1 名仲裁员独任仲裁。因双方当事人在规定的期间未能就独任仲裁员的选定达成一致意见，依照《中华人民共和国仲裁法》和《仲裁规则》的规定，仲裁委员会主任指定张某为本案独任仲裁员。2007 年 12 月 12 日，由仲裁员张某组成独任仲裁庭审理本案。双方当事人均不申请仲裁员回避。仲裁庭组成后，审阅了本案材料，决定将仲裁本请求和仲裁反请求合并审理。

根据甲、乙双方提交的各项证据和庭审中双方的陈述、质证和辩论，仲裁庭认为：甲、乙双方于 2004 年 4 月 12 日签订的《特许经营加盟合同》，是双方协商、自愿达成的合法有效的合同，对甲、乙双方均有约束力。依据《中华人民共和国合同法》第 60 条、第 107 条之规定，仲裁庭裁决如下：（1）乙方应当在收到本裁决之日起 10 天内退还甲方保证金 20 000 元，并支付从 2006 年 2 月 6 日起至清款之日止按人民银行同期同类贷款利率计付的利息；（2）驳回甲方的其它仲裁请求；（3）驳回乙方的仲裁反请求；（4）甲方所交案件仲裁费人民币3 148元，由乙方承担50%，即1 547元。甲方承担50%，即1 547元。甲方已交的仲裁费不予退回，待本裁决执行时由乙方按本项承担的数额付给甲方。

仲裁反请求人乙方所交案件仲裁费人民币4 656元由其自行承担。本裁决为终局裁决，自作出之日起发生法律效力。

☞ 法理评析

本案中，甲、乙双方争议的焦点有三：一是吴某签署《关于A住宅小区分店退出特许加盟事业的协议》的行为是否构成表见代理；二是乙方是否应退回甲方的加盟费、保证金，补偿甲方的店面装修费、附属设备、物料、用品等投入的经济损失；三是乙方是否可以要求甲方返还大型机电设备、电脑软硬件系统、货架及开业首批铺货商品。

焦点一：综合本案的证据材料和庭审查明的事实，仲裁庭认为吴某签署的《关于A住宅小区分店退出特许加盟事业的协议》的行为构成表见代理，所产生的法律后果由甲方承担。理由有三：一是根据我国《合同法》第49条的规定及本案的证据，表明A住宅小区分店是在甲、乙双方签订《特许加盟合同》后，办理了《个体工商户营业执照》的经营实体；二是有关证据表明，2005年10月至12月间，有多张吴某签名的《[A便利] 门店配送单》，这说明A住宅小区分店的日常经营，尤其是临近吴某签署《关于A住宅小区分店退出特许加盟事业的协议》的时间里，甲方的加盟店是由吴某负责的；三是甲方向仲裁委员会提出的请求是赔偿损失而非继续履行《特许经营加盟合同》，因此退出加盟应是甲方的意愿，即使吴某作为甲方的雇员为无权代理人，也因与甲方之间的雇佣关系，构成认定表见代理的客观依据之一，进而认定吴某有权签订《退出协议》的辩称有可信度。

焦点二：关于乙方是否退回甲方交纳的加盟费、保证金，补偿甲方的店面装修费、附属设备、物料、用品等投入的经济损失，根据《特许经营加盟合同》第4章第2条第1项约定的“加盟费用于甲方接受并使用乙方知识产权、商标使用权等特许权的有偿支出。不论合同期满还是中途解约或者其他理由退出，加盟费均不退还”，及其《退出协议》第2条约定的“加盟费10 000元按特许加盟合同第4章第2条第1点规定给予全额扣除”，故仲裁庭对甲方要求退回加盟费10 000元的请求不予支持。根据《特许加盟合同》的约定，保证金作为合同签订后甲方与乙方之间发生债务及乙方忠实地执行加盟合同及相关制度的信誉担保，合同期满乙方无违反合同规定且还清所欠甲方全部贷款和债务，保证金全部退还给乙方（保证金不计利息）的约定，结合庭审中无争议的相关证据，仲裁庭对于甲方要求退回保证金20 000元的请求予以支持，对于甲方要求支付从收款之日起至清款之日止按人民银行同期同类贷款利率计付利息的请求予以部分支持，即从2006年2月6日起至清款之日止按人民银行同期同类贷款利率计付利息。对于甲方要求乙方补偿甲方的店面装修费、附属设备、物料、用品投入等项经济损失问题，依据《特许加盟合同》的相关规定，仲裁庭对甲方此项请求不予支持。

焦点三：对于乙方要求甲方返还其大型机电设备、电脑软硬件系统、货架及开业首批铺货商品问题，鉴于《退出协议》第1条约定双方同意于2006年2月5日上午9:00开始对该店的双方资产进行验收盘点并对卖场清场，依据乙方于2006年2月7日和8日制作的85份《[××便利] 门店返仓单》，从时间上恰好印证了甲、乙双方对甲方的资产已于2月5日进行验收盘点并对卖场清场完毕。卖场清场说明乙方收回了价值107 761元的大型机电设备、电脑软硬件系统、货架及开业首批铺货商品等。如果乙方没有收回价值107 761元的大型机电设备、电脑软硬件系统、货架及开业首批铺货商品等，直至甲方提出仲裁之时才匆忙提出仲裁反请求要求收回大型机电设备、电脑软硬件系统、货架及开业首批铺货商品，显然即不合常理，也不合甲方的仲裁理由。且乙方仅提供了能证明其在2005年5月6日投入了大型机电设备、电脑软硬件系统、货架及开业首批铺货商品等价值共计107 761.69元，而不能证明甲方没有返还这些物品，故仲裁庭结合采信的证据及庭审查明的事实，驳回乙方的仲裁反请求申请。

☞ 本案启示

刘某与某公司特许加盟合同纠纷仲裁案给我们的启示有二：

一是特许经营合同履行中被特许人与其表见代理人共同承担违约责任。本案中由于甲方在与乙方签订的《特许加盟合同》备注中表明吴某是加盟店经营场所的承租方，而且有关证据表明2005年10月至12月间，有多张吴某签名的甲方加盟店配送单，因而仲裁庭有理由认定甲方将A住宅小区分店的一些重大事项交由吴某处理，进而认定吴某有权签订《退出协议》，甲方须与其表见代理人共同承担违约责任。

二是明确加盟店经营管理中表见代理的构成要件。表见代理是指代理人没有代理权、超越代理权或者代理权终止后仍进行代理的行为，客观上相对人有正当理由相信或能推断出行为人有代理权的代理行为。本案中吴某作为甲方聘请的在甲方开设的A住宅小区分店担任营业员，尽管没有甲方明确的授权，但由于其掌管着甲方加盟店的公章、是甲方加盟店经营场所的承租方、有多张吴某签名的甲方店配送单，故根据为我国《民法通则》有关表见代理的构成要件，吴某应被认定为甲方的表见代理人。

☞ 法条点击

《中华人民共和国合同法》

第四十八条 行为人没有代理权、超越代理权或者代理权终止后以被代理人名义订立的合同，未经被代理人追认，对被代理人不发生效力，由行为人承担责任。

相对人可以催告被代理人在一个月内予以追认。被代理人未作表示的，视为拒绝追认。合同被追认之前，善意相对人有撤销的权利。撤销应当以通知的方式作出。

第四十九条 行为人没有代理权、超越代理权或者代理权终止后以被代理人名义订立合同，相对人有理由相信行为人有代理权的，该代理行为有效。

第六十条 当事人应当按照约定全面履行自己的义务。

当事人应当遵循诚实信用原则，根据合同的性质、目的和交易习惯履行通知、协助、保密等义务。

第一百零七条 当事人一方不履行合同义务或者履行合同义务不符合约定的，应当承担继续履行、采取补救措施或者赔偿损失等违约责任。

案例30 缴纳订金可否作为特许经营合同生效的要件

香港某服饰（实业）有限公司诉刘某特许代理合同纠纷案[①]

☞ 案情简介

原告： 香港某服饰（实业）有限公司（甲方）

---

① 本案例选自：广东省广州市中级人民法院民事判决书（2005）穗中法民三初字第58号.

被告：刘某（乙方）

2004年3月20日甲、乙双方签订的《贝笛馨妮服饰特许代理销售协议》（下称《特许代理销售协议》）约定：甲方授权乙方在辽宁省内为“贝迪馨妮”品牌独家代理商，并拓展开设“贝迪馨妮”服饰连锁专卖店和分销点，统一使用“贝迪馨妮”商标和商号及特有的装潢门面；乙方向甲方支付特许代理经营保证金5万元；合同期限1年，自2004年3月20日至2005年3月20日止；甲、乙双方的供货方式：每个季节换季前2个月内，甲方向乙方提供下一季产品明细表或者召开订货会，乙方可将订购的型号、颜色、数量等资料以季度订购明细单的形式发给甲方营销中心或参加订货会，并将季度订货总金额的30%作为订金汇到甲方指定的帐号；甲方于首批发货前按照季度订购明细单发出通知，乙方自接到发货通知后7天内不付款提货，视为乙方违约，原订金作为违约金赔偿给甲方；甲方每次供货给乙方遵循款到发货的原则，若乙方有拖欠货款情况，甲方将有停止供货的权利；乙方每次补货，应提前以传真形式发送到甲方的市场部，甲方负责在每次发货时免费把货物运费到乙方指定运输处，其他运输费由乙方自行承担；乙方季度进货量达到当季所订货品总额的70%后，订金可开始充抵相应的货款；甲方负责在每次发货时免费把货物运输到乙方指定运输处。双方有以下情形，可以解除协议，不需承担任何法律责任：乙方拖欠货款，经甲方催告后一周内不能归还。本协议一式两份，甲、乙双方各持一份，自双方签字，乙方交付代理经营保证金合计5万元人民币之日起生效。代理经营保证金将于协议期满，双方结算清一切款项后，由甲方无息一次性返还乙方。

合同签订后，乙方向甲方支付了代理经营保证金5万元，并向甲方下订单以订购夏季服装后，甲方履行了夏季订单。甲方在每次发货时均把货物运至广东省广州市站前路108号—122号的新大地宾馆。但在乙方向甲方发出秋季订单后，合同履行中双方发生争议。2004年11月16日，甲方委托广东源通律师事务所向乙方发出律师函，以乙方未完全履行秋季订货和未开始履行冬季订货之付款收货义务而要求解除双方所签订的《特许代理销售协议》。甲方以乙方不依约履行合同，诉请人民法院判令：（1）乙方向甲方支付秋季货款57 280元、滞纳金自乙方收货之日2004年9月30日起按银行同期贷款利率计至还清货款日止；（2）乙方向甲方赔偿其拒不付款提货所造成甲方的损失646 172元；（3）甲方所收取乙方之代理经营保证金5万元不予退还；（4）确认2004年11月16日甲方通知乙方解除《特许代理销售协议》的行为合法有效。

☞ 审理结果

法院经过甲、乙双方当事人的陈述、答辩、举证、质证，依照《中华人民共和国合同法》第60条第1款、第93条、第114条第1款、第126条第1款和《中华人民共和国民事诉讼法》第24条、第64条第1款的规定，判决如下：(1) 确认甲方香港某服饰（实业）有限公司于2004年11月16日通知乙方刘某解除《贝笛馨妮服饰特许代理销售协议》的行为合法有效；(2) 乙方刘某在本判决发生法律效力之日起10日内向甲方香港某服饰（实业）有限公司支付违约金193 851.60元；(3) 驳回甲方香港某服饰（实业）有限公司的其他诉讼请求。

本案案件受理费人民币12 545元，由甲方香港某服饰（实业）有限公司负担9 317元，由乙方刘某负担3 228元。

乙方刘某应负担的费用已由甲方香港某服饰（实业）有限公司预付，不作退回，由乙方刘某在履行本判决时迳付给甲方香港某服饰（实业）有限公司。

如不服本判决，甲方香港某服饰（实业）有限公司可在判决书送达之日起30日内，乙方刘某可在判决书送达之日起15日内，向法院递交上诉状，并按对方当事人的人数提出副本，上诉于广东省高级人民法院。

☞ 法理评析

由于本案中甲方为香港企业，本案应参照涉外案件处理。甲方和乙方没有就本案合同争议选择管辖法院，根据《中华人民共和国民事诉讼法》第24条的规定，因合同纠纷提起的诉讼，由乙方住所地或者合同履行地人民法院管辖。因本案合同履行地在广东省广州市，故广东省法院对本案享有管辖权。因甲方和乙方在庭审中均同意本案适用我国内地法律进行审理，法院确认中华人民共和国内地法律作为解决本案争议的准据法。

本案中，香港某服饰公司诉刘某特许代理合同纠纷的争议焦点主要有以下五个方面：一是乙方是否需要支付甲方秋季货款57 280元，滞纳金、贷款利率计至还清货款日止；二是乙方是否应向甲方赔偿其拒不付款提货所造成甲方的损失646 172元；三是甲方所收取乙方的代理经营保证金5万元是否应予退还；四是甲方通知乙方解除《特许代理销售协议》的行为是否合法有效；五是乙方的订货是否以必须缴纳订金才生效。

焦点一：甲方和乙方所签订的《特许代理销售协议》是当事人的真实意思表示，内容符合我国法律和行政法规的规定，应为有效。甲方为证明其向乙方发运了价值57 280元的秋季货物向法院提供了上述货物的秋季订单和货物运单，经审查，甲方所提供上述货物的秋季订单没有乙方的签名确认，并且乙方在庭审中也不予认可；另外，根据甲方所提供货物运单的保价来推算，货物价值仅为9 000余元，远远低于甲方诉请金额的57 280元，并且有些运单的品名为广告画和衣架，非衣物，故法院认为甲方提供的证据并不足以证明其已向乙方发运了价值57 280元的秋季货物，甲方要求乙方向甲方支付秋季货款57 280元及滞纳金的主张因缺乏事实根据，法院不予支持。

焦点二：根据甲方所提供的有乙方签名的2004年冬季订货单反映，乙方向甲方订购货物的总件数为7 450件，总金额为646 172元。现乙方未向甲方支付上述货款，显属违约，甲方要求乙方赔偿损失的主张有理，而依照《特许代理销售协议》关于违约金的约定，乙方应向甲方支付该季度订货总金额的30%即193 851.60元。甲方要求乙方向其赔偿拒不付款提货所造成损失646 172元的主张因没有合同依据，法院不予支持。

焦点三：甲方要求其所收取乙方之代理经营保证金5万元不予退还的主张，因依照《特许代理销售协议》关于“代理经营保证金5万元将于协议期满，双方结算清一切款项后，甲方无息一次性返还乙方”的约定，该代理经营保证金5万元并不具备甲方所述的违约金性质，故法院不予支持。

焦点四：甲方关于确认2004年11月16日其通知乙方解除《特许代理销售协议》的行为合法有效的主张，因乙方违约在先，甲方依照合同约定行使协议解除权有理，故法院予以支持。

焦点五：乙方以订货是必须缴纳订金才生效，事实上乙方没有向甲方支付任何的订金，所以该订货单没有必要履行进行抗辩，因双方当事人在《特许代理销售协议》中关于乙方支付订金的约定是乙方在上述合同成立生效后应履行之合同义务，双方并未作出关于订货是必须缴纳订金才生效的约定，乙方的上述抗辩因与合同的约定相悖，法院不予支持。

☞ 本案启示

香港某服饰公司诉刘某特许代理合同纠纷案给我们的启示有二：

一是缴纳订金可以作为特许经营合同生效的要件。本案中甲、乙双方支付保证金为《特许代理销售协议》的成立要件，而季节性订货合同的生效要件则是货款30%订金的支付。事实上乙方仅向甲方下了冬季商品的订单而没有支付订金，故甲方擅自作主履行冬季订单合同存在一定的过错，故法院以乙方缴纳订金为特许合同成立生效后应履行之合同义务、合同并未约定订货是必须缴纳订金才生效为由不支持乙方的抗辩，作出由乙方承担冬季货款 30% 的违约责任的裁决有违公正。本案中如果法院、乙方能够准确的解读并规范使用订金、保证金制度，就能够更好的保护当事人的合法权宜。

二是明晰并规范使用商业特许经营合同中有关订金、保证金、违约金制度。订金在法律上具有预付款的性质，是预付款的一部分，是当事人的一种支付手段，合同不履行只能如数返还，只有在特别约定的情形下才具有合同履行的担保性质，即可以作为违约金使用；特许经营合同中保证金仅具有担保合同履行的作用，本案中的保证金是指乙方只代理甲方特许商品的代理经营保证金，只要代理期间乙方没有违反约定代理其他品牌的商品，代理合同期满双方结算清一切款项后，甲方就应无息一次性返还乙方；违约金是合同当事人依法约定或由法律直接规定的，当合同当事人一方违约时补偿给守约方一定数额的货币，违约方支付违约金后还应当履行债务，具有补偿与惩罚的双重属性。故法院判决乙方支付一定数额违约金的同时，甲方应退还乙方缴纳的保证金 5 万元。

☞ 法条点击

《中华人民共和国合同法》

第六十条 当事人应当遵循诚实信用原则，根据合同的性质、目的和交易习惯履行通知、协助、保密等义务。

第九十三条 当事人协商一致，可以解除合同。当事人可以约定一方解除合同的条件。解除合同的条件成就时，解除权人可以解除合同。

第一百一十四条 当事人可以约定一方违约时应当根据违约情况向对方支付一定数额的违约金，也可以约定因违约产生的损失赔偿额的计算方法。

约定的违约金低于造成的损失的，当事人可以请求人民法院或者仲裁机构予以增加；约定的违约金过分高于造成的损失的，当事人可以请求人民法院或者仲裁机构予以适当减少。

当事人就迟延履行约定违约金的，违约方支付违约金后，还应当履行债务。

第一百二十六条 涉外合同的当事人可以选择处理合同争议所适用的法律，但法律另有规定的除外。涉外合同的当事人没有选择的，适用与合同有最密切联系的国家的法律。

在中华人民共和国境内履行的中外合资经营企业合同、中外合作经营企业合同、中外合作勘探开发自然资源合同，适用中华人民共和国法律。

《中华人民共和国民事诉讼法》

第二十四条　因合同纠纷提起的诉讼，由被告住所地或者合同履行地人民法院管辖

第六十四条　当事人对自己提出的主张，有责任提供证据。

当事人及其诉讼代理人因客观原因不能自行收集的证据，或者人民法院认为审理案件需要的证据，人民法院应当调查收集。

人民法院应当按照法定程序，全面地、客观地审查核实证据。

《商业特许经营管理办法》

第十四条　特许经营费是指被特许人为获得特许经营权所支付的费用，包括下列几种：

（一）加盟费：是指被特许人为获得特许经营权而向特许人支付的一次性费用；

（二）使用费：是指被特许人在使用特许经营权过程中按一定的标准或比例向特许人定期支付的费用；

（三）其他约定的费用：是指被特许人根据合同约定，获得特许人提供的相关货物供应或服务而向特许人支付的其他费用。

保证金是指为确保被特许者履行特许经营合同，特许人向被特许人收取的一定费用。合同到期后，保证金应退还被特许人。

特许经营双方当事人应当根据公平合理的原则商定特许经营费和保证金。

案例31　特许经营合同主体法律关系独立的重要性

上海某广告公司诉俞某特许经营合同纠纷案①

☞ 案情简介

原告：上海某广告公司（甲方）

① 本案例选自：上海市浦东新区人民法院民事判决书（2005）浦民二（商）再初字第1号.

被告：俞某（乙方）

2000年11月16日甲、乙双方订立《特许加盟经营协议书》，约定甲方授权乙方以甲方业务四部名义对外开展业务，经营期间为2000年11月1日至2003年10月31日。协议书还约定乙方应当向甲方缴纳每年4万元的特许经营使用费，自本协议签订后每季度支付1万元，付款日期为每年1月20日、4月20日、7月20日和10月20日；加盟后的法律责任由甲方出面承担，但乙方承诺仍由其以内部独立经营人的资格向甲方承担；甲方必须为乙方的人员培训、考察、参加专业活动提供帮助和管理；如任何一方违背协议中的任何一条款或作出损害对方利益的行为都视为违约，违约方应向守约方赔偿造成的实际损失及违约金，违约金为全年管理费的2倍等。甲、乙双方订立的《特许加盟经营协议书》合法、有效，双方均应恪守履行。

协议订立后，甲方按约履行。乙方拖欠甲方特许经营使用费，且在特许加盟期间以甲方业务四部和上海广集广告有限公司（以下简称广集公司）订立《5秒品牌广告合同》，要求广集公司为其发布广告。广集公司按约履行后，乙方拖欠其酬金45 600元。2002年6月25日，甲、乙双方签订《终止特许加盟协议》终止了2000年11月16日签订的合同。双方在签订的《终止特许加盟协议》中明确规定，《特许加盟协议》终止后乙方在特许加盟期间产生的债务、或有负债，由乙方自理。此时乙方尚欠甲方2001年第四季度及2002年上半年度特许经营使用费共计25 000元。之后在甲方业务四部拖欠广集公司广告酬金的纠纷中，甲方承担了给付广集公司上述酬金45 600元的义务。

由于乙方拖欠甲方2001年第四季度和2002年上半年度的特许经营使用费等款项拒不偿还，甲方将乙方诉至法院，要求：（1）乙方偿付其特许经营管理费15 000元；（2）乙方未按约支付25 000元的违约金8万元；（3）甲方替乙方给付广集公司的酬金45 600元。

法院依照《中华人民共和国民事诉讼法》第130条、《中华人民共和国合同法》第107条、《中华人民共和国民法通则》第106第2款之规定，判决：（1）乙方应于本判决生效之日起10日内偿付甲方损失49 314.97元；（2）乙方应于本判决生效之日起10日内给付甲方特许经营使用费15 000元；（3）乙方应于本判决生效之日起10日内偿付甲方违约金8万元。案件受理费4 396元，由乙方承担。如不服本判决，可在本判决书送达之日起15日内，向法院提交上诉状，并按对方当事人的人数提出副本，上诉于上海市第一中级人民法院。

乙方不服，提起上诉。

☞ 审理结果

二审法院根据甲、乙双方当事人的陈述、答辩、举证、质证，经过合议庭审理认为，原审法院第一、二项判决并无不当，应予维持。原审第三项判决的处理应予纠正。依据《中华人民共和国民事诉讼法》第179条第1款第4项、《中华人民共和国合同法》第107条、第114条之规定，二审法院判决如下：(1) 维持原审法院（2002）浦民二（商）初字第2407号民事判决的第一、二项；(2) 撤销原审法院（2002）浦民二（商）初字第2407号民事判决的第三项；(3) 乙方俞某应于本判决生效后10日内偿付甲方上海某广告公司违约金15 000元。

本案原审案件受理费4 396元，由甲方负担1 980元，乙方负担2 416元。

☞ 法理评析

本案中双方争议的焦点有三：一是乙方是否需要支付甲方25 000元的特许经营管理费；二是甲方是否有权向乙方追偿其代为支付的广告费；三是甲、乙双方约定的违约金数额是否妥当。

焦点一：甲、乙双方之间签订的《特许加盟经营协议书》并未违反法律强制性规定，应当确认有效，双方均应依约严格履行。之后签订的《终止特许加盟协议》亦系双方真实意思表示，该协议明确于2002年6月25日终止《特许加盟经营协议书》，故乙方应当支付截至该日的相应经营使用费。现甲方认为乙方结欠2001年第四季度和2002年上半年度的特许经营使用费共计25 000元，乙方对此不予认可，对付款的事实却又不能举证证明，故甲方的该项诉讼主张成立，现甲方仅主张15 000元，法院应予准许并支持。

焦点二：因甲、乙双方在签订的《终止特许加盟协议》中明确规定，《特许加盟协议》终止后，乙方在特许加盟期间产生的债务、或有负债，由乙方自理。既然双方在协议中约定了乙方加盟后产生的债务由乙方自理，故在其经营期间以甲方名义对外发生的债务，在甲方对外承担后，甲方有权向乙方追偿，甲方的第二项诉请亦应予支持。

焦点三：对于甲方主张的违约金，甲、乙双方的《特许经营协议书》虽已终止，但并不影响原合同中有关结算和清理条款的效力，故《特许加盟经营协议书》中约定的违约条款仍然有效。现乙方认为甲、乙双方约定的违约金明显过高，要求法院适当减免。对此，二审法院认为，乙方未按约支付特许使用费存在违约，而关于甲方对乙方在加盟期间所产生的债务的追偿和支付期限，双方本身并无约定期限，故不存在违约问题，由此可见乙方未按约支付的金额仅有

25 000 元，而要求其承担 8 万元的违约金明显过高，再审法院可酌情判处乙方承担 15 000 元的违约金。

☞ 本案启示

上海某广告公司诉俞某特许经营合同纠纷案给我们的启示有二：

一是特许经营合同主体之间的独立性有利于特许人合法权益的保护。我国有关商业特许经营管理的法律、法规表明，被特许人在获得特许人的授权、支付了相应的特许经营加盟费后，使用特许人的商标、企业名称设立的加盟店，是独立于特许人的经济组织体，即加盟店应是被特许人独自投资设立的经济组织体，与特许人只在经营管理中具有一定的指导、监督关系，不存在法律人格上的隶属关系。而就本案特许经营合同约定的内容看，甲方、乙方、甲方业务四部三者之间的法律关系属于形式上的独立而实质上的相对独立，即乙方利用特许资格经营的加盟店实质上是相对独立于特许人的分支机构，所以甲方必须承担乙方对外经营的一切风险。

二是特许经营合同主体之间的独立性有利于被特许人合法权益的保护。鉴于本案中特许人与被特许人法律主体关系的相对独立性，使得被特许人乙方在享有其相对独立性利益（甲方代其偿还广告公司的欠款）的同时，受到广集公司和甲方案件的影响，诉讼过程中甲方既不参加诉讼也不允许乙方参加诉讼，致使该案不能以实物抵债方式解决，而且遭受甲方要求乙方增交税金、对乙方要求开具发票不予提供方便等不利影响。另外，这种相对独立性还导致了在特许经营合同订立中有关特许使用费、违约金确定的显失公平性。因此，明晰并强调特许人与被特许人独立的法律人格关系，是确保特许经营合同内容公平合理的基础，有利于被特许人合法权益的维护。

☞ 法条点击

《中华人民共和国民法通则》

第一百零六条 公民、法人违反合同或者不履行其他义务的，应当承担民事责任。

公民、法人由于过错侵害国家的、集体的财产，侵害他人财产、人身的应当承担民事责任。

没有过错，但法律规定应当承担民事责任的，应当承担民事责任。

《中华人民共和国合同法》

第九十四条 有下列情形之一的，当事人可以解除合同：

（一）因不可抗力致使不能实现合同目的；

（二）在履行期限届满之前，当事人一方明确表示或者以自己的行为表明不履行主要债务；

（三）当事人一方迟延履行主要债务，经催告后在合理期限内仍未履行；

（四）当事人一方迟延履行债务或者有其他违约行为致使不能实现合同目的；

（五）法律规定的其他情形。

第九十七条 合同解除后，尚未履行的，终止履行；已经履行的，根据履行情况和合同性质，当事人可以要求恢复原状、采取其他补救措施、并有权要求赔偿损失。

第一百零七条 当事人一方不履行合同义务或者履行合同义务不符合约定的，应当承担继续履行、采取补救措施或者赔偿损失等违约责任。

第一百一十四条 当事人可以约定一方违约时应当根据违约情况向对方支付一定数额的违约金，也可以约定因违约产生的损失赔偿额的计算方法。

约定的违约金低于造成的损失的，当事人可以请求人民法院或者仲裁机构予以增加；约定的违约金过分高于造成的损失的，当事人可以请求人民法院或者仲裁机构予以适当减少。

当事人就迟延履行约定违约金的，违约方支付违约金后，还应当履行债务。

《中华人民共和国民事诉讼法》

第一百三十条 被告经传票传唤，无正当理由拒不到庭的，或者未经法庭许可中途退庭的，可以缺席判决。

第一百七十九条 当事人的申请符合下列情形之一的，人民法院应当再审：

（一）有新的证据，足以推翻原判决、裁定的；

（二）原判决、裁定认定的基本事实缺乏证据证明的；

（三）原判决、裁定认定事实的主要证据是伪造的；

（四）原判决、裁定认定事实的主要证据未经质证的；

（五）对审理案件需要的证据，当事人因客观原因不能自行收集，书面申请人民法院调查收集，人民法院未调查收集的；

（六）原判决、裁定适用法律确有错误的；

（七）违反法律规定，管辖错误的；

（八）审判组织的组成不合法或者依法应当回避的审判人员没有回避的；

（九）无诉讼行为能力人未经法定代理人代为诉讼或者应当参加诉讼的当事人，因不能归责于本人或者其诉讼代理人的事由，未参加诉讼的；

（十）违反法律规定，剥夺当事人辩论权利的；

（十一）未经传票传唤，缺席判决的；

（十二）原判决、裁定遗漏或者超出诉讼请求的；

（十三）据以作出原判决、裁定的法律文书被撤销或者变更的。

对违反法定程序可能影响案件正确判决、裁定的情形，或者审判人员在审理该案件时有贪污受贿，徇私舞弊，枉法裁判行为的，人民法院应当再审。

案例32 特许经营合同解除后违约金与特许使用费的竞合

佛山某房地产开发有限公司与广东某百货有限公司特许经营纠纷案[①]

☞ 案情简介

原告：广东某百货有限公司（甲方）

被告：佛山市某房地产开发有限公司（乙方）

2002年6月20日甲乙双方签订了一份《特许加盟经营协议书》，内容为：甲方许可乙方有偿使用其商场管理技术和经注册的企业名称、商标、专利、新型设计，甲方全面参与乙方的佛山市某商业广场的前期筹备开业及负责佛山天贸公司开业后的经营管理；甲方向乙方输出经营管理技术、特许经营加盟的佛山市内唯一的商场名称及地址；经营管理的期限5年，从佛山天贸公司正式对外开业之日起计算。甲方的责任和权利：派遣管理人员负责商场营运管理，允许乙方使用其商号名称、标识等，任何一方在协议生效两年后中途退出不履行协议的，违约方应向对方支付违约金50万元。若乙方在两年内退出不履行协议的，除处罚违约金

① 本案例选自：广东省高级人民法院民事判决书（2004）粤高法民三终字第321号.

50 万元外，乙方还应支付 120 万元“品牌费”给甲方，其他损失互不追究。

上述协议签订以后，甲方开始与乙方一道进行了佛山天贸公司的前期筹备工作，并开始输出其“天贸南大”的品牌及商场管理经验。2002 年 7 月 1 日，佛山天贸公司管理委员会正式成立，2002 年 8 月 13 日，原佛山某百货有限公司经工商部门正式核准变更企业名称为佛山天贸南大百货有限公司（简称“佛山天贸公司”），佛山天贸公司正式开业以后，甲方履行了自己的管理职责，制定了一系列关于佛山天贸公司的管理规范。关于乙方向甲方支付从筹建至开业期间的顾问费 90 万元问题，在庭审中双方确认乙方已向甲方支付了 70 万元顾问费，故顾问费余款为 20 万元。

佛山天贸公司的实际经营情况并不理想，从 2002 年 10 月份起就开始拖欠供应商的货款。2003 年 8 月以来佛山天贸公司处于严重亏损状态，并且拖欠甲方 2003 年的品牌使用费 415 000 元、经营管理费 114 602.76 元。2003 年 9 月 27 日，甲方委托同信公司拆除了丽园商业广场的“天贸南大”招牌。2003 年 10 月 16 日，乙方向甲方发出通知称：佛山天贸公司无法正常运作的原因是经营亏损，是甲方在开业前后的策划、招商、管理欠佳所致；甲方单方拆除“天贸南大”招牌等行为违约；因此通知甲方解除双方签订的《特许加盟经营协议书》。甲方随即将乙方诉至法院，要求判令：（1）解除甲乙双方签订的特许加盟经营协议；（2）乙方向甲方支付顾问费 200 000 元；（3）乙方向甲方支付品牌使用费 415 000 元；（4）乙方向甲方支付经营管理费 114 602.76 元；（5）乙方向甲方支付违约金 500 000 元及因违约所需支付的品牌费 1 200 000 元；（6）诉讼费用由乙方负担。

法院判决解除合同后，乙方不服广东省佛山市中级人民法院（2004）佛中法民三初字第 165 号民事判决，向法院提起上诉。

☞ 审理结果

依照《中华人民共和国合同法》第 44 条、第 60 条、第 65 条、第 113 条、第 114 条的规定，一审法院判决如下：（1）确认甲方与乙方之间签订的《特许加盟经营协议书》于 2003 年 10 月 16 日已经解除；（2）乙方应于本判决生效之日起 10 日内向甲方支付顾问费 20 万元；（3）乙方应于本判决生效之日起 10 日内向甲方支付品牌使用费 415 000 元；（4）乙方应于本判决生效之日起 10 日内向甲方支付经营管理费 114 602.76 元；（5）乙方应于本判决生效之日起 10 日内向甲方支付违约金 50 万元及因违约所需支付的品牌费 120 万元；（6）驳回甲方的其他诉讼请求。案件受理费 25 158 元，由甲方负担 5 158 元，乙方负担 2

万元。

宣判后，乙方不服判决向本院提起上诉，认为拖欠甲方顾问费、品牌使用费、经营管理费根本原因是经营严重亏损，负有管理经营责任的双方应公平分担责任。甲方作为受委托经营管理人应当承担相应责任。故应当免除该公司“欠交”甲方的顾问费20万元，品牌使用费41.5万元及经营管理费114 602.76元。被上诉人甲方认为佛山天贸公司经营亏损的商业风险按协议应当由乙方承担，甲方不承担任何责任。原判判决上诉人支付甲方违约金50万元及品牌费120万元是依据协议约定的，是合理合法的。

二审法院经审理查明，原审法院认定案件事实清楚无误，本院予以确认。

☞ 法理评析

甲乙双方之间签订的《特许加盟经营协议书》是双方真实的意思表示，且不违反有关法律和行政法规的禁止性规定，合法有效，双方当事人均应当遵守合同约定的义务。根据协议书关于90万元顾问费的约定，乙方应在商场正式开业后7个工作日内支付完毕，但乙方至今只向甲方支付了70万元顾问费，尚欠20万元顾问费，其应当立即支付给甲方20万元顾问费。关于上述《特许加盟经营协议书》的履行问题。甲方已经按照合同的约定输出了其“天贸南大”的品牌及商场管理经验，建立了商场运作机制，并且派出管理人员，履行了合同义务。虽然甲方在2002年10月22日更换了其派出的总经理人选，但至双方终止合作及甲方起诉前乙方均未向甲方就此人员更换问题提出异议。在之后的佛山天贸公司管理委员会会议上，卢某作为佛山天贸公司的总经理发挥了自己的管理作用，并且乙方并不能举证说明上述人员的变更是导致佛山天贸公司经营亏损的原因。此外，乙方关于甲方作为商业顾问没有发挥应有作用的陈述缺乏依据，合同也没有约定甲方的管理服务能保证佛山天贸公司盈利。因此，法院对乙方提出的关于甲方违约的主张不予支持。

根据佛山天贸公司于2003年9月12日作出的该司2003年8月份财务状况说明书表明，佛山天贸公司拖欠甲方2003年4~8月的品牌使用费415 000元、2003年2~8月的经营管理费114 602.76元，而且根据甲方与乙方签订的《特许加盟经营协议书》约定，“乙方需确保佛山天贸公司按时向甲方缴付的品牌费及经营管理费，延期10天按0.5%计算滞纳金，两个月欠缴视为乙方单方面违约，甲方有权终止协议，撤回派出人员并保留向乙方追索的权利”。上述合同关于乙方的付款义务约定明确，并且根据《中华人民共和国合同法》第65条的规定，法院对乙方关于本案债务应由佛山天贸公司独立承担的主张不予支持。乙方拖欠上述品牌使用费415 000元、经营管理费114 602.76元的事实清楚，构成违约。在乙方拖欠上述品牌使用费和经营管理费的情况下，甲方有权单方面解除合同。事实上，2003年9月27日，甲方委托同信公司拆除了丽园商业广场的“天贸南大”招牌；2003年10月16日，乙方又向甲方发出解除合同的通知。当事人的这些行为表明，双方对解除合同没有异议（只是对违约责任的承担有不同看法），并且在2003年10月份已经事实上解除了双方之间签订的《特许加盟经营协议书》。法院对上述合同的解除予以确认，至于该合同的解除，并不影响违约责任的承担。

乙方拖欠品牌使用费、经营管理费以及顾问费的事实清楚，应当依照合同约定承担相应的违约责任。根据《特许加盟经营协议书》关于违约责任的约定：若乙方在两年内退出不履行协议的，除处罚违约金50万元外，乙方还应支付120万元“品牌费”给甲方，其他损失互不追究。这是当事人关于违约责任的具体约定，并没有违反法律的禁止性规定，并且从合同关于品牌使用费和管理费的价值约定和甲方的预期利润来看也无显失公平。至于甲方要求的其他损失60万元，因上述合同中约定“其他损失互不追究”，并且甲方称这是乙方在合作终止后继续使用其品牌的费用也没有依据，故法院对该60万元的主张不予支持。

☞ 本案启示

佛山某房地产公司与广东某百货公司特许经营纠纷案的启示有二：

一是特许经营合同解除后违约金与特许使用费的竞合。特许经营合同当事人约定的违约金是以对守约方的补偿性为主、对违约方的惩罚为辅，违约金的数量与比例确定应遵循违约金数额与违约造成的损失大体相当的原则。特许使用费是被特许人由于使用特许人享有的特许经营权利而应支付的品牌使用费、特许经营管理、指导费、员工培训费等。参照实践中同时约定定金与违约金的，赔偿时只能在定金和违约金之间选择其一适用的司法惯例，本案特许加盟协议中有关乙方在两年内退出不履行协议的，除处罚违约金50万元外还应支付120万元品牌费给甲方的约定存在竞合，即被特许人退出、不履行协议时，特许人要求赔偿时只能在违约金与特许使用费之间选择其一。

二是注重特许经营合同权利、义务、责任约定的合理性。由于商业特许经营中特许人在特许经营合同订立中的主导性地位，有关特许人与被特许人权利、义务、责任的约定必须注重二者的对等、公平、合理性。本案中乙方在甲方派员管理佛山天贸公司期间持续亏损、导致停业，特许经营合同目的无法达到、继续履行合同没有意义的情况下，不仅要承受商业经营带来的风险、损失，而且还要为终止合同付出巨额的违约金、惩罚性品牌使用费。如果乙方意识到签订合同时双方权利、义务、责任约定的显失公平，完全可以在1年内向法院请求变更或撤销该合同，以更好的维护自己的合法权益。事实上被特许人放弃行使该权利后又反悔于法无据，最终导致请求免除违约金50万元及品牌费120万元的上诉请求不能成立。

☞ 法条点击

《中华人民共和国合同法》

第四十四条 依法成立的合同，自成立时生效。

法律、行政法规规定应当办理批准、登记等手续生效的，依照其规定。

第六十条 当事人应当按照约定全面履行自己的义务。

当事人应当遵循诚实信用原则，根据合同的性质、目的和交易习惯履行通知、协助、保密等义务。

第六十五条 当事人约定由第三人向债权人履行债务的，第三人不履行债务或者履行债务不符合约定，债务人应当向债权人承担违约责任。

第一百一十三条 当事人一方不履行合同义务或者履行合同义务不符合约定，给对方造成损失的，损失赔偿额应当相当于因违约所造成的损失，包括合同履行后可以获得的利益，但不得超过违反合同一方订立合同时预见到或者应当预见到的因违反合同可能造成的损失。

经营者对消费者提供商品或者服务有欺诈行为的，依照《中华人民共和国消费者权益保护法》的规定承担损害赔偿责任。

第一百一十四条 当事人可以约定一方违约时应当根据违约情况向对方支付一定数额的违约金，也可以约定因违约产生的损失赔偿额的计算方法。

约定的违约金低于造成的损失的，当事人可以请求人民法院或者仲裁机构予以增加；约定的违约金过分高于造成的损失的，当事人可以请求人民法院或者仲裁机构予以适当减少。

当事人就迟延履行约定违约金的，违约方支付违约金后，还应当履行债务。

案例33　被特许人违约时特许保证金可否被没收

避风塘公司诉唐某特许经营合同纠纷案[①]

☞ 案情简介

原告： 避风塘公司（甲方）

被告： 唐某（乙方）

2003年，避风塘公司与唐某订立特许加盟合同，约定：避风塘公司向唐某授予"避风塘茶楼"特许经营权、传授加盟店知识等，期限为5年，唐某应支付加盟费15万元（无论何种情况均不退还），特许保证金10万元（非定金性质，在唐某违约等情况下避风塘公司有权没收），并按月支付特许使用费、特许广告费等。合同还约定如一方违约另一方可解除合同，违约金为30万元，唐某以该特许加盟合同参与设立的公司对唐某的上述义务承担连带责任。合同签订后，唐某缴纳了加盟费15万元及保证金3万元。唐某与他人共同出资设立了海通餐饮公司，由海通餐饮公司作为经营"避风塘茶楼"加盟店的载体。之后，因唐某长期拖欠特许使用费和特许广告费等，避风塘公司经催讨未果于2004年提起诉讼，要求判令：（1）解除特许加盟合同；（2）唐某支付特许广告费、特许使用费4 171.28元、违约金30万元、特许保证金3万元；（3）唐某设立的海通餐饮公司承担连带责任。

唐某反诉称因避风塘公司未履行员工培训、广告制作等合同义务，要求继续履行合同，并由避风塘公司承担违约责任。同时，唐某认为特许加盟合同中违约金过高，请求法院予以调整。海通餐饮公司同意唐某的意见，并对承担连带责任没有异议。

☞ 审理结果

原审法院经审理后认为：甲方已依约履行了相关义务，乙方拖欠相关费用的

① 本案例选自：上海市第二中级人民法院（2004）沪二中民三（商）终字第394号民事判决书．

违约行为已构成合同解除条件，甲方有权解除合同，解除合同后应对该合同的后果一并进行处理。遂判决解除双方的特许加盟合同，乙方支付甲方特许广告费、特许使用费 4 171.28 元及违约金 15 万元，乙方设立的海通餐饮公司承担连带责任；甲方返还乙方特许加盟费 12 万元、特许保证金 3 万元。甲方不服，提起上诉称其不应返还加盟费及保证金、乙方应全额支付违约金等。

二审法院经审理后认为：特许加盟费是被特许人为获得特许经营权而向特许人支付的一次性费用，系争合同中关于该费用不予退还的条款符合该费用的性质及行业惯例，且合同系因乙方违约致解除，故加盟费不应退还。综合本案实际履行情况，因甲方未能提供证据证明其具体损失，原审判决的违约金显属过高，应酌情减少。系争保证金不具有定金性质，应予退还。遂改判撤销原审判决主文中关于甲方退还乙方 12 万元加盟费的条款，同时变更乙方支付违约金金额 15 万元为 3 万元。

☞ 法理评析

本案争议的焦点有三：一是特许加盟费是否应退还；二是特许保证金是否应退还；三是违约金应如何确定。

焦点一：加盟费是在特许经营合同签订后，由被特许人为获得特许经营权而向特许人支付的一次性费用。然而被特许人取得特许经营权并不意味着经营活动就能顺利展开并取得成功，经营者必须依靠特许人提供相关的培训和支持，被特许人才能顺利、成功经营。从加盟者的角度来讲交纳加盟费只是特许经营的第一步，加盟者还必须以自有资金对业务进行实质性投资，并在经营过程中与特许人持续合作，才可能实现预期收益，达到加盟的目的。在特许经营中，加盟者支付的费用除加盟费外还应包括特许经营管理费，即在使用特许经营权过程中按一定的标准或比例向特许人定期支付的指导、监督、培训费用。市场经济中商业风险随时存在，而特许经营具有低风险低成本扩张、迅速广泛占领市场的特点，加盟者正是通过交纳加盟费获得特许经营资格，从而降低经营风险。加盟者交纳该费用后即可直接享受他人成功的经营模式，大大降低创业风险。因此，在合同开始履行后，如果双方在合同中没有约定中途解除时的处理原则，而特许方又切实履行了收取加盟费所应承担的义务，将特许权授予了加盟者，那么，即使中途解约加盟费也不存在退还问题。本案中一审法院已查明因乙方违约而构成甲方解除合同的条件，既然甲方对于合同的解除没有任何过错，甲方按约收取加盟费，并在解除合同时不予返还加盟费并无不当，二审法院予以改判是正确的。需要强调的是我们不能割裂实际情况孤立地认识合同条款，本案双方关于加盟费的约定，在特许人未履行相关义务而导致合同解除时，如特许人的特许经营权本身有瑕疵、特许人未协助加盟者正常开业等，就可能因为显失公平而被退还。

焦点二：关于特许经营中的保证金，是由被特许人向特许人缴纳的为确保特许经营合同履行的担保费用，合同到期后保证金应退还被特许人。保证金与定金的区别在于不能适用定金罚则，即一方违约时另一方不能扣除或要求双倍返还保证金。本案中，虽然双方约定乙方违约时，甲方可以没收保证金，但同时明确该保证金不具有定金性质，且甲方可将保证金用于抵充乙方拖欠的债务，因此合同中特许保证金的实质是一种以金钱作为质押标的的担保形式，双方关于保证金不具有定金性质的约定，系真实意思表示，按照《最高人民法院关于适用〈中华人民共和国担保法〉若干问题的解释》第 118 条的规定，对于乙方交付的特许保证金甲方不得主张定金权利，即甲乙双方有关不予退还保证金的约定与请求无法律依据，甲方只能主张以保证金抵扣乙方应支付的债务或违约金。

焦点三：本案中双方约定违约方应向守约方支付相当于加盟费两倍的违约金即 30 万元。因甲方起诉时乙方仅经营数月，对甲方造成的损失有限，故法院对乙方减少违约金数额的请求予以考虑。一审判决中将甲方的损失确定为其在乙方未来经营期间可向乙方收取的特许广告费、特许使用费以及特许加盟费，按合同约定前两项费用的损失需根据营业额计算，现因乙方违约而不能确定而只能酌情判断。由于甲方部分返还的加盟费构成其损失，故一审判决乙方偿付违约金 15 万元；二审法院根据合同解除后赔偿的范围不应包括可得利益的损失，基于合同解除的效力是使合同恢复到订立之前的状态，而可得利益只有在合同完全履行时才可能产生，既然甲方选择了解除合同，故不应得到在合同完全履行情况下所应得的利益。由于甲方无需返还乙方特许加盟费，故最终判决乙方支付甲方违约金 3 万元。从结论看二审确认了不必返还加盟费、减少了双方实际抵扣的金额与一审是一样的，但二审法院对特许经营合同法律关系及其特许经营合同的法律特征把握的较为准确。

☞ 本案启示

避风塘公司诉唐某等特许经营合同纠纷案给我们的启示有二：

一是被特许人违约时特许保证金可否被没收。特许保证金是指被特许人向特许人缴纳的为确保特许经营合同履行的担保费用，其实质是一种以金钱作为质押标的的担保形式，合同到期后保证金应退还被特许人。我国《合同法》规定给付定金的一方不履行约定债务的无权要求返还定金，收受定金的一方不履行约定债务的应当双倍返还定金，即定金是指合同一方当事人预先向对方交纳一定数额的货币，以保证双方当事人签订合同的履行；定金具有惩罚的属性。本案中虽然双方约定乙方违约时甲方可以没收保证金，但同时又明确该保证金不具有定金性质，因此乙方违约时甲方不能扣除乙方缴纳的保证金，只能请求将保证金用于充抵乙方拖欠的债务或支付相应的违约金。

二是乙方是否应与海通餐饮公司承担连带责任。本案中双方当事人约定，乙方以该特许加盟合同参与设立的海通餐饮公司对乙方的特许经营债务承担连带责任。海通餐饮公司作为乙方与他人共同出资设立的“避风塘茶楼”加盟店与乙方是公司与股东之间的法律关系，二者分别具有独立的法律人格，如果海通餐饮公司不是一人公司且不具备适用公司人格否认制度的条件，甲乙双方有关乙方应与海通餐饮公司承担连带责任的约定是无效的，即海通餐饮公司不能够与乙方就乙方的债务承担连带责任。

☞ 法条点击

《商业特许经营管理办法（试行）》

第十四条 特许者可向被特许者收取下列费用：

加盟费：特许者将特许经营权授予被特许者时所收取的一次性费用。

使用费：被特许者在使用特许经营权过程中按一定的标准或比例向特许者定期支付的费用。

保证金：为确保被特许者履行特许经营合同，特许者可要求被特许者交付一定的保证金，合同到期后保证金应退还被特许者。

其他费用：特许者根据特许经营合同为被特许者提供相关服务向被特许者收取的费用。

前款所要收取的费用种类及金额，双方可根据实际情况在特许合同中进行约定。

《最高人民法院关于适用〈中华人民共和国担保法〉若干问题的解释》

第一百一十八条 当事人交付留置金、担保金、保证金、订约金、押金或者订金等，但没有约定定金性质的，当事人主张定金权利的，人民法院不予支持。

案例34　特许经营广告的虚假宣传是否等同于合同欺诈

徐某与北京某科技有限公司特许经营合同纠纷案①

☞ 案情简介

原告： 徐某（甲方）

被告： 北京某科技有限公司（乙方）

2007年9月16日甲、乙双方签订特许经营合同，约定乙方授权甲方在广东省广州市代理“HUTTON”玻璃贴膜产品及服务；甲方向乙方取得辉腾贴膜代理权须一次性向乙方缴纳代理费40 000元及合同履约金40 000元；乙方向甲方一次性送价值人民币5 200元开业赠品，且乙方一次性向甲方免费送市场价辉腾贴膜工程耗材99 000元；合同有效期为2007年9月16日至2008年9月15日。同日甲、乙双方签订补充协议，约定甲方有优先升级广东省级代理的权力。2007年9月14日和22日，甲方按约定向乙方交纳80 000元。2007年9月，辉腾国际（美国）企业集团（以下简称辉腾美国）与乙方共同向甲方颁发授权书，称辉腾品牌及标识属辉腾美国全权所有。同月，辉腾美国与乙方共同向甲方颁发开店资格证。乙方赠送给徐某5 200元开业赠品，并向甲方免费送市场价值人民币29 000元的辉腾贴膜工程耗材。2007年11月26日及2008年3月30日，甲方向乙方购买产品，共支付给乙方货款921元。

在特许合同签订后的履行过程中，甲方经调查发现乙方不符合我国《商业特许经营管理条例》中从事特许经营的资格条件，而且乙方对所谓的辉腾国际企业集团的注册时间、商业实力、进入中国时间、品牌、质量等作出虚假陈述，且乙方的产品是三无产品。于是，甲方根据我国《商业特许经营管理条例》、《合同法》的有关规定诉至法院，要求：（1）撤销甲、乙双方于2007年9月16日签订的特许经营合同；（2）乙方退还品牌代理费40 000元、履约金40 000

① 本案例选摘自：北京市丰台区人民法院民事判决书（2008）丰民初字第15161号．

元、进货款 930.3 元，合计 80 930.3 元；（3）乙方赔偿各项损失 128 306.8 元；（4）本案诉讼费由乙方承担。

☞ 审理结果

法院经审理查明，甲乙双方签订的合同符合商业特许经营合同的特征，其性质应为特许经营合同。鉴于乙方在招商过程中所称美国辉腾集团的成立时间、公司业绩及影响力、HUTTON 辉腾及图形商标的权属等与真实情况严重不符，根据我国《商业特许经营管理条例》及《中华人民共和国合同法》第 54 条第 2 款、第 58 条之规定，判决如下：（1）撤销甲、乙双方于 2007 年 9 月 16 日签订的特许经营合同；（2）乙方于本判决生效后 10 日内返还甲方品牌代理费 4 万元、履约金 4 万元，共计 8 万元；（3）驳回甲方的其他诉讼请求。

如果未按本判决指定的期间履行给付金钱义务，应当依照《中华人民共和国民事诉讼法》第 229 条之规定，加倍支付迟延履行期间的债务利息。

案件受理费 4 439 元由乙方负担（于本判决生效后 7 日内交纳）。

如不服本判决，可在判决书送达之日起 15 日内，向法院递交上诉状，并按对方当事人的人数提出副本，交纳上诉案件受理费，上诉于北京市第二中级人民法院。如在上诉期满后 7 日内未交纳上诉案件受理费的，按自动撤回上诉处理。

庭审中甲方主动放弃要求乙方返还货款 930.3 元的诉讼请求。

☞ 法理评析

经审理查明：乙方于 2007 年 6 月 18 日申请注册“辉腾”文字、“HUTTON”及图形商标。2007 年 6 月 29 日美国辉腾集团委托乙方负责建筑粘合膜产品系列在中国的销售，有权管理经营建筑玻璃膜，负责建筑玻璃膜产品系列在中国的销售、施工、技术支持服务以及其他相关工作。委托有效期为 15 年。后乙方对外宣传中声称：“作为早在 1999 年第一个进入中国市场的国外化工知名品牌，辉腾在中国开展业务迄今已满八年，八年来辉腾凭借着先进的技术和专业的品质，已经成为中国优质新型玻璃贴膜推广以及服务领域的佼佼者。美国辉腾国际企业集团，全球新型建材知名企业，在全球范围内享有极高的声誉和口碑，一跃成为世界三大玻璃功能膜核心制造厂商，是目前全球玻璃贴膜服务行业最具规模的佼佼者。美国辉腾国际企业集团作为 IWFA 国际窗膜协会主要会员，其辉腾系列玻璃功能膜产量及销量占据着全球玻璃贴膜年总产量42%的份额。经过几十年国际化市场的探索与发展，美国辉腾目前在全球范围内建立了连接各大洲的营销网络，与众多国际大型企业和机构结成紧密型合作伙伴关系，产品行销美洲、欧洲、亚洲等数十个发达国家，并为包括中国在内的多个发展中国家和地区提供全系列优质玻璃膜产品和一流施工服务。2005年为响应中国节能政策号召，辉腾国际依托前期在中国建立的业务网络，经过周详的市场调研，特授权乙方全面接手美国辉腾国际企业集团在中国及东南亚的业务，掌管辉腾系列玻璃膜产品在中国及周边地区宣传推广及业务扩张"等。

针对庭审中乙方辩称的"乙方具备从事特许经营活动的资格、乙方产品存在质量问题不能导致合同撤销且乙方已经给予甲方17 013元的返利，履行了合同义务。乙方在广告中的虚假宣传属于要约邀请、没有形成合同条款，与欺诈、胁迫手段或者乘人之危使对方在违背真实意思的情况下订立合同有本质的区别，请法院驳回甲方全部诉讼请求"，法院认为：本案中乙方在宣传过程中称美国辉腾集团的成立时间、公司业绩及影响力等与真实情况严重不符；"辉腾"文字、HUTTON辉腾及图形商标系乙方申请的商标，但在授权书中却称辉腾品牌及标识属辉腾美国全权拥有，且授权书、开店资格证中的辉腾美国与某公司提供的授权委托书中美国辉腾集团的中文名称不一致。甲方受乙方上述虚假陈述的影响，与乙方签订了合同。据此法院认定乙方以欺诈的手段，使甲方在违背真实意思的情况下与其订立合同。甲方作为受损方有权请求法院撤销该合同，故甲方请求撤销乙方于2007年9月16日签订的合同的诉讼请求，法院予以支持。

合同被撤销后，因该合同取得的财产，应当予以返还，故甲方请求乙方退还其品牌代理费40 000元及履约金40 000元的诉讼请求，法院予以支持。关于乙方按照合同约定赠送给甲方的开业赠品、免费送辉腾贴膜工程耗材及返利，乙方未向本院提出相关主张，故法院在本案中不作处理。甲方要求乙方赔偿其损失128 306.8元，其提出的相应证据在真实性及关联性方面存在瑕疵，法院无法认定，故对该项诉讼请求不予支持。

☞ 本案启示

一是招揽商业特许经营业务广告中的虚假宣传是否等同于合同欺诈。针对商业特许经营中特许人与被特许人法律地位、经济能力、信息资源的不对等性，在特许经营合同缔结前或履行过程中，特许人广告宣传与披露信息资料的具体内容不同，其对被特许人订立合同的意愿的影响力不同，广告宣传与披露信息资料在合同订立中的性质、效力各异。《商业特许经营管理条例》规定特许人隐瞒有关信息或者提供虚假信息的，被特许人可以解除特许经营合同。由此可见，招揽商业特许经营业务广告中的虚假宣传不能等同于合同欺诈，应适用合同解除制度。

二是被特许人缴纳的加盟费是否应当全额退还。加盟费是指特许人将特许经营权授予被特许人时所收取的一次性费用。加盟费是被特许人成为特许人所构建的特许经营体系成员而必须缴纳的一次性入门费用，依照国际及行业惯例，无论合同规定的经营时间是否届满，被特许人一般均无权要求特许人退还全部或部分加盟费，但因特许人有违约情形除外。本案中鉴于乙方未能提供合格的产品以及进行虚假信息的提供，法院判定乙方全额退还。

☞ 法条点击

《中华人民共和国合同法》

第五十四条 下列合同，当事人一方有权请求人民法院或者仲裁机构变更或者撤销：

（一）因重大误解订立的；

（二）在订立合同时显失公平的。

一方以欺诈、胁迫的手段或者乘人之危，使对方在违背真实意思的情况下订立的合同，受损害方有权请求人民法院或者仲裁机构变更或者撤销。

当事人请求变更的，人民法院或者仲裁机构不得撤销。

第五十八条 合同无效或者被撤销后，因该合同取得的财产，应当予以返还；不能返还或者没有必要返还的，应当折价补偿。有过错的一方应当赔偿对方因此所受到的损失，双方都有过错的，应当各自承担相应的责任。

《商业特许经营管理条例》

第二十三条 特许人向被特许人提供的信息应当真实、准确、完整，不得隐瞒有关信息，或者提供虚假信息。

特许人向被特许人提供的信息发生重大变更的，应当及时通知被特许人。

特许人隐瞒有关信息或者提供虚假信息的，被特许人可以解除特许经营合同。

案例35　特许经营合同撤销后过错方的赔偿额如何确定

北京某咨询服务有限责任公司与北京某眼镜连锁服务有限公司特许经营纠纷案①

☞ 案情简介

甲方：北京市某咨询服务有限责任公司（甲方）

乙方：北京某眼镜连锁服务有限公司（乙方）

2007年2月6日甲、乙双方签订了《加盟协议》约定，乙方以书面方式授权甲方使用的大场面评价眼镜直通车特许经营权，包括商号、标签、商标、招牌和服务标识等的使用权。乙方向甲方提供大场面品牌的授权铜牌、经营证书、工号胸卡、销售宣传招贴画、全套CI形象设计、广告VCD光盘和店铺管理系列手册。乙方授权甲方在北京市丰台区方庄行使特许经营权。甲方向乙方支付履约保证金10万元，支付管理费每年1万元。甲方交纳的履约保证金、年度管理费及首批货款以现金或转账方式一次付清。合同中履约保证金为甲方保证善意使用乙方授予经营权的合同保证金。合同期限从2007年2月4日到2009年2月5日止。甲方每月从乙方处购买货品的总金额不得低于1万元。甲方累计进货总额达到120万元，乙方全额返还履约保证金10万元，20万元为一结算单位分期返还。合同签订后，甲方向乙方交纳履约保证金10万元，管理费1万元。

加盟协议履行过程中甲方向乙方支付货款548 408元，其中：33 332元为履约保证金，其余的用于向乙方购买货物及设备。之后在加盟协议的履行过程中甲方得知乙方不具有授权其使用商标、商号、经营模式等经营资源的资格，在特许商标未经注册、不具备从事特许经营法定资格的情况下私自开展特许加盟，而且虚构经营规模优势、谎称形成了品牌联合舰队，违反商业特许经营的信息披露义务，引诱甲方对其产生错误认识签订加盟合同、交纳特许经营费并导致重大损失，故诉至法院，要求：（1）判令撤销双方签订的《大场面连锁加盟协议》；

① 本案例选自：北京市海淀区人民法院民事判决书（2008）海民初字第4675号。

(2) 判令乙方退还履约保证金 77 000 元；(3) 收回甲方库存货品并返还购货款。

为证明乙方存在股东构成、品牌舰队虚假宣传的缔约欺诈行为，甲方向法庭提交一份工商查询信息以证明乙方的股东只有张某、黄某二人，提交一份乙方平价眼镜直通车的宣传手册，证明其有关股东包括国内数十家品牌眼镜生产商和国际品牌中国总代理，通过品牌与渠道资源共享，形成一个品牌联合舰队的广告宣传内容为虚假信息。

☞ 审理结果

法院经过审理查明：乙方在公司股东构成、平价经营、品牌渠道资源共享问题对甲方进行了虚假宣传，乙方如此行为的目的是强化自己的特许经营优势，诱使甲方签订加盟协议。因此，根据我国《商业特许经营管理条例》第 23 条、《中华人民共和国合同法》54 条第 2 款、第 58 条之规定，法院判决如下：(1) 撤销甲、乙双方签订的加盟协议；(2) 甲方返还乙方履约保证金 66 668 元；(3) 甲方于本判决生效之日起 10 日内返还乙方全部剩余货物，乙方返还相应价值货款；(4) 驳回甲方其他诉讼请求。

如果未按本判决指定的期间履行给付金钱义务，应当依照《中华人民共和国民事诉讼法》第 229 条之规定，加倍履行迟延履行期间的债务利息。

案件受理费 1 752 元，由甲方负担 233 元（已预交 863 元，退回 630 元），由乙方负担 1 492 元，于本判决生效之日起 7 日内交纳。

如不服本判决，可在判决书送达之日起 15 日内，向法院递交上诉状，并按对方当事人的人数提出副本，并交纳上诉案件受理费，上诉于北京市第一中级人民法院。如在上诉期满后 7 日内未交纳上诉费的，按自动撤回上诉处理。

☞ 法理评析

本案争议的焦点在于：乙方与甲方缔约的过程中是否存在欺诈。针对乙方为证明其进货渠道和价格优势，提交的其与海昌隐形眼镜有限公司上海分公司、北京福美达贸易有限公司、上海巨盛光学眼镜有限公司、上海卫康光学有限公司、上海柏硕贸易有限公司签订的购销合同，以及北京都百富商贸有限公司、北京博士特商贸有限责任公司、北京欧视美眼镜有限公司、上海亮美光学眼镜有限公司出具的情况说明。同时，甲方提交了上海意高眼镜有限公司给甲方的授权书，授权其经营“FENDI”、“CK”、“NIKE”等品牌的眼镜产品；海昌隐形眼镜有限公司上海分公司与北京达鑫易商行有限公司的经销合同，以证明供货价格低于甲方与乙方的合同价格，以及上海野亮眼镜有限公司北京分公司的销售出库单、北京英派丽眼镜有限公司的出库单，证明该两家公司售出的“精工”品牌和“圣大保罗”品牌眼镜较之乙方的供货价更低，乙方并无价格优势。

乙方对甲方提供的上述证据的真实性不持异议，但认为双方证据可以证明各自的进货渠道，至于甲方进货价格低于其进货价格是另外的问题。针对此抗辩，法院认为：乙方在宣传资料中宣称该公司股东包括国内数十家品牌眼镜生产商和国际品牌中国总代理，通过品牌与渠道资源共享，形成一个品牌联合舰队，以此来实现平价经营的事业方向。但根据庭审查明的事实，乙方实际股东只是两个自然人，其所述其余 16 个隐名股东的出资证据仅是支付广告费的收据，不能证明实际出资的事实，故在公司股东的构成问题上乙方对甲方进行了虚假宣传欺诈。另外，乙方在“部分合作厂家和品牌一览表”中列举了大量品牌，强调共享“品牌与渠道资源”，实现“平价经营”，但其向法庭提交的证据无法证明其与上述品牌的生产商或代理商之间具有特许经营或特许代理的合同关系，相反甲方有证据证明可以更低的价格从乙方的供货商处购得相同产品。因此，法院认为“部分合作厂家和品牌一览表”意在暗示大量名牌均为乙方的合作厂家，从而误导甲方以为乙方在进货渠道上具有独特优势，可以帮助甲方以低于市场价格取得货物、赚取利润，即乙方在对自身的特许经营资源宣传中亦存在欺诈。

综上，法院认定乙方在与甲方缔约的过程中存在信息虚假披露的欺诈行为，该行为已经使甲方对乙方的经营资源产生了错误认识，故双方签订的加盟协议应予撤销。合同被撤销后，因该合同取得的财产应予返还。对甲方要求乙方返还履约保证金 77 000 元，因乙方已向其返还履约保证金 33 332 元，故乙方还需向其返还保证金的数额为 66 668 元，对超出部分诉讼请求，法院不予支持。甲方返还乙方库存货物，乙方返还甲方相应货物的价款。

☞ 本案启示

北京某有限公司与北京某眼镜公司特许经营纠纷案给我们的启示有二：

一是特许经营合同撤销后过错方的赔偿额如何确定。我国《合同法》规定合同被撤销后，因该合同取得的财产应当予以返还；不能返还或者没有必要返还的，应当折价补偿。有过错的一方应当赔偿对方因此所受到的损失。本案中，因特许经营合同订立或履行过程中特许人未向被特许人真实提供特许人从事特许经营活动的产品、服务、价格、经营状况评估等信息，即特许人过错导致合同撤销给被特许人带来的损失，赔偿额的计算应当相当于因违约所造成的实际损失，包括合同履行后可以获得的利益，但不得超过违反合同一方订立合同时预见到或者应当预见到因违反合同可能造成的损失。

二是商品委托代理销售与商品特许销售、商业特许经营的区别。商品的委托代理销售是指商品生产者或供应者与销售者之间通过一般委托代理合同签订的有关商品的买卖合同，委托销售合同对生产与销售者没有特殊的资格要求，销售者无需向商品生产者或供应者缴纳特许使用费；商品特许销售合同是指商品生产者或供应者与销售者之间通过签订特许销售合同，以保证销售者具有一定条件下的特许竞争优势的商品销售合同，商品特许销售合同一般对买卖双方都有一定的特殊要求；商业特许经营是指拥有注册商标、企业标志、专利、专有技术等经营资源的特许人，以合同形式将其拥有的经营资源许可被特许人使用，被特许人按照合同约定在统一的经营模式下开展经营，并向特许人支付特许经营费用的经营活动。

☞ **法条点击**

《商业特许经营管理条例》

第三条 本条例所称商业特许经营（以下简称特许经营），是指拥有注册商标、企业标志、专利、专有技术等经营资源的企业（以下称特许人），以合同形式将其拥有的经营资源许可其他经营者（以下称被特许人）使用，被特许人按照合同约定在统一的经营模式下开展经营，并向特许人支付特许经营费用的经营活动。

企业以外的其他单位和个人不得作为特许人从事特许经营活动。

第二十一条 特许人应当在订立特许经营合同之日前至少30日，以书面形式向被特许人提供本条例第二十二条规定的信息，并提供特许经营合同文本。

第二十二条 特许人应当向被特许人提供以下信息：

（一）特许人的名称、住所、法定代表人、注册资本额、经营范围以及从事特许经营活动的基本情况；

（二）特许人的注册商标、企业标志、专利、专有技术和经营模式的基本情况；

（三）特许经营费用的种类、金额和支付方式（包括是否收取保证金以及保证金的返还条件和返还方式）；

（四）向被特许人提供产品、服务、设备的价格和条件；

（五）为被特许人持续提供经营指导、技术支持、业务培训等服务的具体内容、提供方式和实施计划；

（六）对被特许人的经营活动进行指导、监督的具体办法；

（七）特许经营网点投资预算；

（八）在中国境内现有的被特许人的数量、分布地域以及经营状况评估；

（九）最近2年的经会计师事务所审计的财务会计报告摘要和审计报告摘要；

（十）最近5年内与特许经营相关的诉讼和仲裁情况；

（十一）特许人及其法定代表人是否有重大违法经营记录；

（十二）国务院商务主管部门规定的其他信息。

第二十三条 特许人向被特许人提供的信息应当真实、准确、完整，不得隐瞒有关信息，或者提供虚假信息。

特许人向被特许人提供的信息发生重大变更的，应当及时通知被特许人。

特许人隐瞒有关信息或者提供虚假信息的，被特许人可以解除特许经营合同。

《中华人民共和国合同法》

第五十八条 合同无效或者被撤销后，因该合同取得的财产，应当予以返还；不能返还或者没有必要返还的，应当折价补偿。有过错的一方应当赔偿对方因此所受到的损失，双方都有过错的，应当各自承担相应的责任。

第一百一十三条 当事人一方不履行合同义务或者履行合同义务不符合约定，给对方造成损失的，损失赔偿额应当相当于因违约所造成的损失，包括合同履行后可以获得的利益，但不得超过违反合同一方订立合同时预见到或者应当预见到的因违反合同可能造成的损失。

经营者对消费者提供商品或者服务有欺诈行为的，依照《中华人民共和国消费者权益保护法》的规定承担损害赔偿责任。

案例36 被特许人能否以商标侵权维护特许经营权

许某与合肥某化妆品有限公司特许经营纠纷案[①]

☞ 案情简介

原告： 许某（甲方）

---

① 本案例选自：安徽省合肥市中级人民法院民事判决书（2007）合民三初字第01号.

被告：合肥某化妆品有限公司（乙方）

甲、乙双方于2004年8月17日签订《加盟协议书》约定：乙方授权甲方为乙方圣保玛品牌芜湖市南陵县的特约加盟店，乙方负责对甲方在合约规定区域内的特许保护，乙方不得在甲方签约范围内有其他任何形式的授权加盟活动，合约有效期为2004年8月17日至2005年8月16日。协议签订后，甲方为履行该协议，向乙方购买圣保玛产品用于美疗馆的经营活动。同时，乙方向甲方提供了英国圣保玛美容机构授权的“圣保玛专业美容”的特约加盟店的店牌一块，并依约提供了圣保玛美容产品。

2004年11月，甲方在南陵县发现以乙方圣保玛南陵店名义散发的宣传单，该宣传单上印制有圣保玛南陵店于2004年11月20日开业以及乙方作为其赞助商的字样。甲方据此认为乙方在甲方享有特许经营权限期间又授权第三方圣保玛南陵店的加盟，乙方与第三方圣保玛南陵店侵犯了甲方所拥有的在南陵县范围内独家使用圣保玛商标的合法权益，遂诉至本院，请求乙方与第三方圣保玛南陵店停止侵权并赔偿其相应的经济损失，判令：（1）乙方与第三方圣保玛南陵店停止侵犯甲方所享有的圣保玛商标南陵县独家使用权；（2）乙方与第三方圣保玛南陵店赔偿因其侵权所受到的损失共计86 213元；（3）乙方与第三方圣保玛南陵店共同赔偿甲方所支付律师费4 500元；（4）乙方与第三方圣保玛南陵店共同承担本案诉讼费用。

☞ 审理结果

法院经审理认为，甲、乙双方签订的《加盟协议书》系双方当事人真实意思的表示，不违反法律、行政法规强制性规定，应认定为有效。依据该加盟协议，甲方取得的是在南陵县范围内特许经营圣保玛品牌产品的权利，由于双方并未对商标使用权作出约定，也无证据证明是否存在圣保玛商标。甲方主张商标使用权与加盟协议约定的特许经营权不是同一法律关系。因此，甲方主张商标使用权无事实依据，显然不能给予支持。同时，尽管甲方享有在南陵县对圣保玛品牌的特许经营权，仅凭甲方提供的南陵店的宣传单和其单方拍摄南陵店的照片，不足以证明第三方圣保玛南陵店系乙方特许授权的加盟店。因此，甲方主张乙方侵权无证据支持，甲方的诉讼请求不能成立，应予驳回。据此，依照《中华人民共和国民事诉讼法》第64条第1款、最高人民法院《关于民事诉讼证据的若干规定》第2条，判决如下：（1）驳回甲方的诉讼请求；（2）本案案件受理费3 231元，由甲方承担。

如不服本判决，可在判决书送达之日起15日内，向法院递交上诉状，并按对方当事人的人数提出副本，上诉于安徽省高级人民法院。

☞ **法理评析**

据甲、乙双方2004年8月17日签订《加盟协议书》约定的内容："乙方授权甲方为乙方圣保玛品牌芜湖市南陵县的特约加盟店，乙方负责对甲方在合约规定区域内的特许保护，乙方不得在甲方签约范围内有其他任何形式的授权加盟活动，合约有效期为2004年8月17日至2005年8月16日。"协议签订后，甲方为履行该协议，向乙方购买圣保玛产品用于美疗馆的经营活动。同时，乙方向甲方提供了英国圣保玛美容机构授权的"圣保玛专业美容"的特约加盟店的店牌一块，并依约提供了圣保玛美容产品。甲、乙双方签订的《加盟协议书》属于商业特许经营授权合同。合约签订后甲方按照合同约定履行了自己的义务，并实际投入大量资金，用于该加盟店的设立和经营圣保玛产品。乙方也向甲方提供了英国圣保玛美容机构授权的"圣保玛专业美容"特约加盟店的店牌一块，并依约提供了圣保玛美容产品。但在2004年11月20日，甲方发现南陵县又新开业一家圣保玛南陵店。甲方遂与乙方交涉要求其停止侵权，并对甲方的加盟店予以特许保护，但乙方不予答复。第三方圣保玛南陵店开业后，侵犯了甲方唯一特许加盟店的合法权益，使甲方无法正常营业、特许加盟协议书根本无法履行。甲方认为乙方与第三方圣保玛南陵店的行为违反了《中华人民共和国商标法》以及《最高人民法院关于审理商标民事纠纷案件适用法律若干问题的解释》的规定，侵犯了甲方所拥有的在南陵县范围内独家使用圣保玛商标的合法权益，特提起诉讼。

甲方为支持自己的诉讼请求，提供如下证据：证据一营业执照，证明甲方的主体身份，同时证明甲方开办加盟店的目的是为了推广圣保玛的产品；证据二加盟合约书，证明甲、乙双方形成的特许加盟关系；证据三房屋租赁协议，证明甲方的加盟店店面租金为5 400元，租赁目的是为了经营圣保玛产品；证据四第三方圣保玛南陵店的宣传单，证明在甲方享有特许经营权期间，第三方圣保玛南陵店的出现侵犯了甲方的合法权益，而乙方在宣传单上的署名是赞助商；证据五乙方的销售发票5张，证明从2004年8月到11月，甲方从乙方共购买了7 403.3元的产品；证据六退卡收据7张，证明由于第三方圣保玛南陵店的开业，顾客纷纷退卡造成甲方原告7 560元的损失；证据七装璜材料票据15张，证明甲方为推广圣保玛产品装璜加盟店而发生的费用共计27 435元；证据八律师代理合同，证明原告支付律师代理费4 500元的合理支出。

乙方辩称甲、乙双方既不存在商标使用权法律关系，也不存在圣保玛产品的特许经营法律关系，只存在产品经销关系。乙方自身就不享有商标使用权，更不存在授予甲方商标独家使用权的问题。因此，甲方主张独家使用权没有法律依据。根据甲、乙双方签订加盟协议书第4条的规定，甲方有进货任务，未能完成任务，乙方有权取消甲方的特许经营资格。甲方开设的加盟店主要经营业务是美容美发服务，是否代销和经营圣保玛产品对其经营活动没有影响，甲方列举的费用是其经营主业所发生的，故其主张的损失要求乙方承担没有依据。

法院结合甲、乙双方提供的证据及其双方当事人的答辩、抗辩理由，认为甲、乙双方当事人签订的加盟协议书有效。依据该加盟协议，甲方取得的是在南陵县范围内特许经营圣保玛品牌产品的权利，由于双方并未对商标使用权作出特别约定，也无证据证明是否存在圣保玛商标。甲方主张商标使用权与加盟协议约定的特许经营权不是同一法律关系。因此，甲方主张商标使用权无事实依据，显然不能给予支持。同时，尽管甲方享有在南陵县对圣保玛品牌的特许经营权，仅凭甲方提供的南陵店的宣传单和其单方拍摄南陵店的照片，不足以证明第三方圣保玛南陵店系乙方特许授权的加盟店。因此，甲方主张乙方侵权无证据支持，甲方的诉讼请求不能成立，应予驳回。

☞ 本案启示

许某与合肥某化妆品公司特许经营纠纷案给我们的启示有二：

一是被特许人能否以商标侵权维护特许经营权。商业特许经营中商业特许经营权包括特许人授权被特许人使用的专有商标、专利技术、经营模式、营销策略、装潢设计等经营资源。商标权作为商业特许经营权的一个组成部分，不能够替代商业特许经营权的全部。本案中，甲、乙双方签订的《加盟协议书》属于商业特许经营授权合同，本案案由应为侵犯特许经营权纠纷。第三方圣保玛南陵加盟店的开业事实上侵犯的是甲方在先取得的特许经营权。甲方在诉讼中选择商标侵权不能够实现对其享有的特许经营权的全面保护，加之乙方本身就没有该商标的注册所有权。因此，由于甲方的诉讼案由错误，导致其享有的合法权益没能得到相应的保护。

二是甲、乙双方事实上形成的是产品经销还是特许经营法律关系。产品经销法律关系是指产品销售者与生产者或供货者通过签订委托、代理合同形成的产品买卖、经销关系，产品经销人一般不具有独家销售的竞争优势；特许经营法律关系是指特许人与被特许人通过签订加盟合同，授权被特许人在特定区域独家销售特定产品的法律关系。按照特许经营的标的商业特许经营可以分为商品销售特许经营、经营模式特许经营两类。本案中，甲、乙双方签订的《加盟协议书》内容属于商品销售特许经营，即加盟商在特定区域内以自己名义买入及转销由特许人生产或销售的产品，加盟商仅使用特许人的产品商标或名称并按照特许人的经营理念进行经营，商品销售特许经营中加盟商可能是专营或半专营特许人的产品，相应地也从特许人处得到相应的服务与支持，二者构成了稳固的产品营销网络。

☞ 法条点击

《中华人民共和国民事诉讼法》

第六十四条　当事人对自己提出的主张，有责任提供证据。

当事人及其诉讼代理人因客观原因不能自行收集的证据，或者人民法院认为审理案件需要的证据，人民法院应当调查收集。

人民法院应当按照法定程序，全面地、客观地审查核实证据。

最高人民法院《关于民事诉讼证据的若干规定》

第二条　当事人对自己提出的诉讼请求所依据的事实或者反驳对方诉讼请求所依据的事实有责任提供证据加以证明。没有证据或者证据不足以证明当事人的事实主张的，由负有举证责任的当事人承担不利后果。

第三章

商业特许经营权的法律风险防范

案例 37　跨区域设立代收点是否超越特许经营权限

付某与上海某洗衣有限公司合同纠纷案①

☞ 案情简介

原告： 上海某洗衣有限公司（甲方）

被告： 付某（乙方）

原审法院经审理查明，某洗衣器材有限公司系“象王”商标的注册人，商标注册号为1507834，核定服务项目为烫衣服、清洗衣服、干洗等。2001 年 1 月 14 日，某洗衣器材有限公司许可上海某洗衣有限公司（以下简称甲方）使用上述商标，该许可合同已经国家商行政管理局商标局备案。同年 12 月 10 日，甲方与乙方签订《象王特许加盟合同》，合同第 2 条第 1 项至第 3 项约定：“加盟商加盟本特许经营体系的范围是公司的管理模式、洗衣技术及其系列服务产品。加盟商经营期限从 2002 年 1 月 1 日至 2006 年 12 月 31 日止，为期 5 年，级别为小型店。加盟商经营区域限上海市黄浦区国货路 160 号，严禁跨区域经营。加盟商如须跨区域经营，应在所跨区域内另立加盟商资格，并按加盟

① 本案例选自：上海市高级人民法院民事判决书（2003）沪高民三（知）终字第 118 号.

程序申请。”合同第15条第5项约定：“所有带有象王、“洗得好”标识或标记均属公司所有，未经公司事先书面许可，加盟商不得注册或使用与公司有关的任何标记。”该条第6项约定：“如果加盟商违反以上条款的规定，公司有权终止合同，品牌保证金作违约金不予退还，并保留追究加盟商赔偿责任的权利。”此外，该合同还对特许加盟收费、供货与结算方式、加盟商权利、义务等作出约定。

2001年12月16日，乙方设立上海市黄浦区象王洗衣店（以下简称象王黄浦店），开始从事相关营业活动。2002年3月6日，乙方与案外人陈某签订《合作合同》，约定双方在本市静安区新闸路777弄1号底楼共同开设“达安物业象王洗衣服务部”（以下简称达安城服务部），合同还约定由象王黄浦店负责该服务部的门头灯箱、价目表及宣传广告的制作和安装，陈某需支付象王黄浦店品牌保证金人民币3 000元，以维护象王公司的形象及声誉。该服务部门口及内部分别设有带有象王标识图案的门头灯箱、价目表和招牌，上有“台湾象王洗衣”、“洗不掉找象王”等字样，乙方向陈某交付并安装了1套洗衣电脑软件。

甲方鉴于乙方擅自与他人开设加盟店将乙方诉至法院，要求：（1）解除甲乙双方的特许加盟合同；（2）乙方卸载并停止使用甲方交付的洗衣电脑软件。

☞ 审理结果

据此，原审法院依照《中华人民共和国合同法》第93条第2款、第97条之规定，判决如下：（1）解除甲方与乙方签订的《象王特许加盟合同》；（2）乙方立即卸载并停止使用甲方交付的洗衣电脑软件。案件受理费人民币1 000元，由乙方负担。

一审判决后，乙方不服，向法院提起上诉。其主要上诉理由为：被上诉人象王公司系注册资金仅为人民币30万元的有限责任公司，但为达到招揽加盟商的目的，对外进行虚假宣传并隐瞒真实情况，诱使上诉人不明真相加盟被上诉人的连锁店，其行为应属欺诈，故请求二审法院撤销原审判决，确认双方签订的《象王特许加盟合同》为无效合同，一、二审诉讼费由甲方承担。

乙方上诉期间提出的甲方进行虚假宣传并隐瞒真实情况，诱使乙方加盟甲方的连锁店，其行为应属欺诈，并由此要求确认《象王特许加盟合同》为无效合同。法院经审理认为，由于乙方的请求未在一审期间作为反诉请求向原审法院提出，根据我国民事诉讼法的有关规定，在二审中再行提出已超出本案二审的审理范围，对此法院不予处理。二审法院依法组成合议庭审理了本案，经审理认为，原审法院审判程序合法，认定事实清楚，适用法律正确，应予维持。依照《中华人民共和国民事诉讼法》第 153 条第 1 款第（一）项、第 158 条之规定，判决如下：（1）驳回上诉，维持原判；（2）本案二审诉讼费人民币 1 000 元，由乙方负担。

本判决为终审判决。

☞ 法理评析

特许经营是指特许者将自己所拥有的商标（包括服务商标）、商号、产品、专利和专有技术、经营模式等以特许经营合同的形式授予受许者使用。被特许者按合同规定，在特许者统一的业务管理模式下从事经营活动，并向特许者支付相应的费用。本案中上诉人与被上诉人之间签订的《象王特许加盟合同》是特许经营合同，是双方真实意思的表示，与法无悖，应为有效合同，双方均应恪守。特许经营合同的特许者应当将自己拥有的商标、商号、产品、技术、经营模式等授予被特许者使用，被特许者应当按合同约定的范围和标准开展经营活动，规范使用特许者授权的各项知识产权，维护连锁体系的名誉及统一形象。

法院经审理认为，乙方与他人合作开设达安城服务部的行为，违反了合同中关于限制跨区域经营的约定。理由有三：一是达安城服务部由乙方与案外人共同设立，乙方为此收取了案外人的品牌保证金，且该部有固定的场地和雇员，门口设有招牌和服务价目表等，其设立该服务部的行为是一种经营行为。二是《象王特许加盟合同》明确限定了乙方的经营区域限于上海市黄浦区国货路 160 号，严禁跨区域经营，还约定如其欲跨区域经营应按加盟程序申请。就人民路代收点的行为事实，只能证明象王公司对该代收点的设立是许可的。但不能被扩大理解为象王公司对乙方开设任何代收点的行为均予以认可。三是即使象王公司在论坛上明确表示支持加盟商与物业合作设立代收点，乙方没有提供相应的证据表明象王公司放弃了对加盟商跨区域经营履行申请程序并征得公司同意的要求，加盟商在约定的经营范围以外开展经营活动仍应按照合同约定的条件和程序进行。

甲方要求解除甲、乙双方签订的《象王特许加盟合同》，要求乙方立即卸载并停止使用甲方交付的洗衣电脑软件，案件受理费人民币 1 000 元，由乙方负担。理由有二：一是达安城服务部系乙方违反约定私自设立的经营点，其在该部使用带有象王标识的门头灯箱、价目表、室内招牌，显然超出了约定的使用范围，缺乏合同依据，系违规使用象王标识。二是根据《象王特许加盟合同》第 15 条第 6 项规定，应理解为“如果加盟商违反以上 5 条款约定，公司有权终止合同，品牌保证金作违约金不予退还并保留追究加盟商赔偿责任的权利。”该条款属双方对解除合同条件的约定，明确了甲方可以单方面终止合同权利义务的情形。同时，该条第 5 项已约定了加盟商不得将象王公司的标识用于合同以外的场合，否则上述解除合同的条件即告成就。乙方的上述行为符合加盟合同第 15 条第 5 项约定的情形，导致合同解除条件成就，甲方请求行使合同解除权于法有据。

根据本案查证的事实，乙方未经甲方许可擅自与他人合作开设达安城服务部，且在该处使用带有象王标识的招牌、灯箱和价目表等行为，明显违反了合同的约定，破坏了象王洗衣特许经营体系形象的统一性、完整性，损害了作为特许者的合法权益，上述行为符合系争特许经营合同中当事人约定解除条款的规定，故在此前提下甲方作为特许者有权行使解约权，即终止系争特许经营合同并取消乙方的特许经营资格。

原审法院据此判决双方当事人解除《象王特许加盟合同》，判令乙方卸载和停止使用甲方的洗衣电脑软件并无不当，应予维持。由于乙方的上诉理由与一审判决没有关联性，其有关请求确认加盟合同无效已超出二审的审理范围，且没有相关的事实法律依据。一审法院认定事实清楚、适用法律正确。故二审法院驳回上诉，维持原判。

☞ 本案启示

付某与上海某洗衣有限公司合同纠纷案给我们的启示有二：

一是跨区域设立代收点是否超越特许经营权限。本案中，甲方在特许加盟合同中明确规定乙方的经营区域限于上海市黄浦区国货路 160 号，并有严禁跨区域经营、如跨区域经营应按加盟程序申请的内容。但甲方在其论坛上明确表示支持加盟商与物业合作设立代收点，就乙方在人民路开设代收点、甲方为乙方在达安物业象王洗衣服务部交付并安装 1 套洗衣电脑软件的行为事实来看，只能证明甲方对乙方设立衣物代收点、扩大市场营销范围的行为是许可的，但不能扩大理解为甲方允许乙方作为特许人与第三方设立新的加盟店。

二是解除特许合同是否为特许人维护其特许权的唯一途径。本案系争的特许经营合同属于双方当事人真实意思的表示，其内容未违反有关法律规定，故该系争特许经营合同合法有效，双方当事人均应按照合同约定的权利义务全面履行合同，违反合同规定的行为即为违约行为，理应对守约方损失的经济利益进行补偿。甲方通过解除合同、取消乙方的特许经营资格对双方的既有投资都是一种浪费，如通过要求乙方补办加盟手续、缴纳相应的加盟费，不仅可以使其加盟事业得以发展，而且可以扩大市场经营范围、获取更大的经营收益。

☞ **法条点击**

《中华人民共和国合同法》

第九十三条 当事人协商一致，可以解除合同。当事人可以约定一方解除合同的条件。解除合同的条件成就时，解除权人可以解除合同。

第九十七条 《中华人民共和国合同法》第97条：合同解除后，尚未履行的，终止履行；已经履行的，根据履行情况和合同性质，当事人可以要求恢复原状、采取其他补救措施，并有权要求赔偿损失。

《中华人民共和国民事诉讼法》

第一百五十三条 第二审人民法院对上诉案件，经过审理，按照下列情形，分别处理：

（一）原判决认定事实清楚，适用法律正确的，判决驳回上诉，维持原判决；

……

第一百五十八条 第二审人民法院的判决、裁定，是终审的判决、裁定。

案例38 特许经营费的明确对特许经营权保护的重要性

某咖喱屋有限公司诉某餐饮有限公司特许经营纠纷案[①]

☞ **案情简介**

原告：某咖喱屋有限公司（甲方）

被告：杭州某餐饮有限公司（乙方）

甲方与乙方于2005年2月26日签订《蕉叶咖喱屋特许经营合同》（以下简称《特许经营合同》），约定甲方授权乙方在杭州开设一家“蕉叶咖喱屋”（英文名称为“Banana Leaf Curry House”）餐厅。甲方特许乙方在开设和经营“蕉叶

① 本案例选自：浙江省杭州市中级人民法院（2008）民事调解书初字第199号．北京法院网，[2009-11-3]．

咖喱屋”过程中，可以使用甲方所有“蕉叶咖喱屋”相关的商标、商号、标记、装潢设计、标志以及经营模式等。乙方应接受甲方的经营指导并向甲方支付首期加盟费以及每个月营业额2%的特许经营费。2005年8月，乙方在杭州市上城区湖滨路5号开设一家“蕉叶咖喱屋”店，从开业至今，乙方一直使用甲方的商标、商号、标记、装潢设计和经营模式。根据《协议》约定以及乙方的要求，2005年6月，甲方指派马来西亚籍 Loke Kok Fai（以下简称“骆先生”）以资深项目经理的身份参与乙方的筹建和经营工作，骆先生在乙方工作的9个月时间内，不仅参与指导乙方的装潢、设计，还负责培训乙方的厨师、服务人员直至乙方能够按照甲方的特许经营模式运营。与此同时，乙方要求甲方为即将开业的乙方派驻一些菲律宾籍的歌舞表演人员，甲方也满足了乙方的要求。此过程的所有费用都由甲方垫付，乙方事后一直不向甲方支付以上费用。

根据《特许经营合同》的约定，乙方应当在每个月的5日前向甲方提供上一个月的营业报表，在每月30日前向甲方支付上月营业额2%的特许经营费，但从《特许经营合同》生效直至甲方起诉之日，在甲方数次催讨下，乙方从没有向甲方提供营业额报表，也没有支付任何的特许经营费。乙方的上述行为违反了《特许经营合同》的约定，损害了甲方的合法权益。甲方与乙方协商不成，于2008年6月3日向法院提起《特许经营合同》纠纷诉讼，请求法院依法审理，判令乙方履行特许经营合同中约定的各项义务。具体诉讼请求如下：（1）解除《特许经营合同》；（2）乙方向甲方支付甲方垫付的工资、办证费用共计港币10 000元（折合人民币8 893元）；（3）乙方向甲方支付特许经营费300 000元人民币；（4）乙方向甲方支付甲方支出的律师费、差旅费、公证费等合理费用共计60 000元；（5）由乙方承担本案的诉讼费用。

☞ 审理结果

法院在审查、受理后依法组成合议庭，于2008年8月27日开庭进行了公开审理。甲方某咖喱屋有限公司的委托代理人郝某、吴某，乙方杭州某餐饮有限公司的委托代理人江某、许某到庭参加诉讼。在案件审理过程中，根据《商业特许经营管理条例》第3、4条，《中华人民共和国合同法》第93、97条，经法院主持调解，甲乙双方自愿达成如下协议：

第一，自本调解协议生效之日起，双方于2005年2月26日签订的《特许经营合同》中约定的权利、义务终止，双方就《特许经营合同》再无权利、义务纠葛；

第二，乙方杭州某餐饮有限公司向甲方某咖喱屋有限公司支付使用上述《特许经营合同》中约定的特许经营资源经济补偿金人民币 300 000 元整，于本调解协议生效之日支付完毕；

第三，案件受理费 6 833 元，减半收取 3 416.5 元，由乙方杭州某餐饮有限公司负担。

上述调解协议符合法律规定，法院予以确认。调解协议的内容已经双方当事人于 2009 年 3 月 19 日签字后生效。

☞ 法理评析

甲方与乙方于 2005 年 2 月 26 日签订的《特许经营合同》和《补充协议》，约定乙方应在《协议》生效后 3 个月内将《协议》主体由其个人变更为公司。同时，约定甲方特许乙方在开设和经营“蕉叶咖喱屋”过程中可以使用甲方与“蕉叶咖喱屋”相关的商标、商号、标记、装潢设计、标志以及经营模式、接受指导、向甲方支付首期加盟费以及每个月营业额 2% 的特许经营费等，可以认定《协议》属于商业特许经营合同的性质。事实上 2005 年 8 月以来，乙方在杭州市上城区湖滨路 5 号开设一家“蕉叶咖喱屋”店，从开业至今一直使用甲方的商标、商号、标记、装潢设计和经营模式，而且根据《协议》约定以及乙方的要求，2005 年 6 月，甲方指派马来西亚籍的骆先生作为资深项目经理，参与该店的筹建和经营工作、负责培训该店的厨师、服务人员直至该店能够按照甲方的特许经营模式独立运营。

由于乙方没有能够按照《协议》的约定，在每个月的 5 日前向甲方提供上一个月的营业报表，在每月 30 日前向甲方支付上月营业额 2% 的特许经营费，且从《协议》生效直至甲方起诉之日，在甲方数次催讨下，乙方从没有向甲方提供营业额报表，也没有支付任何的特许经营费。因此乙方的行为违反了《协议》的约定，损害了甲方的合法权益，因此法院应甲方的要求，经双方协商达成如下协议：（1）解除《特许经营合同》；（2）由乙方向甲方支付甲方垫付的工资、办证费用共计 10 000 港元（折合人民币 8 893 元）；（3）乙方向甲方支付特许经营费 30 万元人民币；（4）乙方支付甲方的律师费、差旅费、公证费等合理费用共计 6 万元；（5）乙方承担本案诉讼费用。

☞ 本案启示

某咖喱屋诉某餐饮特许经营纠纷案我们的启示有二：

一是特许经营费的明确规定对特许经营权保护的重要性。特许人在签订特许经营合同中，既要考虑被特许人以较小的成本尽快利用加盟品牌的知名度获得应有的利益以扩大加盟品牌的知名度，同时也要注重利用法律手段保护特许人依法享有的特许经营权。本案中，由于特许人要求被特许人缴纳的特许经营费以每月营业额的2%缴纳，没有具体规定一个明确的数额，因此诱导被特许人以营业亏损、收入难以计算等托辞不提供营业报表，拖欠或拒缴特许人的特许经营费。

二是选择好相应的地理位置对特许经营权益维护的重要性。无论是投资地产还是经营加盟项目，成功的秘诀之一就是具有优越的地理位置。“酒香不怕巷子深”的观念已经落伍，不恰当的地理位置，再好的项目也有明珠暗投的可能，即使最终成功了，盈利的时间也会大大推迟。因此，如何选择合适的经营地理位置至关重要。如果加盟总部能够积极、妥善地帮助加盟商选择合适的地理位置，可以保障加盟店的客流量，为未来的经营打下良好的基础，更为合同的履行提供保障。

☞ 法条点击

《商业特许经营管理条例》

第三条 本条例所称商业特许经营（以下简称特许经营），是指拥有注册商标、企业标志、专利、专有技术等经营资源的企业（以下称特许人），以合同形式将其拥有的经营资源许可其他经营者（以下称被特许人）使用，被特许人按照合同约定在统一的经营模式下开展经营，并向特许人支付特许经营费用的经营活动。企业以外的其他单位和个人不得作为特许人从事特许经营活动。

第四条 从事特许经营活动，应当遵循自愿、公平、诚实信用的原则。

《中华人民共和国合同法》

第九十三条 当事人协商一致，可以解除合同。当事人可以约定一方解除合同的条件。解除合同的条件成就时，解除权人可以解除合同。

第九十七条 合同解除后，尚未履行的，终止履行；已经履行的，根据履行情况和合同性质，当事人可以要求恢复原状、采取其他补救措施，并有权要求赔偿损失。

案例39 加盟合同到期后特许人特许经营权的保护

北京奥婷环燕美容化妆品有限公司与北京盈魅怡人美容化妆品有限公司加盟合同纠纷案①

☞ 案情简介

原告：北京奥婷环燕美容化妆品有限公司（甲方）

被告：北京盈魅怡人美容化妆品有限公司（乙方）

2004年初，甲方与乙方签订了连锁加盟合同。合同主要内容包括：乙方以独立法人单位加盟甲方的奥婷美容美体连锁机构，乙方向甲方交纳加盟费总额为人民币30万元整；乙方必须在本合同签订之日起3个月内注册由乙方担任法定代表人的独立法人单位，并由此法人继承本合同；乙方所用美容化妆品及店内与美容服务相关物品均由甲方统一配送；甲方有权对乙方的经营活动进行监督、授权乙方使用奥婷美容美体连锁机构的标志和其他甲方加盟连锁店应当分享的无形资产、向乙方提供相应培训等；乙方应在约定的范围内行使甲方所赋予的权利，包括获取甲方授权名称“奥婷美容美体连锁机构××加盟店”的权利，使用甲方的标识、管理经验等从事美容服务和化妆品销售活动等。协议的有效期自2004年1月10日起至2006年1月11日止。协议期满后，乙方有优先续约权。本协议在协议期满乙方未按协议规定提出续约等条件下自行终止。

2004年4月，谭某、姚某出资成立乙方——盈魅公司，由姚某担任法定代表人。盈魅公司继承前面的合同，双方都进行了合同的履行。2006年1月11日合同到期后，甲方与乙方未再就加盟许可合同续约。2006年1月22日甲方总部邀请乙方的相关美容师参加了甲方组织的大型联谊晚会。2006年2月、3月、4月、9月，一直代表甲方向乙方供货的北京爱可丽美容科技发展有限公司仍给乙方零星供过4 000元左右的货。同时，加盟合同到期后，直至2007年9月甲方起诉本案时，乙方一直在其美容场所使用“奥婷美容美体中心”字样以及“奥

---

① 本案例选自：特许经营律师网 http；//www.148texu.cn. 最后访问时间：[2010-8-8]

婷”商标标记，以“奥婷美容美体中心”名义进行经营，并销售甲方提供的化妆品。此外，乙方以甲方加盟商名义开设的网站一直在使用。

鉴于2006年1月11日连锁加盟合同期满后，乙方与甲方未再续约，此后乙方继续使用“奥婷”注册商标而未缴纳加盟费，故甲方诉请法院：（1）乙方停止侵犯甲方商标权的行为；（2）乙方向甲方支付加盟费并赔偿由此给其带来的经济损失。

☞ 审理结果

法院经审理查明，甲乙双方签订的连锁加盟合同约定了合同的有效期，并明确约定在协议期满乙方未按协议规定提出续约等条件下协议自行终止。从甲方邀请乙方参与联谊会并在2006年9月前曾陆续供货的行为中并不能得出甲方同意乙方继续使用“奥婷”商标、以“奥婷美容美体中心”名义对外经营的结论，且2006年9月之后甲方也未再给乙方供货，而乙方直至2007年9月仍在使用“奥婷”商标进行经营。故法院对乙方有关甲方默示许可其使用“奥婷”商标不构成侵权的辩称不予支持。

乙方辩称，加盟时甲方曾对其作出过如加盟店已交纳前2年加盟费，从第3年开始不再交纳续约费，但仍需从奥婷公司处订购产品的承诺，其他加盟店也没有再交加盟费。但乙方并未向本院提交相应的证据对此加以证明，法院对此不予支持。因乙方盈魅公司侵犯了甲方奥婷公司的商标权，根据我国《合同法》等相关法律、法规，法院判决乙方向甲方赔偿经济损失5万元。

☞ 法理评析

本案争议的商标侵权纠纷，实际上属于商业特许经营中的加盟合同纠纷。鉴于商业特许经营合同纠纷与一般的商品买卖合同、商标权特许使用合同有很多相似之处，故法院审理中经常出现根据相关的《合同法》及其《商标法》进行判定的情形。本案中，甲方在与乙方的特许加盟合同期限届满后邀请乙方员工参与联谊会，并在之后仍向其供货，表明甲方有与乙方继续合作的意向，希望乙方能够与其继续签订加盟合同。2006年9月前甲方的供货单位向乙方陆续供货的行为，并不能得出甲方同意乙方可以无偿使用甲方的“奥婷”商标、以“奥婷美容美体中心”名义对外进行经营的结论，故对乙方有关甲方默示其可继续使用“奥婷”商标不构成侵权的辩称，法院不予支持。

2006年1月11日连锁加盟合同期满后，按照合同的约定及其相关的法律、法规规定，只要甲乙双方没有续约，此后乙方无权再使用“奥婷”注册商标、利用特许人的相关特许经营资源从事相应的经营活动。否则，不仅是特许人的合法权益得不到保障，而且会使相关消费者产生混淆、导致不正当竞争行为的产生，扰乱公平、有序的市场竞争秩序。乙方辩称加盟时甲方曾对其作出过如加盟店已交纳前2年加盟费，从第3年开始不再交纳续约费，但仍需从奥婷公司处订购产品的承诺，其他加盟店也没有再交加盟费的情形。对上述辩称法院不予支持的理由：一是乙方未向法院提交相应的证据对此加以证明；二是此处甲方的本意是乙方必须用甲方的产品，并不包括甲方特有的“奥婷”服务商标、以及“奥婷美容美体中心”的名义。

☞ 本案启示

北京奥婷环燕与北京盈魅怡人公司加盟合同纠纷案给我们的启示有二；

一是注重利用特许合同的有关条款保护特许经营权。商业特许加盟经营合同到期、解除、终止后双方权利、义务的约定，是特许人保护其特许经营权的重要手段。具体的条款通常包括二个方面：一方面在一定期限内加盟商应该履行诸如拆除特许人的商标或其他标志、支付剩余的费用、返还特许人拥有所有权或知识产权的手册、培训资料等物品的义务。另一方面加盟商不履行上述义务时的纠纷解决办法，如加盟人在限期内不能拆除特许标志的，特许人有权自行进入加盟商经营场所拆除有关特许标志，所发生的费用由加盟商承担；加盟商不能在限期内返还与特许经营业务相关资料的，特许人有权对其自行处分，并从价款中扣抵有关费用。

二是在商业特许加盟经营合同中违约责任制度的合理运用。商业特许加盟经营实践中，合同到期后产生的纠纷多集中于特许人的商标、商号等特许经营资源纠纷，即加盟商继续使用特许人的商标或标志、名称等，也有一些拖欠款项引起的纠纷。对于加盟商使用特许人的商标或商号引起的纠纷，特许人取得胜诉问题不大。但是如果能够事先合理运用约定的违约责任制度，就能减少诉讼成本，使守约人的合法权益得到最大限度的保障。

☞ 法条点击

《商业特许经营管理办法》

第十六条　特许经营合同终止后，原被特许人未经特许人同意不得继续使用特许人的注册商标、商号或者其他标志，不得将特许人的注册商标申请注册为相似类别的商品或者服务商标，不得将与特许人注册商标相同或近似的文字申请登记为企业名称中的商号，不得将与特许人的注册商标、商号或门店装潢相同或近似的标志用于相同或类似的商品或服务中。

第二十一条 在特许经营期间及特许经营合同终止后，被特许人及其雇员未经特许人同意，不得披露、使用或者允许他人使用其所掌握的特许人的商业秘密。

第二十二条 未与特许人鉴定特许经营合同，但通过特许人的信息披露而知悉特许人商业秘密的人和申请人，应当承担保密义务。未经特许人同意，不得泄露、向他人透露或转让特许人的商业秘密。

第三十一条 特许经营活动中涉及商标许可、专利许可的，依照有关商标、专利的法律、行政法规的规定办理。

案例40 特许经营权的核心内容是商标还是运营模式

深圳某公司与某酒店管理有限公司特许经营合同纠纷案[①]

☞ 案情简介

原告：某酒店管理有限公司（甲方）

被告：深圳某公司（乙方）

甲方为经营管理国内外高档酒店专门开发了具有中西合璧、古今交融特点的“嘉柏管理模式和嘉柏运营体系”，并对其拥有100%的合法使用权、所有权、转让权和特许权。其中，中英文品牌名称“嘉柏”（JASPER）及标识等专有商标均已在国家商标局正式登记注册。2004年4月29日甲、乙双方签订了2004～2005年度《酒店特许经营合同》约定：本合同从正式签订日起，壹年有效，具体期限自2004年6月1日至2005年5月31日止。甲方愿在本合同规定的有效期内将“嘉柏酒店特许经营权”授予乙方，并在规定的时间与区域内执行。在

---

① 本案例选自：广东省高级人民法院民事判决书（2006）粤高法民三终字第66号.

本合同的有效期内，乙方的中文名称确定为“深圳新都（嘉柏）大酒店”，英文为 Century Plaza（Jasper）Hotel，Shenzhen。此名称可用于“嘉柏”运营系统中或整体对外推广促销中。鉴于乙方是一家上市的公众公司，所以可不必更名，在其对外营运或参加与“嘉柏”无关的活动时可继续沿用现有名称。

甲方的主要权利义务为：（1）甲方授予乙方嘉柏专有商标及嘉柏系统的使用权，并向乙方导入嘉柏系统，指导并支持酒店的经营管理；（2）向乙方提供嘉柏系统标准手册及相关文件、资料，并进行前期及后续培训，包括免费提供的十套甲方编印的酒店管理模式丛书；（3）甲方应把乙方纳入“嘉柏酒店网上实时预订系统”和“800”免费电话预订系统及集团营销系统，并在公司整体促销或广告活动中推介乙方；（4）编印并分发嘉柏系统内酒店名录、嘉柏酒店宣传册及统一的宣传资料；（5）收取特许经营费。乙方向甲方支付特许经营费：每年 20 万元人民币，此笔费用应在每年 6 月 10 日前通过银行划拨到甲方指定的银行帐号，如因故发生延迟支付，其延迟支付的人民币应按届时中国银行商业贷款所规定的利率计息支付给甲方。

乙方的主要权利义务为：（1）行使对新都酒店的一切经营管理权力和职能，并对此负责；（2）经甲方授权在乙方建筑物及经营推广中使用“嘉柏”专用商标及知识产权，并负责保持品牌的完整性；（3）接受并支持甲方的业务指导、质量检查、明查暗防，并在规定时间内对所发现的问题进行整改、以期达标；（4）按期向甲方支付特许经营费、培训费、系统使用及维护保养费和其它按酒店平摊的费用。

上述合同还约定了双方的违约责任：双方任何一方应向对方支付的任何款项到期后 10 天内仍不能向对方支付时，应当承担违约责任，偿付未付款项每日千分之三的违约金。任何一方不能履行合同中规定的其他规约、承诺、义务和条件，非违约方可通知违约方在通知期内立即并尽力纠正其违约行为，并保留追究违约方法律责任的权利，对因其造成的经济损失有权要求得到赔偿。

由于乙方以甲方未履行合同主要义务为由，拒付特许经营合同约定的“特许经营费”，甲方遂将乙方诉至法院，要求：乙方向其支付 20 万元特许经营费及逾期支付的违约金。

一审法院作出支持甲方诉请的判决，乙方不服提起上诉。

☞ 审理结果

一审法院根据当事人的陈述及其相关证据证实，认为甲、乙双方签定的《酒店特许经营合同》系双方当事人真实意思的表示，根据《中华人民共和国合同法》第107条、第109条之规定，原审法院判决如下：（1）乙方应于判决生效之日起10日内向甲方支付合同款人民币13万元，并向甲方支付上述款项的逾期付款违约金（按照中国人民银行规定的逾期贷款利率标准，从2004年7月11日计至实际支付之日止）；（2）驳回甲方的其他诉讼请求。本案案件受理费人民币9 263元，由甲方承担3 243元，乙方承担6 020元。

乙方不服上述判决，向二审法院提起上诉。二审法院经过合议庭审理认为，甲方已经履行上述合同的主要义务，乙方认为甲方只履行了合同的次要义务，该主张缺乏事实依据，不能成立，法院不予支持。原审判决认定事实清楚，适用法律正确，应予维持，二审法院依照《中华人民共和国民事诉讼法》第153条第1款第（一）项的规定，判决如下：（1）驳回上诉，维持原判；（2）本案二审案件受理费11 708元，由乙方负担。

本判决为终审判决。

☞ 法理评析

甲、乙双方2004年4月29日签订的2004～2005年度《酒店特许经营合同》是双方真实的意思表示，且内容不违反我国法律、行政法规的强制性规定和禁止性规定，合法有效。本案双方争议的焦点有二：一是双方当事人签订的《酒店特许经营合同》在法律性质上是否为商标许可使用合同？甲方要求的特许经营费用是否合理？二是甲方的诉讼请求是否应得到法律的支持？

焦点一：从本案《酒店特许经营合同》所约定的双方权利、义务来看，甲方不仅将其享有的用于酒店管理的“嘉柏”、“JASPER”商标及商标注册证编号为1388601的图形商标，许可给乙方使用，而且还将其享有的“嘉柏管理模式和嘉柏运营体系”许可给乙方使用，这说明本案中的《酒店特许经营合同》的性质属于商业特许经营合同。

甲方许可多家四星或五星级酒店使用“嘉柏”商标及“嘉柏管理和运营体系”模式，乙方亦在被许可人之列，这说明甲方上述许可内容具有较高的市场价值，考虑到甲方已依约履行《酒店特许经营合同》所约定的义务，而该部分义务构成合同主要义务，且乙方客观上亦会因使用上述许可内容而获益，故乙方应依约向甲方支付该部分合同对价，乙方未依约履行该部分合同对价的义务，其应承担相应的违约责任。考虑到乙方与甲方签约的目的，除了想获得甲方上述许可外，还希望甲方采取一系列措施帮助乙方提高酒店管理能力和公众认知度，但由于甲方未依约履行上述合同义务，故其无权向乙方主张该部分合同对价。综上，依据甲方履行涉案合同义务的比例，酌情判定乙方应向甲方清偿的合同债务。至于甲方要求乙方支付前述款项的逾期付款违约金问题，因双方当事人约定的给付标准过高，故应按照中国人民银行规定的逾期贷款利率标准计付，从2004年7月11日计至实际支付之日止。

焦点二：乙方不服上述判决，向法院提起上诉，称：第一，原审判决认定事实错误。原审认为甲方履行的部分合同义务构成合同的主要义务，违背事实。本案合同的目的亦即合同标的，是甲方向乙方导入“嘉柏管理和运营体系”，而甲方已经履行的部分如纳入网上和电话订房系统、印发宣传册和内部刊物、奖励先进等义务，从付出工作量角度，相比于未履行部分，显然勿需投入的工作量较少；从资金投入角度，并不需要付出过多投入；从价值含量看，并不具备独创性、独特性，不是合同标的的核心成分。与实现本案合同目的利害攸关的、具有不可替代的独特价值的、甲方独有的那部分义务，即培训、指导、调研、节能降耗、推广等关键义务，甲方一项也未履行。至于甲方许可使用商标，诚如原审判决认定，本案并非商标许可合同，本案合同约定反映出涉案商标对双方并不单独具有特别商业价值，如果不能将合同标的即“嘉柏管理和运营体系”在乙方实现，则许可商标没有任何意义，而且合同也没有将许可使用商标作为独立的合同义务和支付对价的条件。所以，甲方没有履行合同的主要义务，而是仅履行了次要义务和辅助义务，原审判决认定事实错误。第二，原审判决适用法律错误。原审判决对甲方履行的部分义务，作出了一个相当于70%的估计并由此判决乙方支付70%合同对价，即13万元的判决，既没有合同约定上的依据，也没有法律上的依据。甲方小部分履行义务，绝大部分不予履行，导致合同标的没有交付，合同目的没有实现，构成根本违约，无权主张合同价款。因此，上诉请求撤销一审判决第一项及关于承担受理费的判决，驳回甲方全部诉讼请求。

二审法院对原审法院查明的上述事实予以确认，原审法院据此判决乙方应支付13万元及相应的银行利息，有充分的事实和法律依据，应予以支持。乙方上诉认为甲方构成根本违约，不能取得相应的对价，该主张不能成立，法院不予支持。原审判决关于甲、乙双方于2004年4月29日签订的2004～2005年度《酒店特许经营合同》的性质及法律效力的认定正确，当事人对此亦没有异议，本院对此予以维持。综上所述，原审判决认定事实清楚，适用法律正确，应予维持。

☞ 本案启示

深圳某公司与某酒店特许经营合同纠纷案给我们的启示有二：

一是特许经营权的核心内容是商标还是运营模式。本案中被特许人强调特许人只履行了特许合同次要义务的理由是，特许经营权的核心内容是特许人特殊的运营模式而非注册的商标。参照合同主要与次要义务划分的标准，特许经营权的核心内容是指特许经营权所固有、必备的，直接影响加盟人定约目的的内容，次要内容是指不具有独立意义、不决定合同类型，仅具有辅助核心内容实现其价值、确保加盟人利益最大满足的内容。就特许经营权中的注册商标、特殊的运营模式来看，二者是既可以相互独立、又具有相辅相成的形式与内容关系，它们共同构成特许经营权的核心内容。

二是特许经营合同与商标使用合同的关系问题。商标许可使用合同，是商标权人为将其享有的商标专用权依法许可给被许可人使用而与被许可人所达成的协议。从本案《酒店特许经营合同》所约定的双方权利、义务来看，甲方不仅将其享有的用于酒店管理的“嘉柏”、“JASPER”商标及商标注册证编号为1388601的图形商标，许可给乙方使用，而且还将其享有的“嘉柏管理模式和嘉柏运营体系”许可给乙方使用，这说明涉案商标许可使用仅仅是《酒店特许经营合同》的一部分内容，本案中的《酒店特许经营合同》的性质属于商业特许经营合同。

☞ 法条点击

《中华人民共和国合同法》

第一百零七条 当事人一方不履行合同义务或者履行合同义务不符合约定的，应当承担继续履行、采取补救措施或者赔偿损失等违约责任。

第一百零九条 当事人一方未支付价款或者报酬的，对方可以要求其支付价款或者报酬。

《中华人民共和国民事诉讼法》

第一百五十三条 第二审人民法院对上诉案件，经过审理，按照下列情形，分别处理：

（一）原判决认定事实清楚，适用法律正确的，判决驳回上诉，维持原判决；

……

案例 41　特许经营权是否包括特定区域的独家竞争权

某窗帘布艺经营部与张某窗帘经营部不正当竞争纠纷案[①]

☞ 案情简介

原告：盐城市亭湖区城中张某窗帘经营部（甲方）

被告：盐城招商城某窗帘布艺经营部（乙方）

甲方于 2001 年 4 月 1 日和 2003 年 3 月 27 日与佛山市摩力克装饰布业有限公司（以下简称佛山摩力克公司）分别签订了《摩力克专卖店加盟合同》及《特许加盟协议书》，在缴纳有关费用后，取得了盐城专卖店的名称权和摩力克产品的专卖权，成为盐城市场上取得“摩力克”产品专卖权的唯一专卖店。

2003 年 3 月 27 日，佛山摩力克公司与甲方再次签订了《特许加盟协议书》，约定甲方为盐城市区域第一家摩力克特许加盟店，期限自 2004 年 4 月 1 日至 2006 年 3 月 31 日。2005 年 8 月 22 日，佛山市摩力克公司出具证明称：甲方在盐城市人民中路 30 号经营的窗帘店系该公司在盐城市唯一授权的摩力克特许加盟专卖店，授权店名为江苏省盐城市人民中路摩力克专卖店。

甲方在之后的商业特许经营合同履行中发现，乙方在位于盐城市开放大道 87 号 3008 门市的玻璃上标有“摩力克”字样，灯箱广告上使用了“广东摩力克布艺”字样，而且还在其商业经营中使用带有“摩力克盐城专卖店”名称的名片及摩力克专卖店特定格式的专用订货单。

2005 年 6 月 28 日，江苏省盐城市亭湖区公证处应佛山摩力克公司的申请对乙方进行相应的证据保全，对乙方经营的 3008 和 3014 门市设置的产品销售宣传内容进行了现场拍照。照片显示乙方位于盐城市开放大道 87 号 3008 门市的玻璃上标有“摩力克”字样，灯箱广告使用了“广东摩力克布艺”字样。此外，乙方在经营中使用摩力克盐城专卖店名称的名片，并向消费者出具摩力克专卖店特定格式的专用订货单。

---

① 本案例选自：江苏省高级人民法院民事判决书（2006）苏民三终字第 0063 号.

于是，2005 年 8 月甲方以其为唯一能够在盐城地区使用“摩力克盐城专卖店”名称专用权的被特许人受到乙方不正当竞争的侵害为由，将乙方诉至法院，请求法院判令：(1) 乙方停止侵害甲方特许权的违法行为；(2) 乙方赔偿由此给甲方造成的经济损失。

法院通过当事人的陈述、提供的相关证据，经过调查、核实认定乙方在其经营中擅自使用“摩力克盐城专卖店”名称，并辅之使用专卖店特定格式的专用订货单，意图造成其亦为摩力克盐城专卖店的假象。其行为明显违反《反不正当竞争法》的相关规定，判决乙方停止侵害并赔偿甲方的经济损失。乙方不服法院判决，以诉讼文书送达方式违反法定程序、一审法院认定其构成不正当竞争属认定事实及适用法律错误、甲方不具备诉讼主体资格等为由，于法定期间内提起上诉。

☞ 审理结果

一审法院认为：甲方依法取得“摩力克”产品在盐城市场上的专卖权，对于盐城地区的普通消费者而言，甲方代表的就是“摩力克”品牌。乙方在没有合法依据的情况下，擅自使用摩力克盐城专卖店的名义，并向消费者出具摩力克专卖店特定格式的专用订货单，其行为侵犯了甲方的合法权益。

据此，依照《中华人民共和国反不正当竞争法》第 2 条、第 9 条的规定，一审法院判决如下：(1) 乙方自判决生效之日起立即停止不正当竞争行为，不得以佛山摩力克公司盐城专卖店名义对外经营；(2) 乙方自判决生效之日起 10 日内赔偿甲方经济损失 2 万元；(3) 驳回甲方对乙方管理者胡某的诉讼请求。案件受理费 2 010 元，由甲方负担 670 元，乙方负担 1 340 元。

就乙方不服法院判决的上述理由，二审法院经过合议庭审理认为：乙方的上诉理由不能成立，其上诉请求法院不予支持。一审判决认定事实清楚，适用法律正确，应予维持。二审法院根据《中华人民共和国民事诉讼法》第 153 条第 1 款第（一）项的规定，判决如下：(1) 驳回上诉，维持原判；(2) 二审案件受理费 2 010 元，由乙方负担。

本判决为终审判决。

☞ 法理评析

甲方与佛山摩力克公司签订《摩力克专卖店加盟合同》及《特许加盟协议书》的性质属于商业特许经营合同。佛山市摩力克公司出具证明称：甲方是其在盐城市唯一授权的摩力克特许加盟专卖店，授权编号为 MC200503KT0013。由此可以看出甲方是盐城市摩力克产品的唯一指定销售商，享有摩力克产品专卖权。法院采取证据保全措施，在乙方取得带有“摩力克盐城专卖店”名称的名片及摩力克专卖店特定格式的专用订货单各一张。所以乙方在没有合法依据的情况下，擅自使用摩力克盐城专卖店的名义销售摩力克产品，并向消费者出具摩力克专卖店特定格式的专用订货单，其行为属于不正当竞争行为，侵犯了甲方的特许专营合法权益。据此，依照《中华人民共和国反不正当竞争法》的有关规定，判决乙方自判决生效之日起立即停止不正当竞争行为，不得以佛山摩力克公司盐城专卖店名义对外经营，并且自判决生效之日起 10 日内赔偿甲方经济损失 2 万元，负担一定的诉讼费用。

本案二审的争议焦点有二：一是一审程序是否违法；二是乙方的经营方式是否属于不正当竞争行为。乙方认为，根据法律规定与其有关的诉讼文书的送达地址应是其户籍所在地，但一审法院却以乙方的经营地址为准向其送达有关诉讼文书，致使其未收到任何诉讼材料，也未能出庭抗辩，故一审的这一作法违反法定程序，影响了案件判决的公正性。事实上，法律有关法律文书的送达规定，目的在于保证当事人及时收到诉讼文书、有效地行使诉讼权利。在本案中一审法院按乙方的经营地址送达应诉手续并且乙方已签收，乙方应当知悉有关诉讼事由，送达不影响有关诉讼权利的行使。事实证明通过乙方经营部地址进行送达是可行、有效、合法的，故一审法院送达方式并无不当，更没有损害乙方的诉讼权利。

关于乙方在经营中的相关行为是否构成不正当竞争行为，乙方认为只要经营正牌“摩力克”产品的销售商，都有权对所销售的产品进行宣传，一审法院认定其构成不正当竞争属认定事实及适用法律错误。鉴于甲方与佛山摩力克公司签订的《特许加盟协议书》，决定了甲方不仅取得了“摩力克盐城专卖店”名称使用权，而且获得了摩力克产品的盐城专卖权，因此在授权期限内甲方是唯一可在盐城地区使用“摩力克盐城专卖店”名称、销售摩力克产品的经营者。基于 2005 年 10 月 18 日一审法院进行证据保全中，在乙方处取得的带有“摩力克盐城专卖店”名称的名片及摩力克专卖店特定格式的专用订货单，表明乙方的经营范围、经营方式、宣传内容违反了商业特许经营管理法律、法规的相关规定，损害了甲方在盐城地区独家使用“摩力克盐城专卖店”名称、销售摩力克产品的特许经营权。基于商业特许经营法律关系的特点，乙方在其经营中擅自使用“摩力克盐城专卖店”名称，并辅之使用专卖店特定格式的专用订货单，意图造成乙方也是摩力克盐城专卖店的假象，其行为明显违反《中华人民共和国反不正当竞争法》。使消费者对经营主体产生混淆的虚假宣传属于不正当竞争行为，乙方行为不仅损害了甲方的合法权益，而且损害了公平的市场竞争秩序。因此，乙方的上诉理由不能成立。

☞ 本案启示

胡某和与张某窗帘经营部不正当竞争纠纷案给我们的启示有二：

一是特许经营权包括特定区域的独家竞争权。商业特许经营中的特许经营权不仅包括特有的商标、专利、特殊的经营管理模式，同时还包括在特定区域的唯一、独家特许专卖竞争权。本案中，乙方认为只要经营正牌“摩力克”产品的销售商，都有权对所销售的产品进行品牌宣传、以产品的商标、品牌进行经营的抗辩，是对一般商品销售与商业特许经营方式的混淆，更是对商业特许经营权内涵的无知或故意狡辩。商业特许经营权的享有意味着被特许者与其它经营者相比较，被特许者特许经营的特殊品牌商品货源稳定、品质优良、价格统一、售后服务规范，在特定区域具有独家专卖的竞争优势。

二是对商业特许经营权保护的法律手段的综合性。商业特许经营合同法律关系的相对性表明，如果仅以商业特许经营管理的法律、法规来看，由于佛山市摩力克装饰布业有限公司没有违约授权乙方特许经营的权利，所以甲方无法从特许人处寻求法律救济。但根据我国《反不正当竞争法》中有关规定，不正当竞争是指经营者违反法律规定，损害其他经营者的合法权益，扰乱社会经济秩序的行为。鉴于甲方已经合法取得的商业特许经营权包括在一定区域的独家、专卖权，特许人即可以商业特许经营管理法律、法规与《反不正当竞争法》的体系性法律规范维护自己的合法权益。

☞ 法条点击

《中华人民共和国反不正当竞争法》

第二条　经营者在市场交易中，应当遵循自愿、平等、公平、诚实信用的原则，遵守公认的商业道德。

本法所称的不正当竞争，是指经营者违反本法规定，损害其他经营者的合法权益，扰乱社会经济秩序的行为。

本法所称的经营者，是指从事商品经营或者营利性服务（以下所称商品包括服务）的法人、其他经济组织和个人。

第九条　经营者不得利用广告或者其他方法，对商品的质量、制作成分、性能、用途、生产者、有效期限、产地等作引人误解的虚假宣传。

广告的经营者不得在明知或者应知的情况下，代理、设计、制作、发布虚假广告。

案例 42　被特许人违约特许人可否擅自转让特许经营权

延吉某社区市民信息咨询服务社与马某特许经营纠纷案[1]

☞ 案情简介

原告：延吉某社区市民信息咨询服务社（甲方）

被告：马某（乙方）

甲、乙双方于 2006 年 7 月 29 日签订《茶风暴品牌区域授权合同书》。合同约定：甲方将茶风暴品牌授权乙方使用，授权期限自 2006 年 8 月 3 日起至 2010 年 8 月 2 日止，乙方分期向甲方支付品牌使用费人民币 20 万元，一次性支付保证金人民币 2 万元。乙方依约分别支付了首期品牌使用费人民币 5 万元、保证金人民币 2 万元。合同同时约定乙方拖欠应缴费用，甲方可单方面解除合同。嗣后，乙方分别在南京市鼓楼区丁家桥 36 号和凤凰西街 343 号开设了两家茶风暴奶茶店，并在甲方不知情的情况下将凤凰西街 343 号奶茶店让与乙方之妻屈某。至今为止，乙方尚拖欠甲方品牌使用费人民币 15 万元。鉴于乙方的违约行为，甲方请求法院判令：（1）解除甲、乙双方签订的茶风暴品牌区域授权合同；（2）乙方向甲方支付违约金人民币 4 万元；（3）乙方拆除两家奶茶店的茶风暴字样招牌、标章、图形、文字、图案等经营标识。

☞ 审理结果

本案在审理过程中经法院主持调解，双方当事人自愿达成如下调解协议：第一，甲方与乙方自愿解除双方于 2006 年 7 月 29 日签订的茶风暴品牌区域授权合同；第二，乙方于 2008 年 12 月 10 日之前拆除位于江苏省南京市鼓楼区丁家桥 36 号和位于江苏省南京市鼓楼区凤凰西街 343 号的两家茶风暴奶茶店的有关茶风暴的标章、图形、文字、图案、招牌等经营标识；第三，甲方应支付乙方人民币 5 万元，此款甲方于 2008 年 10 月 16 日支付人民币 3 万元（已经履行），余款人民币 2 万元于乙方拆除两家茶风暴奶茶店的有关茶风暴经营标识后三日内支

---

① 本案例选自：上海市杨浦区人民法院民事调解书（2008）杨民三（知）初字第 42 号．

付；第四，双方无其他争执，本案案件受理费人民币 1 285 元，减半为人民币 642.50 元由甲方负担（已经履行）。

上述协议，不违反法律规定，本院予以确认。

本调解书经双方当事人签收后，即具有法律效力。

☞ 法理评析

2006 年 7 月 29 日甲乙双方签订的《茶风暴品牌区域授权合同书》约定乙方是甲方茶风暴品牌的南京市总代理，为此，乙方向甲方支付了首期品牌使用费人民币 5 万元和保证金人民币 2 万元。乙方在南京市鼓楼区丁家桥 36 号和凤凰西街 343 号分别开设了两家茶风暴奶茶店，由乙方与妻子屈某共同经营。2008 年 9 月办理营业执照时，将凤凰西街 343 号茶风暴奶茶店经营者姓名登记为屈某。由于甲、乙双方名为协商合作经营关系，实质上为商业特许经营关系，且就共同开发南京市场的相关事项，甲方负责人曾表示将与乙方重新签订合同，故乙方未向甲方支付剩余的 15 万元品牌使用费。2008 年 5 月 21 日乙方收到甲方通知，告知已将茶风暴品牌的南京市总代理让与他人，事实上是甲方的行为违反了双方的约定。考虑到乙方利用甲方既有茶风暴品牌经营获得了一定的经营收益，且乙方没有主动与甲方就经营事宜进行磋商，故法院主持解除了双方签订区域特许经营合同，由甲方返还乙方相应的加盟费 5 万元。

☞ 本案启示

延吉某服务社与马某特许经营纠纷案带给我们的启示有二：

一是被特许人违约特许人可否擅自转让特许经营权。本案中，乙方在与甲方签订了《茶风暴品牌区域授权合同书》后作为甲方茶风暴品牌的南京市总代理，将其经营的加盟店之一转让给屈某没有超越其享有的特许经营权范围。鉴于乙方没有及时依约缴纳当期的品牌使用费，甲方可以依约要求乙方补缴并承担相应的违约责任或依照法定程序解除合同。但甲方不可以在乙方违约后没有解除与乙方特许经营关系的条件下，擅自将已经授予乙方的特许经营权再行授权他人。

二是注意商品销售特许经营与经营模式特许经营的区别。商品销售特许经营是指加盟商在一定区域内以自己名义买入及转销由特许人生产或销售的产品，加盟商可以使用特许人的产品商标，并按照特许人的经营理念进行经营。商品销售特许经营中加盟商可能是专营或半专营特许人的产品，相应地也从特许人处得到相应的服务与支持，二者构成了稳固的产品营销网络；经营模式特许经营是指，特许人许可加盟商有权在一定区域使用按特许人的专有技术及技术指导，以特许人之企业形象生产、销售一定产品或服务。加盟商不仅使用特许人的商标和经营理念，并按照特许人营销商品的营业系统进行经营，保持与特许人营销商品和服务的一致性。结合本案的具体情形来看，本案属于商品销售特许经营。

☞ 法条点击

《中华人民共和国合同法》

第九十三条　当事人协商一致，可以解除合同。

当事人可以约定一方解除合同的条件。解除合同的条件成就时，解除权人可以解除合同。

第九十七条　合同解除后，尚未履行的，终止履行；已经履行的，根据履行情况和合同性质，当事人可以要求恢复原状、采取其他补救措施，并有权要求赔偿损失。

案例 43　特许经营权中保密条款显失公平的认定

某房地产营销有限公司诉某房地产经营有限公司特许加盟纠纷案①

☞ 案情简介

原告：天津开发区某房地产营销有限公司（甲方）

被告：天津某房地产经营有限公司（乙方）

北京某国际特许经营咨询服务有限公司于 2003 年 5 月 25 日与乙方签订《CENTURY 21 区域特许经营合同》，授权乙方取得在中国天津地区及廊坊地区（以下简称特许区域）的 CENTURY 21 系统使用和独占分许可权，并有权再次分许可第三方使用 CENTURY 21 系统。2004 年 3 月 9 日，甲、乙双方签订了一份《加盟特许经营合同》，该合同第 7. 3. 4 条竞业禁止条款约定："未经乙方事先书面同意，甲方以及任何一个甲方关系人或关联企业在本合同有效期间内和期满或

① 本案例选自：中华人民共和国最高人民法院公报，2007（2）.

终止后两年内不得直接或间接地以高级主管、董事、股东及其他任何身份或名义投资、经营或管理任何位于核准地点周围 75 公里范围内（如超出本特许区域地理范围，以本特许区域的范围为准）的其他房地产中介机构或相关企业（但不包括另一个 CENTURY 21 加盟店）或拥有或持有该中介机构百分之十以上的股权。”第 7.4.8 条商业秘密条款约定：“甲方承诺由乙方根据本合同透露给甲方的有关 CENTURY 21 系统、CENTURY 21 特许权和 CENTURY 21 材料以及乙方服务和产品的经营和业务知识，其中包括但不限于在会议、研讨会、培训课程、会谈或地区营业规范手册或其他材料或单店营业规范手册中随时透露的信息和资料，属于乙方的商业秘密。甲方同意其将在本合同有效期内和之后对所有这些资料保守绝对秘密，并同意不在乙方没有特别授权和批准的任何其他业务中或以其他方式使用这些资料。”第 14.13 条约定：“甲方同意在本合同期满或提前终止后的 2 年内，不在核准地点或任何 CENTURY 21 加盟店所在地点周围 75 公里内设立房地产中介机构或办公室，经营本合同中所定义的特许业务。”2005 年 5 月 16 日，甲乙双方就解除《加盟特许经营合同》的相关事宜达成协议，签订了《解除合同协议书》，其中第 4 条约定甲方须交回《加盟特许经营合同》及其附件的原件，第 5 条约定《加盟特许经营合同》解除后，甲方还必须遵守《加盟特许经营合同》中有关竞业禁止和保守商业秘密条款所确定的义务。

鉴于甲乙双方合同解除后，乙方还要求甲方必须遵守合同约定的竞业禁止和保守商业秘密的条款，甲方认为依据相关法律、司法解释，该条款显失公平，故请求法院依法判令：乙方要求甲方保守商业秘密的保密义务无效。

☞ 审理结果

法院经审理认为：甲、乙双方 2004 年 3 月 9 日签订的《加盟特许经营合同》与 2005 年 5 月 16 日签订的《解除合同协议书》，均系双方真实意思表示，也没有违反国家法律、法规，应认定合法有效。双方约定的竞业禁止条款及保守商业秘密条款，并不明显违反公平原则。据此，天津市津南区人民法院依照《中华人民共和国民法通则》第 4 条，《中华人民共和国合同法》第 6 条、第 8 条，《中华人民共和国民事诉讼法》第 64 条第 1 款，最高人民法院《关于民事诉讼证据的若干规定》第 3 条第 1 款、第 2 款的规定，判决：驳回甲方的诉讼请求。

甲方不服一审判决，向天津市第二中级人民法院提起上诉称：甲方仅经营房地产中介项目，合同中约定的竞业禁止条款对甲方是苛刻的，违背了公平原则，且违反了《商业特许经营办法》关于特许人以特许经营方式从事商业活动不得导致市场垄断、妨碍公平竞争的规定。天津市第二中级人民法院经过审理认为，甲方提出的上诉请求缺乏事实和法律依据，原审判决认定事实清楚，适用法律正确，依据《中华人民共和国民事诉讼法》第 153 条第 1 款第（一）项的规定，判决如下：

驳回上诉，维持原判。

☞ 法理评析

本案争议的焦点有二：一是甲乙双方签订的《加盟特许经营合同》、《解除合同协议书》中设定的竞业禁止和保守商业秘密条款是否显失公平；二是竞业禁止、保守商业秘密条款显失公平的判定标准有哪些。

本案中，由于甲、乙双方签订的《加盟特许经营合同》是双方自愿订立的，合同中设定的竞业禁止和保守商业秘密条款，旨在防止作为加盟企业的甲方利用其掌握的乙方业务秘密与之进行不正当竞争，相关条款可以保护乙方的合法利益。这一条款并不违反国家法律、行政法规，同时因其有一定的期限，也不必然导致市场垄断，妨碍公平竞争。虽然该合同属于乙方提供的格式文本，但对于合同条款中的相关词语，如竞业禁止条款中的“关系人”、“关联企业”的含义，合同均作有明确的释义。在订立合同之时甲方对此内容是明知的，但并未提出任何异议且实际上接受并签署了合同文本。因此，《加盟特许经营合同》是当事人意思自治的结果，合同一旦成立即对双方当事人产生法律约束力。此后，甲方因故与乙方解除了《加盟特许经营合同》，并在双方协商一致的基础上又共同订立了《解除合同协议书》，在该协议书中，甲方再次作出“遵守合同约定的竞业禁止义务和保守商业秘密的条款”的承诺，应严格依约履行。

关于本案《加盟特许经营合同》、《解除合同协议书》中的竞业禁止和保守商业秘密条款是否显失公平的判定标准，根据最高人民法院《关于贯彻执行〈中华人民共和国民法通则〉若干问题的意见（试行）》第 72 条关于“一方利用优势或者利用对方没有经验，致使双方的权利义务明显违反公平、等价有偿原则的，可以认定为显失公平”的规定，认定显失公平的标准有二点：

第一，考察合同对一方当事人是否明显不公平。根据《民法通则》和《合同法》的有关规定，签订合同作为一种双方的民事法律行为，应贯彻公平原则。公平原则的实质在于均衡合同双方当事人的利益。因此，对合同显失公平的认定应结合双方当事人权利义务是否对等、一方获得的利益或另一方所受损失是否违背法律或者交易习惯等方面综合衡量。本案中，甲方通过与乙方签订合同享有了加盟特许经营的权利，并因此而掌握乙方的业务秘密，故应当遵守合同中约定的竞业禁止和保守商业秘密的义务。双方对权利义务的约定基本是对等的。双方签订的合同涉及房地产中介这一极为依赖信息和资讯的行业，因此基于自愿在签订

《加盟特许经营合同》时设定竞业禁止和保守商业秘密条款，目的在于防止甲方作为加盟企业，利用其掌握的乙方业务秘密与之进行不正当竞争，进而保护乙方的合法利益。该条款表面上似乎对乙方的利益有所倾斜，但事实上《加盟特许经营合同》一旦成立并履行，甲方即可合法取得乙方的部分业务秘密，而这一结果是无法逆转的，即使合同发生解除、终止、期满等情形，甲方仍然会掌握这部分业务秘密。乙方惟有通过在合同中设立看似不平等的竞业禁止、保守商业秘密的条款，才能够防止或控制甲方的不正当竞争行为。因此，本案中竞业禁止、保守商业秘密条款的设定事实上对合同双方是公平的，符合房地产中介这种特定行业的交易习惯，也并不违反国家法律、行政法规，同时因其有一定的期限，也不必然导致市场垄断，妨碍公平竞争。

第二，要考察合同订立中一方是否故意利用其优势或者对方轻率、没有经验。所谓利用优势，是指一方利用其在经济上或其他方面的优势地位，使对方难以拒绝对其明显不利的合同条件。所谓没有经验，是指欠缺一般生活经验或者交易经验。显失公平的合同中，利益受损的一方往往因为无经验，或对合同的相关内容缺乏正确认识的能力，或者因为某种急迫的情况，并非出于真正的自愿而接受了对方提出的合同条件。本案中，虽然乙方在签约时似乎占有一定的优势，但甲方签订合同时并非处于急迫的情形，其作为专业从事房地产中介业务的公司也不存在没有行业经验的问题。虽然该合同属于乙方提供的格式文本，但对于合同条款中的有关词语，包括竞业禁止条款中的“关系人”、“关联企业”的含义，合同均作出明确的释义，在订立合同之时乙方对此内容是明知的，且未提出任何异议。因此，《加盟特许经营合同》的订立体现了双方当事人意思自治的原则，该合同一旦成立，即应对双方当事人产生法律约束力。此后，双方在协商一致的基础上共同订立了《解除合同协议书》。在该协议书中乙方再次作出“遵守合同约定的竞业禁止义务和保守商业秘密的条款”的承诺，亦应严格依约履行。特别需要注意的是乙方在签约时似乎占有一定的优势，但随着合同的订立、履行，特别是甲方对乙方业务秘密的实际占有，乙方所谓优势地位即不复存在，合同双方实际上处于平等的地位。另外，对于《解除合同协议书》第 5 条中约定的保守商业秘密的义务，因属于合同附随义务范畴，既不属于显失公平，也不违反《合同法》的规定。

据此，天津市第二中级人民法院依据《民事诉讼法》第 153 条第 1 款第（一）项的规定驳回上诉、维持原判。

☞ 本案启示

某房产营销公司诉某房地产经营公司特许加盟纠纷案给我们的启示有二：

一是特许经营权中保密条款显失公平的一般认定标准。显失公平是指合同一方当事人利用自身优势，或者利用对方没有经验等情形，在与对方签订合同中设定明显对自己一方有利的条款，致使双方基于合同的权利义务和客观利益严重失衡，明显违反公平原则的情形。显失公平的一般认定标准有：（1）考察有关条款对一方当事人是否明显不公平。条款签订中的公平原则目的在于均衡合同双方当事人的利益。因此，对显失公平的认定应结合双方当事人权利义务是否对等、一方获得的利益或另一方所受损失是否违背法律或者交易习惯等方面综合衡量。（2）要考察一方是否故意利用其优势或者对方轻率、没有经验。利用优势是指一方利用其在经济上或其他方面的优势地位，使对方难以拒绝对其明显不利的条件。没有经验是指欠缺一般生活经验或者交易经验。显失公平中利益受损的一方往往因为无经验，或对合同的相关内容缺乏正确认识的能力，或者因为某种急迫的情况，并非出于真正的自愿而接受了对方提出的合同条件。

二是房地产业特许经营权中保密条款显失公平的特殊认定标准。本案中，甲方通过与乙方签订合同享有了加盟特许经营的权利，并因此而掌握乙方的业务秘密，故应当遵守合同中约定的竞业禁止和保守商业秘密的义务。双方对权利义务的约定基本是对等的。本案中虽然乙方在签约时似乎占有一定的优势，但甲方签订合同时并非处于急迫的情形，特别需要注意的是乙方在签约时似乎占有一定的优势，但随着合同的订立、履行，特别是甲方对乙方业务秘密的实际占有，乙方所谓优势地位即不复存在，合同双方实际上处于平等的地位。

☞ 法条点击

《中华人民共和国民法通则》

第四条 民事活动应当遵循自愿、公平、等价有偿、诚实信用的原则。

《中华人民共和国合同法》

第六条 当事人行使权利、履行义务应当遵循诚实信用原则。

第八条 依法成立的合同，对当事人具有法律约束力。当事人应当按照约定履行自己的义务，不得擅自变更或者解除合同。

《中华人民共和国民事诉讼法》

第六十四条 当事人对自己提出的主张，有责任提供证据。

当事人及其诉讼代理人因客观原因不能自行收集的证据，或者人民法院认为审理案件需要的证据，人民法院应当调查收集。

人民法院应当按照法定程序，全面地、客观地审查核实证据。

第一百五十三条 第二审人民法院对上诉案件，经过审理，按照下列情形，分别处理：

（一）原判决认定事实清楚，适用法律正确的，判决驳回上诉，维持原判决；（二）原判决适用法律错误的，依法改判；

（三）原判决认定事实错误，或者原判决认定事实不清，证据不足，裁定撤销原判决，发回原审人民法院重审，或者查清事实后改判；

（四）原判决违反法定程序，可能影响案件正确判决的，裁定撤销原判决，发回原审人民法院重审。

当事人对重审案件的判决、裁定，可以上诉。

最高人民法院《关于民事诉讼证据的若干规定》

第三条 人民法院应当向当事人说明举证的要求及法律后果，促使当事人在合理期限内积极、全面、正确、诚实地完成举证。

当事人因客观原因不能自行收集的证据，可申请人民法院调查收集。

案例 44 被特许人成员退出其特许权是否当然终止

张某与陈某、余某特许经营委托合同纠纷案①

☞ 案情简介

原告：陈某、余某（甲方）

被告：张某（乙方）

2002 年 5 月 30 日北京某快餐企业管理咨询有限公司将其注册的“麦肯基”商标授权山西省侯马市宏宝快餐管理中心（以下简称管理中心）在全国范围内独家使用，涉及“麦肯基”商标的一切事宜由管理中心全权处理。乙方作为管

① 本案例选自：广西壮族自治区高级人民法院民事判决书（2004）桂民三终字第 17 号.

理中心（独资企业）的唯一投资者于2003年3月13日与甲方（陈某、余某）签订了《加盟协议书》，授权甲方在广西贵港市平南县开设麦肯基快餐（中国）连锁经营加盟分店，开店类型A类，店名为麦肯基快餐（中国）连锁平南分店，甲方一次性支付特许连锁加盟经营费10万元等。同年3月21日甲方向乙方支付加盟技术转让费共计80 000元。2003年4月30日，甲、乙双方又签订了一份《商标代理授权许可协议书》，约定乙方将已注册且可在全国范围内使用的第42类第1483308号“麦肯基”商标、商号，许可甲方在广西、广东境内为发展麦肯基快餐特许连锁加盟店业务使用。商标许可授权代理期为5年（自2003年5月1日起至2008年4月30日止），甲、乙双方发展麦肯基快餐特许连锁加盟店业务分成比例：甲方一次性支付乙方区域加盟代理费20 000元，以后每发展一家新特许连锁加盟店交乙方各种资料及物品赠送费2 000元，每发展一家新加盟店在签订加盟协议书后收取的加盟费与技术转让费交乙方三分之一，其余归甲方所有。签订合同的当日，甲方向乙方交付10 000元区域加盟代理费。

2003年4月29日甲方成员陈某与余某结算并退出合伙，2003年5月15日甲方成员余某致函乙方称：“因陈某与我合作关系已终止，其本人已退出麦肯基快餐（中国）连锁平南分店经营权，请考虑关于广西和广东区域代理权属及下一步工作事宜为盼”。乙方2003年6月15日作出“关于取消甲方陈某‘麦肯基’商标区域代理权的决定”。同年9月1日，乙方又与余某签订一份协议，约定授权甲方余某在全国范围内使用第42类第1483308号“麦肯基”注册商标、商号，甲方与乙方在广西、广东、海南境内共同使用该注册商标、商号，共同发展麦肯基快餐特许连锁加盟业务。商标使用合作期为5年，甲、乙双方发展麦肯基快餐特许连锁加盟店业务所取的加盟费和技术转让费的分成比例为，每发展一家新加盟店在签订加盟协议书后所收取的加盟费和技术转让费各得二分之一（甲、乙双方各半分成）。同时还约定，终止并解除于2003年4月30日乙方与甲方所签订的商标代理授权许可协议书。同日，乙方向甲方余某出具一商标许可授权书，授权余某为麦肯基快餐（中国）连锁加盟事业总部在广西、广东、海南省区域内的特许加盟连锁许可合作代理人。2003年10月30日乙方在防城港市开设防城港快餐店，甲方陈某知道后多次到防城港市与乙方协商并向其主张权利未果，诉至法院要求：（1）乙方擅自终止甲方陈某的商标特许代理权无效，退回甲方缴纳的特许加盟费；（2）乙方向甲方陈某赔偿损失33 257元；（3）诉讼费、保全费由乙方承担。

☞ 审理结果

一审法院认为甲乙双方签订的协议为特许经营合同，甲方成员陈某退出麦肯基快餐（中国）连锁平南分店并未失去“麦肯基”商标的区域代理权。乙方在没有与甲方成员陈某协商一致的情况下，单方解除其与甲方签订的特许经营合同且自己又在授权区域设立麦肯基快餐店，侵害了甲方陈某的特许经营权。综上，乙方已构成违约，依照《中华人民共和国合同法》第44条、第60条、第107条、第113条第1款的规定，法院判决如下：（1）乙方向甲方陈某赔偿损失33 257元（加盟费和技术转让费及交通费）；（2）驳回甲方陈某对乙方的其他诉讼请求。

案件受理费1 340元，其他诉讼费268元，财产保全费353元，合计1 961元（陈某已预交）由乙方负担。

乙方不服一审判决提起上诉称：一审判决认定事实不清。甲、乙双方签订的是委托代理合同，甲方陈某、余某依合同所取得的代理权在乙方取消委托后，代理人的代理权即行消灭。恳请二审法院查明事实真相，撤销一审判决依法改判并驳回甲方陈某的诉讼请求。二审经审理认为一审判决认定事实清楚，但对《商标代理授权许可协议书》的性质认定及适用法律有误，依照《中华人民共和国民法通则》第63条第2款、第69条第1款第（二）项，《中华人民共和国合同法》第396条、第405条、第410条，《中华人民共和国民事诉讼法》第153条第1款第（二）项、第158条之规定，判决如下：（1）撤销防城港市中级人民法院（2004）防中法民三初字第1号民事判决；（2）上诉人乙方赔偿给被上诉人甲方陈某10 000元区域加盟代理费及该款利息（利息计算，从2003年4月30日起计至本案生效判决确定的履行期限最后一日止，按中国人民银行同期流动资金贷款利率分段计付）；（3）上诉人乙方赔偿给被上诉人甲方陈某其他经济损失5 267元；（4）驳回被上诉人甲方陈某对乙方的其他诉讼请求。

本判决为终审判决。

☞ 法理评析

一审法院经审理认为本案争议的焦点有二：一是乙方与宏宝快餐管理中心之间的法律关系属性及乙方能否作为诉讼主体；二是甲方成员陈某退出合伙加盟店后其商标特许代理权是否当然终止及乙方设立加盟店的行为是否违约。

关于乙方与宏宝快餐中心的法律关系属性为独资企业主与独资企业之间的法

律关系。乙方作为投资独资企业——管理中心的个人，按照《中华人民共和国个人独资企业法》第2条的规定，“本法所称个人独资企业，是指依照本法在中国境内设立，由一个自然人投资，财产为投资人个人所有，投资人以其个人财产对企业债务承担无限责任的经营实体”，乙方对管理中心的财产享有所有权，也对企业债务承担无限责任。因此，管理中心与甲方余某、陈某的合同关系，可以视为是乙方与余某、陈某的合同关系。管理中心在合同中享有的权利和承担的义务由乙方享有和承担。乙方投资设立的防城港快餐店，在工商部门登记为个体工商户，根据最高人民法院《关于贯彻执行〈中华人民共和国民法通则〉若干问题的意见》（试行）第41条的规定，“起字号的个体工商户，在民事诉讼中，应以营业执照登记的户主（业主）为诉讼当事人，在诉讼文书中注明系某字号的户主。”乙方作为业主，可以作为本案的诉讼主体。乙方与防城港快餐店认为在本案中乙方不能作为诉讼主体的抗辩理由不充分，法院不予支持。

甲方成员陈某退出麦肯基快餐（中国）连锁平南分店后，其是否失去了“麦肯基”商标的区域特许经营权。一审法院认为甲方陈某、余某与乙方签订商标代理授权许可协议书后，并向乙方支付了区域加盟代理费，履行了义务，双方的商标代理合同关系依法成立。乙方与甲方签订的合同并没有约定甲方成员陈某如退出麦肯基快餐（中国）连锁平南分店，陈某就会自动失去其麦肯基商标区域代理权。因此，陈某并没有失去“麦肯基”商标区域代理权。乙方与防城港快餐店认为甲方成员陈某已失去麦肯基商标的区域代理权的抗辩理由不充分，本院不予支持。乙方作为防城港快餐店的独资企业所有人，在没有与甲方陈某协商一致的情况下，单方解除其与甲方签订的商标区域代理合同，不符合《中华人民共和国合同法》第94条规定的情形。同时乙方又到其已授权给甲方代理的区域内设立防城港快餐店，侵害了甲方的合法权利。乙方的行为已构成违约、应承当违约责任，乙方应当向甲方陈某赔偿损失，按乙方在防城港市设立的防城港快餐店为一家A类新加盟店，加盟费和技术转让费为10万元，减去各种资料和物品费用2 000元后，乙方应当将此费用的三分之二交给甲方陈某和余某，但由于余某放弃权利，因此管理中心应当向甲方陈某支付此费用的三分之一，即32 667元。甲方陈某为制止乙方的违约行为而支付590元的交通费属合理支出，乙方应当对该支出承担赔偿责任。

乙方认为一审判决认定乙方单方解除与甲方签订的商标区域代理合同，不符合《中华人民共和国合同法》第94条规定的情形。混淆了双方合同所明确的委托代理合同关系。甲方陈某认为乙方混淆了商标代理与商标使用许可的概念，遍查商标法律、法规中有关商标使用许可的章节条款，在商标使用的问题上只有使用许可及使用权转让之规定，未有委托代理使用一说。根据《中华人民共和国合同法》第 398 条的规定，委托人应当预付处理委托事务的费用，受托人为处理委托事务垫付的必要费用，委托人应当偿还该费用及其利息。另外，根据第 405 条的规定，受托人完成委托事务的，委托人应当向其支付报酬。本案的事实是由受托人向委托人支付了加盟、代理费 10 000 元人民币，可见双方订立的是商标许可使用合同，因而不能单方予以解除。

二审法院归纳双方的争议焦点认为有三：一是双方当事人签订的《商标代理授权许可协议书》的性质是委托合同还是商标许可使用合同；二是上诉人乙方是否有权单方解除《商标代理授权许可协议书》；三是上诉人乙方对《商标代理授权许可协议书》的解除是否应承担民事赔偿责任。

焦点一：本案中甲、乙双方签订的《商标代理授权许可协议书》主体合格、意思表示真实，根据合同条款的约定结合本案其他证据认定《商标代理授权许可协议书》的性质为委托合同。理由有二：

第一，《商标代理授权许可协议书》符合委托合同的特征。(1) 当事人的合同使用了“商标代理”一词，根据《民法通则》的规定，代理是代理人在代理权限内，以被代理人的名义实施民事法律行为，被代理人对代理人的代理行为承担民事责任的制度。代理合同对外关系是指代理人以被代理人名义实施民事行为，根据《商标代理授权许可协议书》第 1 条约定，乙方将“麦肯基”商标、商号，许可甲方余某、陈某在广西、广东境内代理管理中心发展麦肯基快餐特许连锁加盟店业务使用，就是说甲方余某、陈某发展的连锁加盟店业务必须以张某管理中心的名义，因为乙方才是“麦肯基”商标独占许可人。(2) 双方合同约定对于代理行为由被代理人承担责任。《商标代理授权许可协议书》第 4 条约定：甲方在发展业务过程中发生超出商标注册使用范围的一切责任均由甲方承担责任，否则在发展业务过程中发生商标的其他责任由乙方负责承担。根据该约定，甲方陈某在发展麦肯基快餐特许连锁加盟店业务过程中，除了超出商标注册使用范围的情形由甲方陈某自己负责外，与商标有关的其他责任均由委托方乙方负责。(3) 代理合同的内部关系是本人与代理人之间形成委托关系。委托关系是指双方当事人约定以他方名义和费用处理事务的合同。发展麦肯基快餐特许连锁加盟店是乙方的事务，而非甲方余某、陈某个人的事务，麦肯基快餐特许连锁加盟店发展得越多对乙方越有好处，所以甲方余某、陈某为了处理甲方的事务而工作。（4）甲方余某、陈某从乙方得到了经济上的回报，该委托合同属于有偿合同。根据《商标代理授权许可协议书》第6条的规定，每发展一家新加盟店在签订加盟协议书后交乙方三分之一，其余归甲方余某、陈某所有。该约定明确甲方陈某每完成一家麦肯基快餐特许连锁加盟店的发展业务，就可以得到向新加盟店收取的加盟费和技术转让费中的一部分作为完成委托事务的报酬。该约定符合《中华人民共和国合同法》第405条关于委托合同应支付报酬的规定。至于《商标代理授权许可协议书》第6条约定，甲方一次性支付乙方区域加盟代理费20 000元，可视为甲方余某、陈某为取得麦肯基快餐特许连锁加盟店发展业务的资格，自愿向上诉人张某支付的费用。该约定是双方当事人调整利益关系的意思表示，并未违背委托合同的特征。综上，该协议符合委托代理的法律特征。

第二，《商标代理授权许可协议书》不符合商标许可合同的特征。（1）商标许可合同受让人不是以商标转让人的名义进行经营活动，而是以自己的名义进行经营活动。（2）商标许可合同的受让人完全是为了自己事务工作，并没有为他人处理事务的目的。商标许可给被许可人使用，商标被许可人得到的是商标使用的授权，但经营活动如何进行，业务是否需要发展和如何发展完全是自己的事务，并不需要他人的介入。（3）商标许可合同的许可人，以转让商标使用权收取转让费为目的，在转让商标使用权后，由于经营活动与自己无关，并没有技术服务保障、广告宣传、开辟市场等经营性的义务。（4）商标许可合同履行后，商标许可人与商标被许可人一般再无经济上联系，商标许可人对商标被许可人的经营收益再无利益分配的权利。综上分析，《商标代理授权许可协议书》符合法律对委托合同性质及特征的规定，符合双方当事人签订合同时的真实意思表示，应认定其性质为委托合同。上诉人乙方上诉称《商标代理授权许可协议书》为委托代理合同的上诉理由成立，本院予以支持。

焦点二：上诉人张某是否有权单方解除《商标代理授权许可协议书》。上诉人乙方张某单方解除《商标代理授权许可协议书》是有法律依据的。由于《商标代理授权许可协议书》性质为委托合同，根据《中华人民共和国民法通则》第69条第1款第（二）项的规定，被代理人取消委托或者代理人辞去委托，委托代理终止。根据《中华人民共和国合同法》第410条规定，委托人或者受托人可以随时解除委托合同。因解除合同给对方造成损失的，除不可归责于该方当事人的事由以外，应当赔偿损失。在委托合同中，双方当事人均享有单方解除合同的权利，这是因为委托合同是以当事人之间的信任关系为前提，而信任关系具有一定的主观任意性，如果当事人在信念上对对方当事人的信任有所动摇时，就应不问有无确凿的理由，均应允许其随时解除合同。否则，即使勉强维持双方之间的关系，也容易招致不良后果，影响委托合同订立目的的实现。上诉人乙方上诉称其可以单方解除委托合同的上诉理由成立，本院予以支持。解除合同的意思表示应通知对方当事人，对方当事人知道或者应当知道该解除合同的意思表示时合同解除。乙方于2003年6月15日作出的“关于取消陈某‘麦肯基’商标区域代理权的决定”是乙方单方解除合同的意思表示，上诉人乙方没有证据表明该决定已送达给甲方陈某，甲方陈某主张自己的代理人是在本案一审诉讼时才看到该决定的。因此，应视为甲方陈某在本案一审诉讼时才知道该解除合同的意思表示，《商标代理授权许可协议书》于此时解除。

焦点三：上诉人张某对《商标代理授权许可协议书》的解除是否应承担民事赔偿责任。《中华人民共和国合同法》第410条规定：“委托人或者受托人可以随时解除委托合同。因解除合同给对方造成损失的，除不可归责于该方当事人的事由以外，应当赔偿损失。”在委托合同解除时，解除方因解除合同给对方造成损失的，除不可归责于解除方的事由外，应当赔偿对方的损失。上诉人乙方单方解除合同的事由应归责于上诉人乙方，被上诉人甲方没有任何责任，因合同的解除给被上诉人造成损失的，上诉人应承担赔偿责任。被上诉人在二审诉讼中主张如下损失：（1）2003年4月30日甲方向乙方交纳的10 000元区域加盟代理费及利息；（2）甲方因乙方解除合同支付的交通费590元；（3）甲方为本案一、二审诉讼支出的车费、住宿费、律师代理费、打印复印费等共计4 677元。以上区域加盟代理费及利息、交通费、车费、住宿费、打印复印费等属于甲方因乙方解除合同遭受损失的证据，真实合法，法院予以支持。

☞ 本案启示

张某与陈某特许经营合同纠纷案给我们的启示有三：

一是双方当事人签订的《商标代理授权许可协议书》性质界定。本案中一、二审法院对甲、乙双方当事人签署的《商标代理授权许可协议书》性质认定都有所偏颇，结合甲、乙双方同时签订的《加盟合同》及其有关《商标代理授权许可协议书》中有关收取加盟费以及之后的加盟费与技术转让费支付的目的与方式，根据当时颁行的《商业特许经营管理办法（试行）》中的相关规定，甲、乙双方当事人签订的《加盟合同》、《商标代理授权许可协议书》性质为商业特许经营合同，甲方经乙方授权后依法取得的是商业特许经营权。

二是被特许人成员退伙是否必然导致被特许人特许权的终止。本案中甲方成员陈某退出麦肯基快餐（中国）连锁平南分店后，其是否失去了“麦肯基”商标的区域代理权。陈某、余某作为甲方（合伙企业）权利、义务、责任的共同所有人、连带责任人，在与乙方签订了《加盟协议书》、《商标代理授权许可协议书》并向乙方支付了区域加盟费后，共同享有乙方授予甲方的特许经营权。陈某退出麦肯基快餐（中国）连锁平南分店仅是其财产权的变更，而合伙企业的人合性决定了合伙人的身份权不能随财产权的转移而自动移转，且加盟协议中没有约定陈某如退出麦肯基快餐（中国）连锁平南分店就自动失去其麦肯基商标的区域代理权，因此甲方成员陈某依然享有“麦肯基”商标的区域特许经营权。

三是甲方陈某、余某与麦肯基快餐（中国）连锁平南分店之间的法律关系界定。麦肯基快餐（中国）连锁平南分店是由陈某、余某共同出资设立的合伙企业，因此甲方陈某、余某与麦肯基快餐（中国）连锁平南分店在法律上是属于人格混同的非法人企业，即麦肯基快餐（中国）连锁平南分店没有独立的法人资格，其经营决策、债务承担、利润分配具有较强的人合性，重要的经营事项、财产处分必须征得全体合伙人一致同意。同时，合伙人的退出与财产分割、财产数额，与合伙人在合伙企业中的身份权没有必然联系，合伙事务的执行由合法的合伙协议进行规范。

☞ 法条点击

《中华人民共和国合同法》

第四十四条　依法成立的合同，自成立时生效。

法律、行政法规规定应当办理批准、登记等手续生效的，依照其规定。

第六十条　当事人应当按照约定全面履行自己的义务。

当事人应当遵循诚实信用原则，根据合同的性质、目的和交易习惯履行通知、协助、保密等义务。

第一百零七条　当事人一方不履行合同义务或者履行合同义务不符合约定的，应当承担继续履行、采取补救措施或者赔偿损失等违约责任。

第一百一十三条　当事人一方不履行合同义务或者履行合同义务不符合约定，给对方造成损失的，损失赔偿额应当相当于因违约所造成的损失，包括合同履行后可以获得的利益，但不得超过违反合同一方订立合同时预见到或者应当预见到的因违反合同可能造成的损失。

经营者对消费者提供商品或者服务有欺诈行为的，依照《中华人民共和国消费者权益保护法》的规定承担损害赔偿责任。

案例45 明晰特许经营权内容对被特许人权益保护的重要性

周某诉北京某灯饰有限公司特许经营合同纠纷案①

☞ 案情简介

原告：周某（甲方）

被告：北京某灯饰有限公司（乙方）

2007年6月12日，甲、乙双方签订加盟合同书一份，合同有效期自2007年6月12日起至2008年6月12日止。合同第2条约定："授权内容及范围：1. 乙方授权甲方在吉林省白山市开设我爱我家儿童灯饰专卖店。2. 乙方持有的'我爱我家'商号、商标的使用权。3. 乙方持有的'我爱我家'专卖店VI体系的使用权。4. 经营管理制度、营销方案、规范的使用权。5. 乙方持有的'我爱我家'专卖店体系之系列产品经营权。"合同第5条约定："品牌使用费及返利奖励：甲方于签订合同之日起向乙方一次性付清品牌使用费8 000元，是甲方获得乙方经营授权许可之费用，该品牌使用费自甲方第二次进货起按累计进货量，每增加2万元，即返还1 000元，逐步返还。品牌使用费返完后，累计进货达到4万元，补贴广告费2 000元，累计进货达到8万元，送装修费4 000元。"合同第6条第4项约定："本合同有效期内，商品在无脏残、未使用、在每次进货之日起，3个月后、6个月内，甲方可向乙方提出换货要求，每次换货前需提供换货明细，换货来回的运费由甲方承担。"合同附款约定："甲方进居美之家家饰灯饰不计入返还品牌使用费。"合同还对双方的权利义务、保密条款等内容进行了约定。

合同签订后，甲方按约定交付品牌使用费8 000元。2007年6月12日，甲方第一次向乙方进货，支付货款10 000元。同年7月17日，甲方第二次向乙方进货，支付货款5 800元。此后，甲方、乙方就所供产品是否符合约定产生争议。甲方认为乙方应按照合同约定提供"我爱我家"灯饰产品，而不是"居美

---

① 本案例选自：北京市丰台区人民法院民事判决书（2008）丰民初字第10863号．

之家”的产品；乙方认为其供货系完全按照甲方的订货要求。双方协商未果，甲方遂以乙方未能提供合同约定的货源，且乙方在签订合同过程中存在欺诈行为为由诉至法院，请求判令：（1）撤销甲、乙双方签订的加盟合同；（2）乙方双倍返还甲方品牌使用费 16 000 元并返还房屋租赁费 7 500 元、货款 10 595 元；（3）诉讼费用由乙方承担。

以上事实，有甲方提供的加盟合同书、商标注册申请受理通知书、证明、邮政储蓄汇款手续费收据二份、货运单、说明书、运费收据，乙方提供的商标注册申请受理通知书、国家版权局著作权登记证书及双方当事人陈述在案佐证。

☞ 审理结果

法院经审理查明，乙方于 2007 年 3 月 6 日向国家工商行政管理总局商标局（以下简称商标局）在第 11 类商品上使用“我爱我家”商标提出注册申请。2007 年 7 月 24 日，商标局依法受理。2008 年 4 月乙方对“我爱我家”文字加图形商标及企业标识申请了著作权登记。

鉴于本案中甲、乙双方在签订的合同中明确约定，乙方授权甲方使用的是其持有的商号、商标，乙方在此并未宣称拥有“我爱我家”注册商标，不存在故意告知虚假情况，或者故意隐瞒真实情况的情形。甲方认为乙方构成欺诈，证据不足。由于甲、乙双方在合同附款中约定甲方进“居美之家”家饰灯饰不计入返还品牌使用费。故乙方向甲方提供“居美之家”家饰灯饰的产品，并未违反合同约定。由于乙方并未存在违约行为，故甲方在经营过程中发生的经济损失，不应由乙方负担。甲方要求双倍返还品牌使用费，以及返还房屋租赁费、货款的诉讼请求，无事实和法律依据，法院亦不予支持。据此，法院判决如下：（1）驳回甲方的全部诉讼请求；（2）案件受理费 675 元，由甲方负担（已交纳）。

如不服本判决，可在判决书送达之日起 15 日内，向法院递交上诉状，并按对方当事人的人数提出副本，交纳上诉案件受理费，上诉于北京市第二中级人民法院。如在上诉期满后 7 日内未交纳上诉案件受理费的，按自动撤回上诉处理。

☞ 法理评析

甲、乙双方签订的特许经营合同系双方当事人真实意思表示，且未违反国家法律及行政法规的强制性规定，为有效合同。根据我国《民法通则》、《合同法》等有关法律规定，存在故意告知对方虚假情况，或者故意隐瞒真实情况的情形是认定欺诈的必要条件。本案有关商业特许经营合同纠纷的判决结果值得商榷，结合当事人的陈述事实与法院的判决，主要有以下三个方面值得探讨：

一是法院以乙方不存在欺诈而驳回甲方请求撤销合同的结论。鉴于甲、乙双方签订的“特许经营合同”第 2 条约定的内容“授权内容及范围：1. 乙方授权甲方在吉林省白山市开设我爱我家儿童灯饰专卖店。2. 乙方持有的‘我爱我家’商号、商标的使用权。3. 乙方持有的‘我爱我家’专卖店 VI 体系的使用权。4. 经营管理制度、营销方案、规范的使用权。5. 乙方持有的‘我爱我家’专卖店体系之系列产品经营权……”，可以认定甲方加盟乙方的特许经营目的是，在吉林省白山市开设“我爱我家”儿童灯饰专卖店，有偿使用乙方的“我爱我家”商号、商标的使用权，销售“我爱我家”灯饰，而非“居美之家”家饰灯饰。这些客观事实彰显出判决理由中“虽然乙方于签订合同之时未拥有‘我爱我家’的注册商标，但双方在签订的合同中明确约定，乙方授权甲方使用的是其持有的商号、商标，乙方在此并未宣称拥有‘我爱我家’注册商标，不存在故意告知虚假情况，或者故意隐瞒真实情况的情形。甲方认为乙方构成欺诈证据不足，驳回甲方请求撤销合同”的结论有局限性。

二是关于甲方认为乙方未能提供合同约定货源的问题。甲方加盟乙方的目的是设立“我爱我家”儿童灯饰专卖店，有偿使用乙方的“我爱我家”商号、商标的使用权，销售“我爱我家”灯饰，只是鉴于“双方在合同附款中约定，甲方进‘居美之家’家饰灯饰不计入返还品牌使用费”，就得出乙方向甲方提供“居美之家”家饰灯饰的产品，并未违反合同约定。甲方主张其要求乙方提供“我爱我家”灯饰，而非“居美之家”家饰灯饰，因未再提供相应证据予以证明，故对甲方的该项事实主张法院就不予采信。故甲方以欺诈为由要求撤销合同的诉讼请求，法院就不予支持的结论不足以令人信服。

三是法院驳回甲方要求双倍返还品牌使用费、房屋租赁费、货款的诉讼请求。甲方加盟的是乙方“我爱我家”儿童灯饰的品牌专卖店，缴纳品牌使用费的目的是获得乙方授权许可使用乙方持有的“我爱我家”商号、商标的使用权，“我爱我家”专卖店 VI 体系的使用权及其经营管理制度、营销方案、规范的使用权、“我爱我家”专卖店体系之系列产品的经营权，而非“居美之家”家饰灯饰。由于乙方没有供应与交纳的加盟费相关的“我爱我家”专卖店体系之系列产品，导致甲方经营过程中的损失，法院竟然以“鉴于甲方进货未达到约定数量，无权依据合同要求乙方返还品牌使用费。甲方作为经营者，应该知道经营者不仅享有投资收益，还应当承担经营风险。根据《最高人民法院关于民事诉讼证据的若干规定》第 2 条规定，当事人对自己提出的诉讼请求所依据的事实或者反驳对方诉讼请求所依据的事实有责任提供证据加以证明。没有证据或者证据不足以证明当事人的事实主张的，由负有举证责任的当事人承担不利后果”，最终作出驳回甲方全部诉讼请求的判决，令人费解。

☞ 本案启示

周某诉北京某灯饰公司特许经营合同纠纷案给我们的启示有二：

一是明晰特许经营权内容对被特许人权益保护的重要性。本案中由于被特许人甲方在维护自己合法权益时是以乙方 2007 年 6 月以来在媒体上发布广告，自称拥有“我爱我家”灯饰产品的商标使用权和专卖店 VI 体系的使用权，而在甲方与乙方签约前尚未持有“我爱我家”灯饰产品的商标使用权和专卖店 VI 体系的使用权，存在欺诈行为，且至今没有国家商标局授予的商标专用权为理由，诉请法院判令撤销甲、乙双方签订的加盟合同。事实上，乙方的申请于 2007 年 7 月 24 日商标局依法受理，2008 年 4 月乙方只是对“我爱我家”文字加图形商标及企业标识申请了著作权登记，批准与否待定的情形下，如果甲方以乙方违反特许经营合同中有关特许经营权的具体内容——我爱我家儿童灯饰的品牌专卖经营的约定为由，充分利用加盟协议中的有关特许经营权的具体构成与核心条款内容，就能达到撤销合同的目的。

二是注重特许经营合同中加盟费、特许使用费含义的区别。商业特许经营合同与一般的商品买卖、供应合同相比，最大的特点就在于缴纳商业特许加盟费、特许使用费的目的是，被特许人能够区别于一般的营销者，具有销售特许人享有专门品牌的商品。本案中，法院以一般买卖合同中只要特许人履行了商品供应的一般义务等同于收受了加盟费后特许人应履行的特殊加盟商品供应义务，故以被特许人没有再提供相应的证据证明特许人应履行的特殊义务为由，得出乙方没有违约的结论。因此，准确解读商业特许经营合同法律规范的内涵，有助于现实中更好的维护商业特许经营中各方当事人的合法权益。

☞ 法条点击

《商业特许经营管理条例》

第三条　本条例所称商业特许经营（以下简称特许经营），是指拥有注册商标、企业标志、专利、专有技术等经营资源的企业（以下称特许人），以合同形式将其拥有的经营资源许可其他经营者（以下称被特许人）使用，被特许人按照合同约定在统一的经营模式下开展经营，并向特许人支付特许经营费用的经营活动。

第十二条 特许人和被特许人应当在特许经营合同中约定，被特许人在特许经营合同订立后一定期限内，可以单方解除合同。

《中华人民共和国合同法》

第五十四条 下列合同，当事人一方有权请求人民法院或者仲裁机构变更或者撤销：

（一）因重大误解订立的；

（二）在订立合同时显失公平的。

一方以欺诈、胁迫的手段或者乘人之危，使对方在违背真实意思的情况下订立的合同，受损害方有权请求人民法院或者仲裁机构变更或者撤销。

当事人请求变更的，人民法院或者仲裁机构不得撤销。

案例46 特许经营权维护中撤销权制度的运用时机

吴某与北京某服饰设计有限公司特许经营纠纷案①

☞ 案情简介

原告： 吴某（甲方）

被告： 北京某服饰设计有限公司（乙方）

甲、乙双方于2007年9月13日签署《授权经营合同书》。合同约定：乙方同意甲方使用其拥有的商标、商号以及形象代言人图像，销售其提供的产品；乙方负责制定经销商管理制度、价格体系，提供销售宣传资料；双方不存在隶属、投资、承包关系，甲方对其经营自负盈亏；甲方向乙方支付参股保险金29 800元，该保险金在合同期满、无违约前提下，由乙方退还甲方；任何一方不得单独变更或解除合同；违约方须向无过错方支付合同标的额30%的违约金。同日，

① 本案例选自：北京市第二中级人民法院民事判决书（2008）二中民终字第18118号.

甲方向乙方交纳参股保证金 29 800 元。

合同签订后，甲方在授权区域内开始经营活动。乙方分别于 2007 年 9 月 16 日、9 月 27 日免费向甲方提供市场标价为 39 800 元的货物。2007 年 9 月至 12 月期间，乙方向甲方正常供货。2008 年 1 月，乙方向包括甲方在内的众多加盟商致函，称公司因经营不善，运营成本过高，已经申请破产，暂停一切经营活动，希望得到加盟商谅解；“依 Q”品牌的商标允许继续使用，可自行组织货源贴牌销售。此后乙方未再依约向甲方供货。2008 年 1 月 23 日，乙方向甲方支付中断供货补偿款 2 000 元，甲方书面确认按照新的进货折扣标准履行合同。由于乙方在合同缔约阶段向加盟主体提供虚假信息，具有诱导对方作出签约意思表示的主观故意，故甲方以乙方的行为已经构成欺诈要求法院：（1）撤销甲、乙双方于 2007 年 9 月 13 日签署的授权经营合同；（2）乙方返还甲方依据加盟合同收取的参股保险金 29 800 元。

上述事实，有乙方的《企业法人营业执照》、双方签订的《授权经营合同书》、乙方出具的收据、乙方的宣传材料、国家工商行政管理总局商标局出具的《注册申请受理通知书》、乙方的《致歉函》、北京市工商行政管理局东城分局作出的《行政处罚决定书》（京工商东处字［2007］93 号）等证据材料以及双方当事人的陈述在案佐证。

☞ 审理结果

北京市东城区人民法院依据《中华人民共和国合同法》第 54 条第 2 款、第 58 条、第 75 条，《最高人民法院关于贯彻执行〈中华人民共和国民法通则〉若干问题的意见（试行）》第 68 条之规定，判决如下：（1）撤销甲、乙双方于 2007 年 9 月 13 日签订的《授权经营合同书》；（2）乙方于本判决生效后 10 日内返还甲方参股保险金 29 800 元。

乙方不服原审判决，向法院提起上诉，请求撤销原审判决，驳回甲方的全部诉讼请求。

二审法院经过合议庭审理认为，本案中乙方许可甲方等被特许人使用其拥有的商标等经营资源，要求被特许人以统一经营模式进行经营，并收取相应费用，乙方与甲方等被特许人之间签订的《授权经营合同书》符合商业特许经营合同的法定构成要件，属于商业特许经营合同。由于乙方与甲方等加盟商签订合同时收取加盟费、参股保险金的行为，构成利用虚假广告和信息诱人签订合同、骗取费用的违法行为，违背了诚实信用的基本商业准则，具有欺诈的主观故意。故原审判决认定事实清楚，适用法律无误，处理结果适当，应予维持。乙方提出的上诉理由缺乏事实及法律依据，二审法院不予支持，依照《中华人民共和国民事诉讼法》第153条第1款第（一）项的规定，判决如下：（1）驳回上诉，维持原判。（2）一审案件受理费546元，由乙方负担（于本判决生效后7日内交纳）；二审案件受理费545元，由乙方负担（已交纳）。

本判决为终审判决。

☞ 法理评析

乙方以拥有一定经营资源的企业身份许可甲方使用其商标等经营资源并收取相应费用为目的，与甲方签订的《授权经营合同书》，具有商业特许经营合同的性质。我国《商业特许经营管理条例》明确指出，特许人负有向被特许人提供其企业状况、经营资源、特许费用、特许规模等真实、准确、完整信息的义务，不得提供虚假信息。在判断特许人签订特许经营合同是否存在欺诈行为时，应将缔约过程中特许人是否如实披露与其特许行为存在重大关联的信息列入考察因素之内。韩国某国际企业集团是乙方为达其宣传推广目的而虚拟的企业名称；“依Q”商标并非韩国品牌，而是乙方尚处在申请注册过程中的商标。从乙方在合同缔约阶段向加盟主体提供虚假信息，具有诱导对方作出签约意思表示的主观故意。故乙方的行为已经构成欺诈，甲方要求撤销合同有法律依据。

合同被撤销后，乙方依据《授权经营合同书》收取的参股保险金29 800元应当予以返还。鉴于乙方成立后没有开设直营店从事经营活动，而是发展加盟店的事实，从乙方在授权甲方加盟的《授权经营合同书》中有关经营“双方不存在隶属、投资、承包关系，甲方对其经营自负盈亏；甲方向乙方支付参股保险金29 800元，该保险金在合同期满、无违约前提下，由乙方退还”的约定内容可以看出，本案中的参股保证金形式上为加盟费，实质上属于甲、乙双方协作经营的保证金。本案中的特许经营合同同时兼有协作经营合同的性质。

乙方上诉理由中提及下述三点理由：

一是北京市工商行政管理局东城分局对乙方进行行政处罚后，乙方已于2007年3月进行了整改，不再使用韩国某国际企业集团这一宣传方式。甲方提供的招商宣传材料的形成时间是2006年10月，而双方签订合同的时间是2007年9月，这些材料不能证明合同签订时乙方还存在夸大宣传。网站打印材料内容的真实性无法考证，与本案没有关联关系。涉案合同是双方当事人真实意思表示，该合同合法有效。招商广告属于要约邀请，其内容没有构成合同条款，对合同双方不具有约束力。

二是甲、乙双方签订的《授权经营合同》中不存在欺诈、误导性条款，不构成合同欺诈。甲方是在经过充分的市场考察后，出于对乙方经营的产品、经营理念、经营模式等认可的基础上签订的加盟合同，即使乙方的广告宣传内容有夸大成分，也不足以导致甲方作出错误意思表示，甲方不能因其经营失利就将市场风险转嫁到乙方。一审法院认定因上诉人的虚假宣传行为使甲方作出错误意思表示，依据不足。

三是涉案合同中没有对注册商标进行约定，不存在故意隐瞒的问题，非注册商标不能构成撤销事由。2008 年 1 月，乙方发出《致歉函》后，甲乙双方又达成了新的协议，反映出甲方对乙方经营模式和经营产品予以充分认可。乙方的企业工商登记信息是公开的，甲方在知道相关事实后，又与乙方达成新的供货协议，其以自己的行为放弃了合同撤销权。

二审法院经过调查、审理对乙方的回应有三：

一是本案中乙方许可甲方等被特许人使用其拥有的商标等经营资源，要求被特许人以统一经营模式进行经营、收取相应费用，乙方与被特许人之间签订的《授权经营合同书》符合法律规定的商业特许经营合同要件，属于商业特许经营合同。由于乙方在推广、宣传活动中的“韩国某国际企业集团是一家综合性跨国集团、依 Q 服饰数码美容创意坊风靡韩国、加盟商有数倍利润空间”等内容属于虚假广告，因此法院认为乙方在其推广、宣传活动中虚构事实、隐瞒真相，属于欺骗、误导的行为，具有欺诈的主观故意。虽然前述虚假的宣传内容并未列入合同条款，但客观上起到了诱导甲方等加盟商签约的作用，故甲方请求撤销《授权经营合同书》的主张，事实及法律依据充分，法院予以支持。

二是因为《授权经营书》中有关授权“甲方使用乙方拥有的商标、商号以及形象代言人图像，销售其提供的产品；乙方负责制定经销商管理制度、价格体系，提供销售宣传资料”等内容表明，鉴于我国相关法律、法规中商标、商号的自愿注册制度，没有注册的商标也应诚信管理、使用，没有对注册商标进行特别约定就意味着对特许人乙方的所有经营资源都进行了授权。故乙方的“涉案合同中没有对注册商标进行约定，不存在故意隐瞒的问题，非注册商标不能构成撤销事由”的主张不能成立。

三是虽然甲、乙双方在乙方发出《致歉函》并停止供货后又达成新的协议，但该行为不能否定乙方利用虚假广告和信息诱人签订合同、骗取费用的客观事实，甲方的再次签约行为依然是基于对乙方有关公开信息的信任，且乙方未提交证据证明甲方在 2008 年 1 月 23 日双方达成新协议时明知存在撤销事由并作出放弃撤销权的意思表示。因此，乙方提出的“2008 年 1 月乙方发出《致歉函》后，双方又达成了新的协议，反映出甲方对乙方经营模式和经营产品予以充分认可。

乙方的企业工商登记信息是公开的，甲方在知道相关事实后，又与乙方达成新的供货协议，其以自己的行为放弃了合同撤销权”，即甲方以自己的行为放弃合同撤销权的上诉主张，法院不予支持。

☞ 本案启示

吴某与北京某服饰公司特许经营纠纷案给我们的启示有二：

一是注重特许经营权维护中撤销权制度的运用时机。本案中，乙方许可甲方等被特许人使用其拥有的商标等经营资源，要求被特许人以统一经营模式进行经营、收取相应费用，表明乙方与被特许人之间签订的《授权经营合同书》属于商业特许经营合同，甲方取得了使用乙方特有的商标、经销模式、价格体系等经营资源的特许经营权。在乙方发出《致歉函》并停止供货后，甲方应及时以乙方违约或欺诈为由利用特许合同撤销权制度维护自己的合法权益。若通过签订新协议以期延续自己的特许权及其对受损特许权益的维护，会增加自己的诉讼成本并承担超过诉讼时效、放弃合同撤销权的不利风险。

二是明晰特许人资格与特许经营权维护的关系。本案中，乙方在与甲方等被特许人签订特许加盟合同时，虽然不具备商业特许经营相关法律、法规中有关特许人应具备的商业特许人法定资格条件，但由于相关的《授权经营合同书》中没有违反国家或社会公共利益的内容且该特许合同已经开始履行。因此，法院认定商业特许经营者不具备法定资格要件时签订的特许经营合同只要不违反国家强制性法律、法规，不违反国家或社会公共利益，认定该合同有效且经由该特许合同获得的商业特许经营权受法律保护。

☞ 法条点击

《商业特许经营管理条例》

第三条 本条例所称商业特许经营（以下简称特许经营），是指拥有注册商标、企业标志、专利、专有技术等经营资源的企业（以下称特许人），以合同形式将其拥有的经营资源许可其他经营者（以下称被特许人）使用，被特许人按照合同约定在统一的经营模式下开展经营，并向特许人支付特许经营费用的经营活动。

企业以外的其他单位和个人不得作为特许人从事特许经营活动。

第四条 从事特许经营活动，应当遵循自愿、公平、诚实信用的原则。

第二十二条 特许人应当向被特许人提供以下信息：

（一）特许人的名称、住所、法定代表人、注册资本额、经营范围以及从事特许经营活动的基本情况；

（二）特许人的注册商标、企业标志、专利、专有技术和经营模式的基本情况；

（三）特许经营费用的种类、金额和支付方式（包括是否收取保证金以及保证金的返还条件和返还方式）；

（四）向被特许人提供产品、服务、设备的价格和条件；

（五）为被特许人持续提供经营指导、技术支持、业务培训等服务的具体内容、提供方式和实施计划；

（六）对被特许人的经营活动进行指导、监督的具体办法；

（七）特许经营网点投资预算；

（八）在中国境内现有的被特许人的数量、分布地域以及经营状况评估；

（九）最近2年的经会计师事务所审计的财务会计报告摘要和审计报告摘要；

（十）最近5年内与特许经营相关的诉讼和仲裁情况；

（十一）特许人及其法定代表人是否有重大违法经营记录。

第二十三条　特许人向被特许人提供的信息应当真实、准确、完整，不得隐瞒有关信息，或者提供虚假信息。

特许人向被特许人提供的信息发生重大变更的，应当及时通知被特许人。

特许人隐瞒有关信息或者提供虚假信息的，被特许人可以解除特许经营合同。

《中华人民共和国合同法》

第五十四条　下列合同，当事人一方有权请求人民法院或者仲裁机构变更或者撤销：

（一）因重大误解订立的；

（二）在订立合同时显失公平的。

一方以欺诈、胁迫的手段或者乘人之危，使对方在违背真实意思的情况下订立的合同，受损害方有权请求人民法院或者仲裁机构变更或者撤销。

当事人请求变更的，人民法院或者仲裁机构不得撤销。

第五十八条　合同无效或者被撤销后，因该合同取得的财产，应当予以返还；不能返还或者没有必要返还的，应当折价补偿。有过错的一方应当赔偿对方因此所受到的损失，双方都有过错的，应当各自承担相应的责任。

第七十五条 撤销权自债权人知道或者应当知道撤销事由之日起一年内行使。自债务人的行为发生之日起五年内没有行使撤销权的，该撤销权消灭。

《中华人民共和国商标法》

第四条 自然人、法人或者其他组织对其生产、制造、加工、拣选或者经销的商品，需要取得商标专用权的，应当向商标局申请商品商标注册。

自然人、法人或者其他组织对其提供的服务项目，需要取得商标专用权的，应当向商标局申请服务商标注册。本法有关商品商标的规定，适用于服务商标。

第六条 国家规定必须使用注册商标的商品，必须申请商标注册，未经核准注册的，不得在市场销售。

案例47 特许经营费的内容与特许权使用期限是否有关

某儿童用品（北京）有限公司特许经营纠纷案[①]

☞ 案情简介

原告： 杨某（甲方）

被告： 某儿童用品（北京）有限公司（乙方）

原审法院经审理查明，2007年6月11日，乙方与甲方在指定区域独家发展十二喜专卖店或次级别授予、许可发展商使用乙方知识产权事宜签订了《知识产权许可协议（广西壮族自治区区域）》，双方约定乙方许可甲方在广西壮族自治区使用十二喜注册商标，使用方式包括促销广告、店堂告示、宣传材料、商业文件、服务标识；甲方按乙方的经营政策和营运规章，执行乙方营运指导手册相关规定，接受乙方的监督及指导，以保证销售商及店面的产品品质、服务品质，维护品牌形象及顾客利益；甲方与乙方均有权在本合同指定区域内发展次级区域总代理和无再次许可权的专卖店，所有受许可者均应与乙方建立合同关系。协议

① 本案例选自：北京市高级人民法院民事判决书（2009）高民终字第1550号.

还约定：甲方应参加十二喜公司统一规定的季度订货会，预订乙方推出的各种产品，向乙方下达订货单，由乙方调节核准后，再向甲方下达实际订货通知；订货方式可以采用电话、电报、传真等方式，亦可到乙方直接选订货品，自甲方支付订货总货款的30%之日起订货生效；甲方应提前将购货计划按照乙方认可的订货单格式以传真的方式告知乙方，为避免配送延误，甲方应同时以电话方式通知乙方，3天内乙方确认订单处理情况，在确认订单后12个工作日内发货；合作期限为2年。本协议履约时限自2007年6月3日至2009年6月2日止。合同签订后，甲方按照约定向乙方支付了知识产权使用费27万元和管理费7 600元，同日，乙方向甲方出具《开店资格证》、《商标准用证》、《授权书》。之后甲方多次以协议约定的订单传真方式向乙方订货，乙方也依据甲方以传真件形式的订单发货。

2007年9月1日，甲方与梦之岛公司签订《租赁合同》，约定梦之岛公司给甲方提供营业场所经营十二喜童装，甲方须保证在梦之岛公司的商品库存按零售价计旺季不低于20万元，淡季不低于15万元。2008年3月28日，梦之岛公司向甲方发出《撤柜通知》，原因是甲方十二喜智慧童装上梦之岛11号专柜2008年春夏无新货上柜，影响商场销售，造成商场经济损失。于是甲方将乙方诉至法院，要求：解除上述特许经营合同，追究乙方因违约给甲方造成的经济损失。

☞ 审理结果

北京市第一中级人民法院根据《中华人民共和国民事诉讼法》第64条第1款，《中华人民共和国合同法》第44条第1款、第94条第（四）项、第97条之规定，判决如下：（1）解除甲方与乙方签订的《知识产权许可协议（广西壮族自治区区域）》、《销售关系框架合同（广西壮族自治区区域）》；（2）自本判决生效之日起15日内，乙方返还甲方知识产权使用费146 250元、管理费633元、货款33 285.15元；（3）自本判决生效之日起15日内，乙方赔偿甲方乙方经济损失10 150元；（4）驳回甲方的其他诉讼请求。

乙方不服原审判决，在法定期限内依法向法院提出上诉，请求维持原审判决第一、四项，撤销原审判决第二、三项。二审法院经过合议庭审理认为：上诉人的上诉理由因缺乏事实及法律依据不能成立，其上诉请求法院不予支持；一审判决认定事实清楚，适用法律正确，依法应予维持。依据《中华人民共和国民事诉讼法》第153条第1款第（一）项之规定，二审法院判决如下：（1）驳回上诉，维持原判；（2）一审案件受理费5 097元，由甲方负担1 000元（已交纳），由乙方负担4 097元（于本判决生效之日起7日内交纳）；二审案件受理费4 107元，由乙方负担（已交纳）。

本判决为终审判决。

☞ 法理评析

本案中乙方与甲方签订的《知识产权许可协议（广西壮族自治区区域)》、《销售关系框架合同（广西壮族自治区区域)》系双方意思表示真实，未违反国家法律、法规的规定，属于有效的特许经营合同，双方均应按约认真履行。甲方依约支付了知识产权许可使用费27万元和第一年管理费7 600元，并采取协议约定的订单传真方式多次向乙方订货，乙方理应依约履行相应的合同义务。乙方存在实际供货与订单不符及不能及时供货的违约情形，造成甲方无法继续经营，致使甲方与乙方签定的《知识产权许可协议（广西壮族自治区区域)》、《销售关系框架合同（广西壮族自治区区域)》的合同目的无法实现，乙方的行为已经构成根本性违约，上述两份合同应予解除。由于乙方已经履行了部分合同义务，故甲方理应交纳乙方实际履约期间的知识产权使用费和管理费。自梦之岛公司要求甲方撤柜之日至合同履行期限届满期间的知识产权使用费和管理费，乙方应予返还。乙方未能依约供货导致合同目的无法实现，并导致甲方遭受的装修损失乙方应当予以赔偿。

乙方不服原审判决，在法定期限内依法向法院提出上诉，请求维持原审判决第一、四项，撤销原审判决第二、三项。上诉人（乙方）的上诉理由为：被上诉人（甲方）的传真件不能作为定案证据，原审判决没有顾及特许加盟行业的特点及上诉人的绝大多数加盟单位经营良好的事实，未对合同约定的涉及有效订货的条件、处理订货通知争议应执行的争议解决条款的合理性，以及双方在程序中明确的争议事项进行裁决，故上诉人只同意解除合同。北京高院2009年2月23日受理本案后，依法组成合议庭，于2009年3月17日开庭进行了公开审理。

在本案二审过程中，上诉人（乙方）新提交了三组证据材料：第一组证据材料是上诉人与除被上诉人之外的其他67家加盟商签订的知识产权协议及销售合作合同，用以证明上诉人与其他加盟商保持了良好的合作关系；第二组证据材料为上诉人向上述67家加盟商供货的底单，用以证明上诉人能够向其加盟商供货；第三组证据材料是订货会的文件，用以证明加盟商向上诉人订货的程序等事项。上诉人认可上述证据材料均未在举证期限内向原审法院提交，并认可这67家加盟商不包括被上诉人。被上诉人认为这三组证据材料与本案无关。经法院审查，鉴于上诉证据材料均未在举证期限内向原审法院提交，且被上诉人亦不是67家加盟商之一，故上述三组证据材料与本案不具有直接关联性，法院不予采纳；被上诉人提交了一份光盘及整理后的相应文字材料，用以证明上诉人未按订单发货及收到订单后不发货的事实，并认可该证据材料未向原审法院提交。上诉人认可上述文字材料与光盘所记载的录音内容的一致性，但对其真实性不予认可。对此法院认为，鉴于该证据未向原审法院提交，不属于民事诉讼中的二审新证据，且被上诉人并未提供其他证据证明其真实性，故法院对该证据不予采纳。二审法院经审理认为，原审法院查明的事实清楚，证据充分，二审法院予以确认，维持原判。

☞ 本案启示

某儿童用品有限公司特许经营纠纷案给我们的启示有二：

一是注意特许经营费用与特许权使用期限之间的关系。我国商业特许经营管理法律、法规制度体系中明确规定，被特许人应该向特许人支付特许经营费用。实践中双方约定的特许经营费用种类、内容、支付方式、功能作用不同，特许经营权使用期限与特许经营费用的关系各异。特许加盟费是指特许者将特许经营权授予被特许者时所收取的一次性费用；特许使用费是指被特许者在使用特许经营权过程中按一定的标准或比例向特许者定期支付的费用；保证金是指为确保被特许者履行特许经营合同，特许者可要求被特许者交付一定的保证金，合同到期后保证金应退还被特许者；其他费用是指特许者根据特许经营合同为被特许者提供相关服务向被特许者收取的费用。由此可见，明晰特许经营费用的种类、金额、支付方式及其功能作用，并在特许合同中进行明确规定，对因特许经营权内容及其使用期限导致的纠纷处理，能够更好地体现公平原则、维护双方当事人的合法权益。

二是注重供货合同订立、履行方式对特许经营权实现的保障。商业特许经营中特许经营权利获得的有偿性、特许经营模式的专有性、经营效果的互利性，使得双方当事人可以在特许经营合同中通过特别的邀约、承诺方式，维护特许人与被特许人之间的合法权益。如，本案中甲乙双方约定：甲方与乙方均有权在本合同指定区域内发展次级区域总代理和无再次许可权的专卖店，所有受许可者均应与乙方建立合同关系；甲方应参加十二喜公司统一规定的季度订货会，预订乙方推出的各种产品，向乙方下达订货单，由乙方调节核准后，再向甲方下达实际订货通知；订货方式可以采用电话、电报、传真等方式，亦可到乙方直接选订货品，自甲方支付订货总货款的30%之日起订货生效；甲方应提前将购货计划按照乙方认可的订货单格式以传真的方式告知乙方，为避免配送延误，甲方应同时以电话方式通知乙方，3天内乙方确认订单处理情况，在确认订单后12个工作日内发货。但在约定中一定注意双方当事人特许经营权益保护的对等性，否则最终引发的纠纷会影响到双方各自的利益。

☞ 法条点击

《中华人民共和国民事诉讼法》

第六十四条 当事人对自己提出的主张，有责任提供证据。当事人及其诉讼代理人因客观原因不能自行收集的证据，或者人民法院认为审理案件需要的证据，人民法院应当调查收集。人民法院应当按照法定程序，全面地、客观地审查核实证据。

第一百五十三条 第二审人民法院对上诉案件，经过审理，按照下列情形，分别处理：

（一）原判决认定事实清楚，适用法律正确的，判决驳回上诉，维持原判决；

……

《中华人民共和国合同法》

第四十四条 依法成立的合同，自成立时生效。法律、行政法规规定应当办理批准、登记等手续生效的，依照其规定。

第九十四条 有下列情形之一的，当事人可以解除合同：

（一）因不可抗力致使不能实现合同目的；

（二）在履行期限届满之前，当事人一方明确表示或者以自己的行为表明不履行主要债务；

（三）当事人一方迟延履行主要债务，经催告后在合理期限内仍未履行；

（四）当事人一方迟延履行债务或者有其他违约行为致使不能实现合同目的；

（五）法律规定的其他情形。

第九十七条 合同解除后，尚未履行的，终止履行；已经履行的，根据履行情况和合同性质，当事人可以要求恢复原状、采取其他补救措施，并有权要求赔偿损失。

案例48 特定高管团队可否作为特许经营权的内容

黄骅某商贸有限公司与庆云县某商厦有限公司特许加盟纠纷案[①]

☞ 案情简介

原告： 黄骅某商贸有限公司（甲方）

被告： 庆云县某商厦有限公司（乙方）

2003年8月25日，甲、乙双方签订了《黄骅信誉楼特许加盟合同》。加盟合同12条约定：为了确保加盟店的规范经营，加盟店总经理的任免必须经甲方同意，加盟店成立初期，乙方要与甲方聘请的高级经营管理人员签订协议，薪酬不低于甲方同级人员的收入。于是，同日乙方与甲方选派的曹某签订了《聘任合同》，聘用曹某任乙方的总经理。《聘任合同》约定，乙方给曹某必要的工作和生活待遇，其中包括：（1）授予曹某股权；（2）支付曹某的薪酬，使曹某的年薪标准不低于甲方提供的同级水平标准。加盟合同签订以后，甲方派出了包括商品部经理、楼层经理、人力资源部经理、财务经理在内的高级管理人员，具体为2004年派出了曹某、王某、邓某、张某，2005年又增派陈某、赵某、杨某、代某等人，杨某、戴某于2005年陆续撤回。除曹某与乙方签订有书面的聘任合同之外，关于其他高级管理人员的薪酬待遇由甲方与乙方达成了口头约定：比照乙方与曹某签订的聘任合同中的有关约定，薪酬不低于甲方同级人员水平，薪酬包括工资、奖金、股权增值和股权分红，其中奖金及股权数发放标准由甲方薪酬委员会评议通过，乙方予以发放，股权分红款于年终发放至个人，股权增值款于每年股价公布后汇入甲方帐户。

2004年12月底甲方公布的股值为每股1 500元；2005年甲方公布每股分红300元，每股股值为1 800元；2006年甲方公布每股分红300元，每股股值2 100元。2005年乙方依照甲方提供的标准，按合同约定向曹某、邓某、王某、张某分别支付了2004年股权分红款。就以上派出人员所享有的2004年股权增值

① 本案例选自：河北省黄骅市人民法院民事判决书（2007）黄民初字第216号.

款，乙方于2005年4月8日向甲方出具了欠条，该欠条载明：乙方欠甲方股权增值款共计132 000元，其中：曹某105 333元，王某5 400元，张某9 067元，邓某12 200元。2005年、2006年度，甲方依双方约定将曹某等人2005年及2006年股权分红明细及股权增值明细提供给乙方，具体情况如下：2005年曹某应得股权分红款120 000元，王某应得股权分红款49 500元，邓某应得股权分红款27 000元，张某应得股权分红款27 000元，陈某应得股权分红款18 000元，赵某应得股权分红款9 000元，杨某应得股权分红款1 812.5元，戴某应得股权分红款2 537.5元；2005年曹某应得股权增值款120 000元，王某应得股权增值款为49 500元，邓某应得股权增值款为27 000元，张某应得股权增值款为27 000元，陈某应得股权增值款为18 000元，赵某应得股权增值款为9 000元，杨某应得股权增值款为1 812.5元，戴某应得股权增值款为2 537.5元。2006年曹某应得股权分红款120 000元，王某应得股权分红款为49 500元，邓某应得股权分红款为27 000元，张某应得股权分红款为27 000元，陈某应得股权分红款为18 000元，赵某应得股权分红款为9 000元；2006年曹某应得股权增值款为120 000元，王某应得股权增值款为49 500元，邓某应得股权增值款为27 000元，张某应得股权增值款为27 000元，陈某应得股权增值款为18 000元，赵某应得股权增值款为9 000元。以上款项总计为999 699元（包括2005年4月8日欠条中的132 000元）。

乙方接受上述薪酬发放明细后，对曹某等人所得的股权分红款未依约予以支付，对曹某等人应得的股权增值款亦未依照双方约定汇入甲方的帐户。2007年1月6日，甲方派出的高级管理人员从乙方撤回，双方的加盟合同终止。2007年甲方将上述人员应得的股权分红款项予以代付。

对于此款甲方多次催要，但乙方迟迟不履行合同义务，因此甲方诉请法院判决乙方依据双方签订的《特许加盟合同》第21条之内容，支付甲方代乙方支付的上述人员应得股权分红款项。

☞ 审理结果

根据对相关证据的分析认证，结合有关当事人的陈述、法院对本案事实的调查，法院认为甲、乙双方签订的《加盟合同》及《聘任合同》合法有效。上述事实由加盟申请、加盟合同、聘任合同、董事会会议记录、明细表、欠条、乙方的证人证言、电话录音材料及双方当事人的当庭陈述在案佐证。

依照《中华人民共和国合同法》第6条、第8条、第10条、第60条之规定，法院判决如下：（1）乙方于本判决生效之日起10日内给付甲方钱款合计为

999 699 元；（2）如果未按本判决指定的期间履行给付金钱义务，应当依照《中华人民共和国民事诉讼法》第 229 条之规定，加倍支付迟延履行期间的债务利息；（3）本案诉讼费用 15 000 元由乙方承担，限本判决生效之日缴纳。

如不服本判决，可在判决书送达之日起 15 日内，向法院递交上诉状，并按以方当事人的人数提出副本，上诉于河北省沧州市中级人民法院。

☞ 法理评析

本案中有关甲、乙双方签订的《黄骅信誉楼特许加盟合同》、《聘任合同》是甲、乙双方当事人的真实意思表示，合同内容未违背有关法律之强制性规定，应认定为合法有效。在特许加盟合同及聘任合同中，双方均约定乙方支付给甲方派出的高级管理人员的薪酬不低于甲方同级人员的收入，标准由甲方提供。对以上约定，既有书面的《加盟合同》及《聘任合同》予以佐证，同时又有当时的知情人即乙方的原董事长张某的当庭陈述及其出具的情况说明予以印证，因此对两份合同中有关薪酬待遇的约定予以认定，该约定中甲方派出人员的薪酬包括工资、奖金、股权分红、股权增值，这里所说的股权分红及股权增值是甲方向乙方提供的一种薪酬的计算办法，双方就薪酬的上述约定，亦为双方真实意思表示，不违背法律强制性规定，为合法有效。

乙方应依约按甲方提供的标准向甲方派出的高级管理人员支付薪酬，合同履行中乙方就甲方派出人员 2004 年所享有的股权分红款已经依约定如数发放，对 2004 年甲方派出人员所享有的股权增值款虽未发放，但已依约如数向甲方出具了欠条。由此可见，乙方对甲方派出人员所享有的上述获得薪酬的权利认可并已实际执行。对 2005 年、2006 年度甲方派出的高级管理人员所应分得的股权分红款及股权增值款亦应按甲方提供的标准依约定履行。在合同履行过程中，乙方没有履行约定，甲方向曹某等人垫付了股权分红款，对曹某等人所享有的股权增值款按甲方公司规定将于曹某等人退休或离开甲方时如数发放。因此，乙方对甲方负有金钱债务，甲方依法获取了向乙方庆云某商厦的求偿权。对甲方的诉讼请求，法院依法予以支持。

乙方辩称甲方所诉中的被聘用人员只有曹某一人，其他人不是乙方聘用的高级管理人员。结合乙方的加盟申请及双方签订的加盟合同可以看出，乙方加盟甲方的目的即为利用甲方的企业管理理念及经营管理模式，最大限度地提升企业价值，而甲方完整的经营模式仅靠聘请一名总经理是很难实现其加盟目的的。由此可见，甲方的当庭证言中高级管理人员包括总经理及商品部经理、楼层经理、人力资源部经理、财务经理更具有可信度，法院予以采信，对乙方的该答辩意见法院不予支持。

就乙方辩称曹某等人不是乙方的股东，其薪酬已经全部兑现，甲方为曹某等人追要股权分红款、增值款没有合同和法律依据，法院认为核心员工持股，实行人力资本股权化是甲方特有的管理模式，乙方加盟甲方的行为本身即说明其对甲方特有的人力资本股权化是认可的，而双方在《加盟合同》及《聘任合同》中约定的依甲方提供的标准支付曹某等人薪酬，其中股权分红款、增值款是薪酬的内容之一，这种薪酬的计算办法是双方约定的，是合同内容的一部分。因此，甲方的诉讼请求是有合同依据的，对乙方的该答辩意见法院不予采信。

☞ 本案启示

黄骅某公司与庆云某商厦特许加盟纠纷案给我们的启示有二：

一是商业特许经营权内容及其加盟费表现形式的多样性。本案中特许人甲方拥有的特许经营资源主要表现为特殊的核心员工持股、人力资本股权化的管理制度体系，被特许人乙方向特许人甲方支付特许使用费的方式是，不仅包括支付甲方选聘经营管理人员的工资报酬，而且包括认可甲方选聘企业管理人员人力资本的股权化收益并予以支付。

二是明确股权分红款、股权增值款的准确含义。本案中的股权分红款是指，每一股份的年股利、股息收入；股权增值款是指，每一股份所代表的年净资产价值。至于本案中双方当事人有关特许人甲方拥有特许资源的市场价值、乙方认可的人力资本股权化管理制度的约定是否公平、合理，当事人应该慎重考量后再作抉择。

☞ 法条点击

《中华人民共和国合同法》

第六条 当事人行使权利、履行义务应当遵循诚实信用原则。

第八条 依法成立的合同，对当事人具有法律约束力。当事人应当按照约定履行自己的义务，不得擅自变更或者解除合同。

依法成立的合同，受法律保护。

第十条 当事人订立合同，有书面形式、口头形式和其他形式。

法律、行政法规规定采用书面形式的，应当采用书面形式。当事人约定采用书面形式的，应当采用书面形式。

第六十条 当事人应当按照约定全面履行自己的义务。

当事人应当遵循诚实信用原则，根据合同的性质、目的和交易习惯履行通知、协助、保密等义务。

案例 49　特许经营权与商品特许经销权重合的法律规制

北京 A 文教玩具有限公司与广州市某玩具商行特许经营纠纷案[①]

☞ 案情简介

原告： 广州市某玩具商行（甲方）

被告： 北京 A 文教玩具有限公司（乙方）

2001 年 8 月 22 日乙方与中国皇宝国际玩具批发中心签订《名牌厂家联合销售协议书》，约定双方互换销售羽西与高乐品牌玩具产品。合同期为 2001 年 9 月 1 日至 2002 年 2 月 28 日。2002 年 4 月 24 日乙方与家乐福商业公司签订了羽西中国娃娃商品经销合同，合同期为 2002 年 4 月 24 日起至 2002 年 12 月 31 日。

2002 年 10 月 15 日，甲、乙双方签订由甲方作为乙方在广东省独家特许经销其产品“羽西中国娃娃”的特许经营合同。经营方式为买断经营，自负盈亏。特许合同对双方责任约定为：甲方作为乙方的省级经销商，首批进货额不得低于 18 万，年销售额指标为 100 万元，并确保乙方产品在 6 个月内进入广东省每个地方的主要商场。如连续两个季度不能完成规定季度销售指标（年度销售指标的四分之一）乙方有权单方面在其特许区域内发展第二家经销商。合同期为 5 年，从 2002 年 11 月 1 日至 2007 年 10 月 30 日。双方同时约定：在合同有效期内任何一方违背合同约定另一方有权单方面终止合同，并在该区域内选择新的合作伙伴。在合同规定区域内乙方如有销售给其他分销商，按销售额 5% 罚给甲方。同日，乙方发给甲方授权书，授权甲方为广东省总经销商。

同年 10 月 19 日甲方按约向乙方 A 公司支付了 18 万元货款，甲方于同年 10 月 26 日收到乙方提供的价值 180 024 元的“羽西中国娃娃”。同年 11 月 10 日甲方发现在广州的家乐福超市有销售“羽西中国娃娃”，遂与乙方联系告知情况。乙方及时派人到广州与甲方协商解决该问题但最终未有结果。甲方于同年 12 月

---

① 本案例选自：上海市第二中级人民法院民事判决书（2004）沪二中民三（商）终字第 60 号.

17 日与广州华联商厦有限公司签定了临时联营协议以促销“羽西中国娃娃”，合作时间为 2002 年 12 月 24 日至 2003 年 1 月 24 日。甲方 2003 年 3 月 16 日在广东玩通天玩具商行、2003 年 3 月 17 日在广州统一超市分别买到了比乙方标价便宜一半的羽西中国娃娃，至此甲方仅售出价值 3 464 元的羽西中国娃娃。2003 年 4 月 11 日，甲方通知乙方根据合同约定解除特许经营合同、要求承担退货义务并赔偿由此给甲方造成的经济损失。乙方回函甲方要求继续履行合同，甲方遂向法院提起诉讼，要求：根据合同约定解除特许经营合同，要求乙方承担退货义务并赔偿由此给甲方造成的经济损失。

☞ 审理结果

法院经过审理，依照《中华人民共和国合同法》第 8 条、第 60 条、第 94 条第 4 项、第 97 条之规定，判决如下：(1) 甲方于本判决生效之日起 10 日内退还乙方价值 173 501.5 元的羽西中国娃娃，如有损坏、灭失，按进货价赔偿；(2) 甲方在履行上述第一项退货义务后，由乙方退还甲方货款 173 492 元；(3) 乙方于本判决生效之日起 10 日内赔偿甲方经济损失 2 850 元。本案受理费 5 294.20 元，由甲方负担 360.03 元，乙方负担 4 934.17 元。

原审法院宣判后乙方不服向法院提起上诉，请求二审法院依法改判，驳回被上诉人甲方的诉请求。二审法院经审理查明：原审法院查明的事实属实，鉴于上诉人乙方的上诉理由无事实与法律依据，依法不能成立。原审法院认定事实清楚，适用法律正确，应予维持，二审法院依据《中华人民共和国民事诉讼法》第 153 条第 1 款第（一）项之规定，判决如下：(1) 驳回上诉，维持原判；(2) 二审案件受理费人民币 5 294.20 元，由上诉人乙方负担。

本判决为终审判决。

☞ 法理评析

原审法院认为：甲、乙双方签订的经销合同实质是一份商业特许经营合同，即乙方授予甲方在一定地区享有独家经营权。独家经营合同与一般买卖合同的区别在于，特许经营合同在之前和合同签订之时乃至合同履行之中，授权方都有义务维护被授权人独家经营的地位，应为被授权人排除由于自己原因造成被授权人不能独家经营的障碍。甲方在与乙方签订合同后依约向乙方一次进货 18 万元，并与广州华联商厦有限公司签订了临时联营促销协议，履行特许经营合同中约定的义务，而乙方在 2002 年 10 月 15 日与甲方签订特许合同前，就与家乐福商业公司和皇宝国际（中国）玩具批发中心分别签订了商品特许销售合同和互换产品合同，不仅家乐福商业公司的经销期限与甲方的特许经营权的期限冲突，而且消费者在甲方经销之前或合同履行中，都可能在广东省的家乐福超市、中国皇宝国际玩具批发中心购买到羽西中国娃娃。乙方未告知甲方相关信息，且在甲方告知乙方后，乙方又未采取积极措施的情况下，甲方在广东地区享有的特许经营权目的就将无法实现。在合同的履行过程中乙方丧失了解决其违约问题的有利时机，致使甲方在广东地区的经营活动无法有效开展。甲方于2003年4月11日通知乙方从即日起解除特许经营合同，由乙方承担退货义务并赔偿由此给甲方带来的经济损失符合法律规定。

结合乙方的上诉理由，二审法院认为本案双方争议的焦点有三：一是市场上仍在销售的中国皇宝国际玩具批发中心剩余的“羽西中国娃娃”产品和乙方与家乐福商业公司签订的“羽西中国娃娃”商品特许经销合同，对甲方享有的羽西中国娃娃广东省特许经销权而从事的特许经营活动是否构成影响；二是乙方对此是否存在过错及是否构成合同违约；三是原审判决是否任意加重乙方的违约责任。

焦点一：二审法院认为乙方在与甲方签订羽西中国娃娃特许经营合同授予甲方特许经营权时，应履行诚信义务，如实告知甲方在双方合同之前其与家乐福商业公司和中国皇宝国际玩具批发中心分别签订有涉案商品特许销售合同和互换产品合同，且应告知甲方其与家乐福商业公司和中国皇宝国际玩具批发中心所签订合同的履行期间、供货数量、约定的市场销售价格等情况。但乙方未有相关依据证明其履行了上述告知义务，对此乙方存在过错。乙方与全国连锁性的家乐福商业公司签订的羽西中国娃娃商品销售合同经营期限跨越其与甲方签订的特许合同经营期一个月。另在甲方特许经销羽西中国娃娃产品期间，甲方仍能在广东省的其他商家手中买到羽西中国娃娃产品，且同类型号产品的市场销售价格均低于乙方给甲方报价单上规定的销售价格，有的产品的销售价格甚至低于乙方给甲方的进货价。上述情况对甲方享有的特许经营权及其经营活动必然构成影响。

焦点二：甲方在与乙方签订特许合同后不仅按约向乙方一次进货18万元，而且为开展特许经营活动与广州华联商厦有限公司签订了临时联营促销协议。乙方认为甲方与广州华联商厦有限公司签订为期一个月的《临时联营协议》只是作临时性的产品促销并非正式进商场开专卖店，而且也未能按双方签定的经销合同第4条约定到广东省的其他地区进行任何市场开拓，确保羽西中国娃娃产品在6个月内进入广东省每个城市的主要商场的理由有违事实和公正，甲方在广东地区的特许经营活动无法有效开展的直接原因是乙方未能维护甲方享有特许经营权的独家经营地位。原审法院关于乙方上述违约行为致使甲方未能按约进行全面铺货销售，因而甲方依法享有解除合同权利的认定是正确的，应予支持。

焦点三：上诉人乙方认为根据双方特许经销合同第 10 条第 2 款的约定，即在合同规定区域内乙方如有销售给其他分销商，按销售额 5% 罚给甲方，即便其行为构成违约，承担的责任也仅限于上述合同的约定。对此法院认为双方经销合同第 10 条是关于违约责任的约定，其中第 1 款是对违约解除合同条件的约定，第 2 款是对违约赔偿责任的约定。根据双方特许经销合同第 10 条第 1 款的约定，在乙方违背特许合同约定条款的情况下，甲方依法享有解除合同的权利，并由乙方承担退货义务。上诉人乙方认为原审判决任意加重其合同责任的上诉理由不成立，不予支持。

☞ 本案启示

北京 A 玩具公司与广州某玩具商行特许经营纠纷案给我们的启示有二：

一是应注重商业特许经营权与商品特许销售权重合的法律规制。本案中乙方与家乐福商业公司和中国皇宝国际玩具批发中心分别签订的涉案商品特许销售合同和互换产品合同，事实上是赋予了家乐福商业公司与中国皇宝国际玩具批发中心羽西中国娃娃的销售权，但不强调对方有统一的经营模式与营销价格。甲方通过与乙方签订商业特许经营合同而获得的特许经营权，不仅包括享有独家销售羽西中国娃娃产品的权利，而且还可以享有乙方特有的经营模式、广告策划、销售价格等经营资源。商业特许经营法律、法规应明确规定，当特许人已经在同一地区签订过商品特许销售合同的，不可以再行签订商业特许经营合同。但，特许人履行诚信义务、如实告知被特许人所签订合同的履行期间、供货数量、约定的市场销售价格等情况后，被特许人同意的除外。

二是注意商品特许销售权与商业特许经营权的区别。根据我国现行商业特许经营管理法律、法规的规定，商品特许销售合同是指特许权人将其享有专利、商标权的商品授权给特定经营者进行销售的合同。签订商品特许销售合同的被特许人或经营者，可以自己的名称、个性化的营销模式、定价方式进行该商品的销售，商品特许销售权一般由合同法或知识产权法进行规范。商业特许经营合同是指特许权人将其享有专利或注册商标、经营模式、定价体系等经营资源授权给被特许人，被特许人须向其支付一定特许使用费的特许经营合同。被特许人必须以特许人统一的营销模式、定价方式、店面装潢等进行该商品的销售，商业特许经营权由专门的《商业特许经营管理条例》进行规范。

☞ 法条点击

《中华人民共和国合同法》

第八条 依法成立的合同，对当事人具有法律约束力。当事人应当按照约定履行自己的义务，不得擅自变更或者解除合同。依法成立的合同，受法律保护。

第六十条 当事人应当按照约定全面履行自己的义务。

当事人应当遵循诚实信用原则，根据合同的性质、目的和交易习惯履行通知、协助、保密等义务。

第九十四条 有下列情形之一的，当事人可以解除合同：

（一）因不可抗力致使不能实现合同目的；

（二）在履行期限届满之前，当事人一方明确表示或者以自己的行为表明不履行主要债务；

（三）当事人一方迟延履行主要债务，经催告后在合理期限内仍未履行；

（四）当事人一方迟延履行债务或者有其他违约行为致使不能实现合同目的；

（五）法律规定的其他情形。

第九十七条 合同解除后，尚未履行的，终止履行；已经履行的，根据履行情况和合同性质，当事人可以要求恢复原状、采取其他补救措施，并有权要求赔偿损失。

案例50 特许合同履行中特许人丧失特许权的法律后果

高某诉北京某餐饮管理有限公司特许经营合同纠纷案[①]

☞ 案情简介

原告：高某（甲方）

被告：北京某餐饮管理有限公司（乙方）

2004年10月18日乙方经北京黄记煌技术开发有限责任公司（现更名为黄记煌餐饮公司）授权，无偿独占使用“黄记煌三汁焖锅”注册商标，并准许乙方为发展特许经营业务授予第三方（加盟商）使用“黄记煌三汁焖锅”注册商标标识。2006年8月8日，甲方向乙方提出申请加入“黄记煌三汁焖锅”项目。当日甲方签署了《“黄记煌”三汁焖锅项目授予特许经营确认函》，表示认同

① 本案例选自：北京市朝阳区人民法院民事判决书（2008）朝民初字第31731号.

“黄记煌”培训系统要求、配送系统要求和装修验收系统要求，并交纳了1.5万元定金和3万元保证金。

2007年1月8日，甲方与乙方签订《特许经营合同书》约定：乙方直接授予甲方“黄记煌三汁焖锅”特许经营权，甲方依据授权设立加盟店；合同期限3年，自2007年3月8日至2010年3月7日；甲方的加盟店位于河北省任丘市建设路；合同期限内，甲方及其开设的加盟店共同向乙方支付每年3万元的特许经营费，支付方式为首年度特许经营费于合同签订之日支付，之后应于每年度的3月8日前支付；保证金3万元，关于保证金退还事宜另行约定（双方确认之后没有就此进行另外的约定）；乙方为甲方提供开业前及开业后的服务与支持，包括但不限于选址、装修、培训、配送、经营指导等；甲方不得授予第三方“黄记煌三汁焖锅”特许经营权；未经乙方许可本合同不得转让；在合同期限届满、甲方严重侵犯乙方利益，以及其他约定的终止情形出现时，合同终止。此外，双方还就合同的续签、签约地等事项进行了约定。甲方此前支付的1.5万元定金转为特许经营费。此外，甲方又于签约当日向乙方支付了1.5万元的特许经营费。

签约后，甲方即依据特许经营合同在河北省任丘市建设路开设了“黄记煌三汁焖锅”加盟店进行经营。2008年5月底6月初，甲方停止经营。甲方称是因为了解到黄记煌餐饮公司终止了与乙方的授权，故停止了经营活动。为此，甲方提交了黄记煌餐饮公司于2008年11月13日出具的情况说明。黄记煌餐饮公司在该情况说明中称：经我公司与某餐饮公司（乙方）协商一致并签署书面文件确认，我公司原授予某餐饮公司（乙方）的“黄记煌”三汁焖锅注册商标的使用权已于2008年4月15日终止。鉴于乙方已经无权授权甲方使用“黄记煌”商标且未将该情况向甲方说明，甲方诉请法院：（1）依据《商业特许经营管理条例》第12条和第23条的规定，解除双方签订的特许经营合同；（2）要求乙方退还甲方保证金3万元。

☞ 审理结果

经当庭询问乙方明确表示不提交其与黄记煌餐饮公司之间的合同，也未就黄记煌餐饮公司出具的情况说明作出解释。另查甲方没有交纳2008年3月8日至2009年3月7日的特许经营费。上述事实有授权书、《“黄记煌”三汁焖锅项目加盟申请表》、《“黄记煌”三汁焖锅项目授予特许经营确认函》、收据、《特许经营合同书》、情况说明及当事人当庭陈述等在案佐证。综上，依据《中华人民共和国合同法》第97条，《商业特许经营管理条例》第23条第2款、第3款的规定，法院判决如下：（1）解除甲、乙双方于2007年1月8日签订的《“黄记煌三汁焖锅”特许经营合同》；（2）乙方于本判决生效之日起10日内退还甲方保证金3万元；（3）甲方于本判决生效之日起10日内支付乙方特许经营费3 250元；（4）驳回乙方的其他反诉请求。如果未按本判决指定的期间履行给付金钱义务，应当依照《中华人民共和国民事诉讼法》第229条之规定，加倍支付迟延履行期间的债务利息。

本案诉讼费550元，由乙方负担（于本判决生效后7日内交纳）；反诉费550元，由乙方负担490元（已交纳），由甲方负担60元（于本判决生效后7日内交纳）。

如不服本判决，可在判决书送达之日起15日内，向法院递交上诉状，并按对方当事人的人数提出副本，上诉于北京市第二中级人民法院。

☞ 法理评析

甲、乙双方签订的《特许经营合同》系双方真实意思表示，内容亦不违反法律、行政法规的强制性规定，应属合法有效。乙方的答辩及其反诉如下：乙方依据与北京黄记煌餐饮管理有限责任公司（简称黄记煌餐饮公司）的授权使用“黄记煌三汁焖锅”注册商标，并在授权期间同甲方签订了特许经营合同，该合同合法有效。黄记煌餐饮公司从未声明对于其授权乙方对外签署的合同失效，即便其声明失效也不符合法律规定，而且涉案合同签订在2007年1月8日，此时《商业特许经营管理条例》尚未生效，故该条例不应适用于本案。因此，甲方要求依据该条例解除合同，不应得到支持。乙方不同意甲方的诉讼请求。同时，因甲方只交纳了一年的特许经营费，故乙方提出反诉要求甲方支付2008年3月8日至2009年3月8日的特许经营费3万元。法院认为：该合同虽然签订于2007年1月8日，此时《商业特许经营管理条例》尚未颁布，但该合同有效期3年，截至2010年的3月7日，在合同履行期内，《商业特许经营管理条例》已经开始生效。而且，该条例只在第33条规定了不适用条例的情况，对于该条款规定以外的特许经营活动，如果特许经营期限延续到该条例生效后的，也可适用该条。

根据该条例的规定，特许人向被特许人提供的信息发生重大变更的，应当及时通知被特许人。特许人隐瞒有关信息或者提供虚假信息的，被特许人可以解除特许经营合同。本案中特许人乙方对外签订“黄记煌”品牌特许经营合同，依据的是黄记煌餐饮公司的授权。因此，乙方与黄记煌餐饮公司之间的授权关系是与合同相关的重要信息。现黄记煌餐饮公司出具的情况说明显示，其与乙方的授权关系已于2008年4月15日终止，但该情况说明并没有说明乙方此前签署的特许经营合同的处理情况，而乙方既不就黄记煌餐饮公司情况说明中的内容进行解释，也没有向甲方说明其与黄记煌餐饮公司之间授权关系的实际情况。因此，乙方违反了上述《商业特许经营管理条例》的规定，甲方有权据此要求解除合同。根据《合同法》的规定，合同解除后尚未履行的终止履行，已经履行的根据履行情况和合同性质，当事人可以要求恢复原状、采取其他补救措施，并有权要求赔偿损失。现甲方要求退还3万元保证金，法院认为甲、乙双方在合同中并未约定保证金保证的事项，也没有依据合同就退还事宜另行约定，因此甲方在合同解除后有权要求乙方退还该3万元保证金。

就乙方要求甲方支付2008年3月8日至2009年3月7日特许经营费的反诉主张，甲方提出是基于了解到乙方与黄记煌餐饮公司之间授权关系终止，行使不安抗辩权而没有支付。法院认为：根据合同约定，甲方支付第二年即2008年3月8日至2009年3月7日特许经营费的期间为2008年3月8日，而黄记煌餐饮公司出具的情况说明中所称的授权关系终止的时间为2008年4月15日，因此甲方以此行使不安抗辩权于法无据。黄记煌餐饮公司情况说明中提出的授权关系终止时间为2008年4月15日，而乙方又没有就授权关系终止后已签合同的处理提交证据证明，因此乙方仅有权主张2008年3月8日至2008年4月15日之间的特许经营费。

☞ 本案启示

一是特许合同履行中特许人丧失特许权的法律后果。特许人与被特许人之间签订特许经营合同的前提条件是特许人具备法定的特许资格并依法享有对特许经营资源的特许权。根据我国现行有关商业特许经营法律、法规及《合同法》的要求，在特许经营合同履行中特许人丧失特许权的，特许人应立即将此重要信息通知被特许人，并就特许经营合同的解除或变更与被特许人协商解决，对由此给被特许人带来的经济损失承担相应的赔偿责任。本案中特许人丧失特许权后没有及时通知被特许人，也没有就其已经签署并履行中的特许经营合同进行协商处理，因此特许人违反了《商业特许经营管理条例》的规定，被特许人有权据此要求解除合同并有权要求赔偿损失。

二是特许人未履行信息披露义务的法律后果。信息披露是指特许人在特许权转让前或特许经营合同履行过程中，向被特许人提供或详细说明与特许经营权有关的特许人情况。特许经营合同缔结前，特许人披露的一般信息资料为要约邀请，而有关特许人的资格或资质、特许权的权源、特许经营权的内容构成、表现形式及其有关组合知识产权的权利状态、加盟费用收取数额、种类及方式等对合同订立有重大影响的，应当视为要约。以上信息的说明义务即使未载入特许经营合同，亦应当视为合同内容，特许人违反的应当承担违约责任。由于信息披露不充分、提供虚假信息，致使被特许人遭受经济损失的，特许人应当承担赔偿责任。

☞ 法条点击

《中华人民共和国合同法》

第九十七条 合同解除后，尚未履行的，终止履行；已经履行的，根据履行情况和合同性质，当事人可以要求恢复原状、采取其他补救措施，并有权要求赔偿损失。

《商业特许经营管理条例》

第二十三条 特许人向被特许人提供的信息应当真实、准确、完整，不得隐瞒有关信息，或者提供虚假信息。

特许人向被特许人提供的信息发生重大变更的，应当及时通知被特许人。

特许人隐瞒有关信息或者提供虚假信息的，被特许人可以解除特许经营合同。

《中华人民共和国民事诉讼法》

第二百二十九条 被执行人未按判决、裁定和其他法律文书指定的期间履行给付金钱义务的，应当加倍支付迟延履行期间的债务利息。被执行人未按判决、裁定和其他法律文书指定的期间履行其他义务的，应当支付迟延履行金。

案例51　特许人补足特许资格前特许权的法律保护

雷某与上海某保健用品有限公司特许合同纠纷案[①]

☞ 案情简介

原告：雷某（甲方）

被告：上海某保健用品有限公司（乙方）

乙方是“LIE FU”图文商标的注册人，商标注册证为第3025095号，核定

① 本案例选自：上海市高级人民法院民事调解书（2004）沪高民三（知）终字第28号.

使用商品第10类：健美按摩设备、按摩器械、振动按摩器、医用体育活动器械，注册有效期限自2003年3月7日至2013年3月6日止。2003年4月25日乙方向中华人民共和国国家知识产权局申请名为“气血循环机”的外观设计专利，2003年10月22日上述外观设计被授予专利权，专利号为ZL 03 3 30041.00。

2003年6月24日甲、乙双方签订了一份《合约书》约定，乙方的权利和义务为：制订市场策略，明确目标市场，进行区域规划；严格检测产品，保证产品质量；授予甲方专利使用权、商标使用权及产品权专卖，提供加盟服务、市场营销方案、人员培训，并为此收取加盟权益金；乙方发现其他公司或个人在产品生产、商标、专利、产品标志、广告宣传等方面有侵权行为时，有义务采取相应措施予以制止。甲方的权利和义务为：在浙江省杭州市上、下城区开设1~2家展示中心，专卖店首次进货60台以上，三个月累计销售不少于60台，每年累计600台以上，否则就不能获得该区的独家特许专卖权；在签署合同时须向乙方缴纳定金人民币1万元，进货后定金可抵为货款，不得跨区域经销，否则乙方有权取消甲方在该区的独家特许专卖权，并停止供货及售后服务。合同签订后，甲方向乙方购进60台气血循环机，并为开设专卖店支出了一定的费用。同年8月8日，甲方收到一份由乙方寄发的邮件，内有乙方公司营业执照复印件、ISO9001质量管理体系认证书（英文）复印件、名称为“多头按摩机（气血循环机）”的实用新型专利证书复印件各一份。

2003年10月26日甲、乙双方签订了一份《专利实施许可合同》，约定乙方许可甲方在全国范围内独占实施上述外观设计专利，使用费为每年人民币1万元，并允许甲方再许可他方实施上述专利，合同有效期至专利权期限届满。合同履行期间甲方认为乙方以谎称产品有专利权，伪造专利证书等欺诈手段，诱骗甲方签订产品专卖合同，损害了甲方的合法权益，故提起诉讼，请求如下：（1）撤销甲、乙双方签订的气血循环机专卖合同；（2）判令乙方返还60台气血循环机及其辅件价值人民币93 780元；（3）判令乙方赔偿甲方房租费、差旅费、招待费及预期利润等计人民币98 454.66元。

☞ 审理结果

原审法院认为，甲、乙双方之间签订的《合约书》为商业特许经营合同。双方在订立《合约书》的时候，乙方已经在申请“气血循环机”的外观设计专利，被授予专利权后乙方亦取得了该专利的独占实施权。甲方收到的一份名称为“多头按摩机（气血循环机）”的实用新型专利证书复印件是否内容真实，均不能否定乙方的气血循环机确是专利产品。甲方认为乙方谎称产品有专利权，诱骗其签订产品专卖合同，对其实施欺诈，进而提出撤销合同、返还货款、赔偿损失的诉讼请求，没有事实和法律依据，不予支持。据此，依照《中华人民共和国民法通则》第 85 条、第 88 条第 1 款之规定，法院判决如下：（1）甲方的诉讼请求不予支持；（2）本案一审案件受理费人民币 5 354 元，财产保全费人民币 1 481 元，由甲方负担。

甲方对判决不服向法院提起上诉的主要理由是：被上诉人对上诉人有欺诈行为，系争合同应予撤销。为此，甲方请求：撤销原审判决；支持上诉人的一审诉讼请求。

二审法院经审理查明原审法院认定的事实清楚。在二审法院院主持下甲、乙双方自愿达成调解协议如下：

第一，甲方自本调解书生效之日起 7 日内将性能及外观完好的 LF－2001A 型气血循环机 59 台、养生床组 10 套及剩余的消耗性材料和专卖店奖牌退还给乙方，乙方出具实物价款共人民币 91 700 元收据。

第二，乙方自本调解书生效之日起 3 个月内按上述实物价款的 60% 的价格支付给甲方 55 020 元。其中，前一个半月内支付 27 510 元，其余部分后一个半月内付清。

第三，自本调解书生效之日起双方签订的原《合约书》终止。

第四，本案一审案件受理费 5 354 元、财产保全费人民币 1 481 元、二审案件受理费 5 354 元，由甲方负担。

第五，双方无其他争议事项。

☞ 法理评析

本案中甲、乙双方之间签订的《合约书》为商业特许经营合同。双方在订立《合约书》的时候，乙方已经在申请“气血循环机”的外观设计专利，被授予专利权后乙方亦取得了该专利的独占实施权。甲方收到的一份名称为“多头按摩机（气血循环机）”的实用新型专利证书复印件是否内容真实，均不能否定乙方的气血循环机确是专利产品，而且乙方的气血循环机拥有自己的“LIE FU”注册商标。故甲方认为乙方谎称产品有专利权，诱骗其签订产品专卖合同，对其实施欺诈，进而要求撤销合同、返还货款、赔偿损失没有事实和法律依据，不予支持。据此，依照《中华人民共和国民法通则》第 85 条、第 88 条第 1 款之规定，法院判决不予支持甲方雷某的诉讼请求。

判决后甲方不服提起上诉，其主要上诉理由是被上诉人对上诉人有欺诈行为，系争合同应予撤销。为此甲方请求撤销原审判决、支持上诉人的一审诉讼请求。二审中，上诉人又递交了证明被上诉人有欺诈行为的证据材料，法院认为该份证据材料不属于新证据的范畴，原审认定的事实清楚，在法院主持下上诉人与被上诉人双方自愿达成调解协议，即甲方将性能及外观完好的气血循环机59台、养生床组10套及剩余的消耗性材料和专卖店奖牌退还给被上诉人乙方，乙方自本调解书生效之日起3个月内按上述实物价款的60%分期支付给甲方。

☞ 本案启示

雷某与上海某保健用品公司特许合同纠纷案给我们的启示有二：

一是特许人补足特许资格前特许权的法律保护。本案中，综合甲乙双方签订的《合约书》与《专利实施许可合同》的内容可以看出，甲、乙双方签的的合同性质为商业特许经营合同。甲方在合同履行中以特许人在与其签订特许经营合同时没有取得特许产品的专利权，却谎称产品有专利权，伪造专利证书等欺诈手段，诱骗甲方签订产品专卖合同，损害了甲方的合法权益为由，诉请法院撤销甲、乙双方签订的气血循环机专卖合同、判令乙方返还60台气血循环机及其辅件价值人民币93 780元并赔偿甲方房租费、差旅费、招待费及预期利润等计人民币98 454.66元的主张，不能全部得到法院的支持。理由是特许方在签订合同后取得了相关产品的专利权，即使是特许人最终也没有取得相关产品的专利权，只要合同内容不违反国家强制性法律规范，不违背国家与社会公共利益，被特许人只能以特许人违约请求解除合同。

二是特许经营合同解除与撤销的法律功能不同。特许经营合同解除与撤销的法律功能区别有四：第一，适用的条件不同。合同解除的原因大都发生在合同生效以后，解除的原因既可以由法律规定，也可以由当事人约定或协商同意，合同的解除不一定要法院或仲裁机关的介入；而合同撤销原因主要是法律规定的，在合同成立时就已存在，包括重大误解、显失公平、欺诈、胁迫等意思表示不真实的行为，合同的撤销必须经过法院或仲裁机关。第二，适用的范围不同。合同解除主要适用于已经成立并生效的合同关系；而合同的撤销不仅可以适用于生效的合同，对于意思表示有瑕疵的已成立未生效合同均可以撤销。第三，适用的法律效力不同。合同的撤销要发生溯及既往的效力，即一旦撤销合同从一开始便不发生法律效力；合同解除原则上发生溯及既往的效力，但对某些特殊合同或当事人对解除效力有特别约定的，不发生溯及既往的效力。第四，适用的法律后果不同。合同解除后，尚未履行的终止履行，已经履行的根据履行情况和合同性质，当事人可以要求恢复原状、采取其他补救措施，并有权要求赔偿损失；而合同被撤销后因该合同取得的财产，应当予以返还，不能返还或者没有必要返还的，应当折价补偿，有过错的一方应当赔偿对方因此所受到的损失，双方都有过错的，应当各自承担相应的责任。

☞ **法条点击**

《中华人民共和国合同法》

第五十四条　下列合同，当事人一方有权请求人民法院或者仲裁机构变更或者撤销：

（一）因重大误解订立的；

（二）在订立合同时显失公平的。

一方以欺诈、胁迫的手段或者乘人之危，使对方在违背真实意思的情况下订立的合同，受损害方有权请求人民法院或者仲裁机构变更或者撤销。

当事人请求变更的，人民法院或者仲裁机构不得撤销。

第五十五条　有下列情形之一的，撤销权消灭：

（一）具有撤销权的当事人自知道或者应当知道撤销事由之日起一年内没有行使撤销权；

（二）具有撤销权的当事人知道撤销事由后明确表示或者以自己的行为放弃撤销权。

第五十六条　无效的合同或者被撤销的合同自始没有法律约束力。合同部分无效，不影响其他部分效力的，其他部分仍然有效。

第五十七条　合同无效、被撤销或者终止的，不影响合同中独立存在的有关解决争议方法的条款的效力。

第五十八条　合同无效或者被撤销后，因该合同取得的财产，应当予以返还；不能返还或者没有必要返还的，应当折价补偿。有过错的一方应当赔偿对方因此所受到的损失，双方都有过错的，应当各自承担相应的责任。

第九十三条　当事人协商一致，可以解除合同。

当事人可以约定一方解除合同的条件。解除合同的条件成就时，解除权人可以解除合同。

第九十四条　有下列情形之一的，当事人可以解除合同：

（一）因不可抗力致使不能实现合同目的；

（二）在履行期限届满之前，当事人一方明确表示或者以自己的行为表明不履行主要债务；

（三）当事人一方迟延履行主要债务，经催告后在合理期限内仍未履行；

（四）当事人一方迟延履行债务或者有其他违约行为致使不能实现合同目的；

（五）法律规定的其他情形。

第九十五条 法律规定或者当事人约定解除权行使期限，期限届满当事人不行使的，该权利消灭。

法律没有规定或者当事人没有约定解除权行使期限，经对方催告后在合理期限内不行使的，该权利消灭。

第九十六条 当事人一方依照本法第九十三条第二款、第九十四条的规定主张解除合同的，应当通知对方。合同自通知到达对方时解除。对方有异议的，可以请求人民法院或者仲裁机构确认解除合同的效力。

法律、行政法规规定解除合同应当办理批准、登记等手续的，依照其规定。

第九十七条 合同解除后，尚未履行的，终止履行；已经履行的，根据履行情况和合同性质，当事人可以要求恢复原状、采取其他补救措施，并有权要求赔偿损失。

附录一

商业特许经营管理法规汇编

《商业特许经营管理条例》

第一章　总　　则

第一条　为规范商业特许经营活动，促进商业特许经营健康、有序发展，维护市场秩序，制定本条例。

第二条　在中华人民共和国境内从事商业特许经营活动，应当遵守本条例。

第三条　本条例所称商业特许经营（以下简称特许经营），是指拥有注册商标、企业标志、专利、专有技术等经营资源的企业（以下称特许人），以合同形式将其拥有的经营资源许可其他经营者（以下称被特许人）使用，被特许人按照合同约定在统一的经营模式下开展经营，并向特许人支付特许经营费用的经营活动。

企业以外的其他单位和个人不得作为特许人从事特许经营活动。

第四条　从事特许经营活动，应当遵循自愿、公平、诚实信用的原则。

第五条　国务院商务主管部门依照本条例规定，负责对全国范围内的特许经营活动实施监督管理。省、自治区、直辖市人民政府商务主管部门和设区的市级人民政府商务主管部门依照本条例规定，负责对本行政区域内的特许经营活动实施监督管理。

第六条　任何单位或者个人对违反本条例规定的行为，有权向商务主管部门举报。商务主管部门接到举报后应当依法及时处理。

第二章 特许经营活动

第七条 特许人从事特许经营活动应当拥有成熟的经营模式，并具备为被特许人持续提供经营指导、技术支持和业务培训等服务的能力。

特许人从事特许经营活动应当拥有至少 2 个直营店，并且经营时间超过 1 年。

第八条 特许人应当自首次订立特许经营合同之日起 15 日内，依照本条例的规定向商务主管部门备案。在省、自治区、直辖市范围内从事特许经营活动的，应当向所在地省、自治区、直辖市人民政府商务主管部门备案；跨省、自治区、直辖市范围从事特许经营活动的，应当向国务院商务主管部门备案。

特许人向商务主管部门备案，应当提交下列文件、资料：

（一）营业执照复印件或者企业登记（注册）证书复印件；

（二）特许经营合同样本；

（三）特许经营操作手册；

（四）市场计划书；

（五）表明其符合本条例第七条规定的书面承诺及相关证明材料；

（六）国务院商务主管部门规定的其他文件、资料。

特许经营的产品或者服务，依法应当经批准方可经营的，特许人还应当提交有关批准文件。

第九条 商务主管部门应当自收到特许人提交的符合本条例第八条规定的文件、资料之日起 10 日内予以备案，并通知特许人。特许人提交的文件、资料不完备的，商务主管部门可以要求其在 7 日内补充提交文件、资料。

第十条 商务主管部门应当将备案的特许人名单在政府网站上公布，并及时更新。

第十一条 从事特许经营活动，特许人和被特许人应当采用书面形式订立特许经营合同。

特许经营合同应当包括下列主要内容：

（一）特许人、被特许人的基本情况；

（二）特许经营的内容、期限；

（三）特许经营费用的种类、金额及其支付方式；

（四）经营指导、技术支持以及业务培训等服务的具体内容和提供方式；

（五）产品或者服务的质量、标准要求和保证措施；

（六）产品或者服务的促销与广告宣传；

（七）特许经营中的消费者权益保护和赔偿责任的承担；

（八）特许经营合同的变更、解除和终止；

（九）违约责任；

（十）争议的解决方式；

（十一）特许人与被特许人约定的其他事项。

第十二条 特许人和被特许人应当在特许经营合同中约定，被特许人在特许经营合同订立后一定期限内，可以单方解除合同。

第十三条 特许经营合同约定的特许经营期限应当不少于3年。但是，被特许人同意的除外。

特许人和被特许人续签特许经营合同的，不适用前款规定。

第十四条 特许人应当向被特许人提供特许经营操作手册，并按照约定的内容和方式为被特许人持续提供经营指导、技术支持、业务培训等服务。

第十五条 特许经营的产品或者服务的质量、标准应当符合法律、行政法规和国家有关规定的要求。

第十六条 特许人要求被特许人在订立特许经营合同前支付费用的，应当以书面形式向被特许人说明该部分费用的用途以及退还的条件、方式。

第十七条 特许人向被特许人收取的推广、宣传费用，应当按照合同约定的用途使用。推广、宣传费用的使用情况应当及时向被特许人披露。

特许人在推广、宣传活动中，不得有欺骗、误导的行为，其发布的广告中不得含有宣传被特许人从事特许经营活动收益的内容。

第十八条 未经特许人同意，被特许人不得向他人转让特许经营权。

被特许人不得向他人泄露或者允许他人使用其所掌握的特许人的商业秘密。

第十九条 特许人应当在每年第一季度将其上一年度订立特许经营合同的情况向商务主管部门报告。

第三章 信息披露

第二十条 特许人应当依照国务院商务主管部门的规定，建立并实行完备的信息披露制度。

第二十一条 特许人应当在订立特许经营合同之日前至少30日，以书面形式向被特许人提供本条例第二十二条规定的信息，并提供特许经营合同文本。

第二十二条 特许人应当向被特许人提供以下信息：

（一）特许人的名称、住所、法定代表人、注册资本额、经营范围以及从事特许经营活动的基本情况；

（二）特许人的注册商标、企业标志、专利、专有技术和经营模式的基本情况；

（三）特许经营费用的种类、金额和支付方式（包括是否收取保证金以及保证金的返还条件和返还方式）；

（四）向被特许人提供产品、服务、设备的价格和条件；

（五）为被特许人持续提供经营指导、技术支持、业务培训等服务的具体内容、提供方式和实施计划；

（六）对被特许人的经营活动进行指导、监督的具体办法；

（七）特许经营网点投资预算；

（八）在中国境内现有的被特许人的数量、分布地域以及经营状况评估；

（九）最近 2 年的经会计师事务所审计的财务会计报告摘要和审计报告摘要；

（十）最近 5 年内与特许经营相关的诉讼和仲裁情况；

（十一）特许人及其法定代表人是否有重大违法经营记录；

（十二）国务院商务主管部门规定的其他信息。

第二十三条 特许人向被特许人提供的信息应当真实、准确、完整，不得隐瞒有关信息，或者提供虚假信息。

特许人向被特许人提供的信息发生重大变更的，应当及时通知被特许人。

特许人隐瞒有关信息或者提供虚假信息的，被特许人可以解除特许经营合同。

第四章 法律责任

第二十四条 特许人不具备本条例第七条第二款规定的条件，从事特许经营活动的，由商务主管部门责令改正，没收违法所得，处 10 万元以上 50 万元以下的罚款，并予以公告。

企业以外的其他单位和个人作为特许人从事特许经营活动的，由商务主管部门责令停止非法经营活动，没收违法所得，并处 10 万元以上 50 万元以下的罚款。

第二十五条 特许人未依照本条例第八条的规定向商务主管部门备案的，由商务主管部门责令限期备案，处 1 万元以上 5 万元以下的罚款；逾期仍不备案的，处 5 万元以上 10 万元以下的罚款，并予以公告。

第二十六条 特许人违反本条例第十六条、第十九条规定的，由商务主管部门责令改正，可以处 1 万元以下的罚款；情节严重的，处 1 万元以上 5 万元以下的罚款，并予以公告。

第二十七条　特许人违反本条例第十七条第二款规定的，由工商行政管理部门责令改正，处 3 万元以上 10 万元以下的罚款；情节严重的，处 10 万元以上 30 万元以下的罚款，并予以公告；构成犯罪的，依法追究刑事责任。

特许人利用广告实施欺骗、误导行为的，依照广告法的有关规定予以处罚。

第二十八条　特许人违反本条例第二十一条、第二十三条规定，被特许人向商务主管部门举报并经查实的，由商务主管部门责令改正，处 1 万元以上 5 万元以下的罚款；情节严重的，处 5 万元以上 10 万元以下的罚款，并予以公告。

第二十九条　以特许经营名义骗取他人财物，构成犯罪的，依法追究刑事责任；尚不构成犯罪的，由公安机关依照《中华人民共和国治安管理处罚法》的规定予以处罚。

以特许经营名义从事传销行为的，依照《禁止传销条例》的有关规定予以处罚。

第三十条　商务主管部门的工作人员滥用职权、玩忽职守、徇私舞弊，构成犯罪的，依法追究刑事责任；尚不构成犯罪的，依法给予处分。

第五章　附　　则

第三十一条　特许经营活动中涉及商标许可、专利许可的，依照有关商标、专利的法律、行政法规的规定办理。

第三十二条　有关协会组织在国务院商务主管部门指导下，依照本条例的规定制定特许经营活动规范，加强行业自律，为特许经营活动当事人提供相关服务。

第三十三条　本条例施行前已经从事特许经营活动的特许人，应当自本条例施行之日起 1 年内，依照本条例的规定向商务主管部门备案；逾期不备案的，依照本条例第二十五条的规定处罚。

前款规定的特许人，不适用本条例第七条第二款的规定。

第三十四条　本条例自 2007 年 5 月 1 日起施行。

《商业特许经营信息披露管理办法》

2007 年 4 月 6 日经中华人民共和国商务部第六次部务会讨论通过，现予以公布，自 2007 年 5 月 1 日起施行。

第一条 为维护特许人与被特许人双方的合法权益，根据《商业特许经营管理条例》（以下简称《条例》）的有关规定，制定本办法。

第二条 在中华人民共和国境内开展商业特许经营活动适用本办法。

第三条 本办法所称关联公司，是指特许人的母公司、特许人直接或间接拥有全部或多数股权的子公司、与特许人直接或间接地由同一所有人拥有全部或多数股权的公司。

第四条 特许人应当按照《条例》的要求，在订立特许经营合同之日前至少30日，以书面形式向被特许人披露本办法第五条规定的信息，并提供特许经营合同文本。

第五条 特许人进行信息披露应当包括以下内容：

（一）特许人及特许经营活动的基本情况。

1. 特许人名称、通讯地址、联系方式、法定代表人、总经理、注册资本额、经营范围以及现有直营店的数量、地址和联系电话。

2. 特许人从事商业特许经营活动的概况。

3. 特许人备案的基本情况。

4. 如果由特许人的关联公司向被特许人提供产品和服务，应当披露该公司的基本情况。

5. 特许人或其关联公司在过去五年内破产或申请破产情况。

（二）特许人拥有经营资源的基本情况。

1. 以书面形式向被特许人说明能够提供的注册商标、企业标志、专利、专有技术、经营模式及其它经营资源情况。

2. 如果上述所列经营资源的所有者是特许人的关联公司，披露该关联公司的基本信息，特许人同时应当说明一旦解除与该关联公司的授权合同，如何处理该特许经营系统。

3. 特许人（或其关联公司）的注册商标、企业标志、专利、专有技术等经营资源涉及诉讼或仲裁的情况。

（三）特许经营费用的基本情况。

1. 特许人及代第三方收取费用的种类、金额、标准和支付方式，不能披露的，应当说明原因，收费标准不统一的，应当披露最高和最低标准，并说明原因。

2. 保证金的收取、返还条件、返还时间和返还方式。

3. 要求被特许人在订立特许经营合同前支付费用的，应当以书面形式向被特许人说明该部分费用的用途以及退还的条件、方式。

（四）向被特许人提供产品、服务、设备的价格、条件等情况。

1. 被特许人是否必须从特许人（或其关联公司）处购买产品、服务或设备及相关的价格、条件等。

2. 被特许人是否必须从特许人指定（或批准）的供应商处购买产品、服务或设备。

3. 被特许人是否可以选择其他供应商，以及供应商应具备的条件。

（五）为被特许人持续提供服务的情况。

1. 业务培训的具体内容、提供方式和实施计划，包括培训地点、方式和时间长度。

2. 技术支持的具体内容，说明特许经营操作手册的目录及相关页数。

（六）对被特许人的经营活动进行指导、监督的方式和内容。

1. 特许人对被特许人的经营活动进行指导、监督的方式和内容，被特许人须履行的义务和不履行义务的后果。

2. 特许人对消费者投诉和赔偿是否承担连带责任，如何承担。

（七）特许经营网点投资预算情况。

1. 投资预算可以包括下列费用：加盟费；培训费；房地产和装修费用；设备、办公用品、家具等购置费；初始库存；水、电、气费；为取得执照和其他政府批准所需的费用；启动周转资金。

2. 上述费用的数据来源和估算依据。

（八）中国境内被特许人的有关情况。

1. 现有和预计被特许人的数量、分布地域、授权范围、有无独家授权区域（如有，应说明预计的具体范围）的情况。

2. 对被特许人进行经营状况评估情况，特许人披露被特许人实际或预计的平均销售量、成本、毛利、纯利的信息，同时应当说明上述信息的来源、时间长度、涉及的特许经营网点等，如果是估算信息，应当说明估算依据，并明示被特许人实际经营状况与估计可能会有不同。

（九）最近2年的经会计师事务所或审计事务所审计的特许人财务会计报告摘要和审计报告摘要。

（十）特许人最近5年内与特许经营相关的重大诉讼和仲裁情况。

1. 重大诉讼和仲裁指涉及标的额50万元人民币以上的诉讼和仲裁。

2. 应当披露此类诉讼的基本情况、诉讼所在地和结果。

（十一）特许人及其法定代表人重大违法经营记录情况，重大违法经营记录。

1. 被有关行政执法部门处以30万元以上50万元以下罚款的。

2. 被判处刑事责任的。

（十二）特许经营合同文本。

1. 特许经营合同样本。

2. 如果特许人要求被特许人与特许人（或关联公司）签订其它有关特许经营的合同，应当同时提供此类合同样本。

第六条 特许人在推广、宣传活动中，不得有欺骗、误导的行为，其发布的广告中不得含有宣传单个被特许人从事特许经营活动收益的内容。

第七条 特许人向被特许人披露信息前，有权要求被特许人签署保密协议。

第八条 特许人在向被特许人进行信息披露以后，被特许人应当就所获悉的信息内容向特许人出具回执说明（一式两份），由被特许人签字，一份由被特许人留存，另一份由特许人留存。

第九条 特许人隐瞒应当披露而没有披露的信息或者披露虚假信息的，被特许人可以解除特许经营合同。

第十条 特许人违反本办法规定的，被特许人有权向商务主管部门举报，经查实的，由商务主管部门责令改正，处1万元以上5万元以下的罚款；情节严重的，处5万元以上10万元以下的罚款，并予以公告。

第十一条 本办法由中华人民共和国商务部负责解释。

第十二条 本办法自2007年5月1日起实施。

《商业特许经营备案管理办法》

第一条 为加强对商业特许经营活动的管理，规范特许经营市场秩序，根据《商业特许经营管理条例》（以下简称《条例》）的有关规定，制定本办法。

第二条 在中华人民共和国境内（以下简称中国境内）从事商业特许经营活动，适用本办法。

第三条 国务院商务主管部门及省、自治区、直辖市人民政府商务主管部门是商业特许经营的备案机关。在省、自治区、直辖市范围内从事商业特许经营活动的，向特许人所在地省、自治区、直辖市人民政府商务主管部门备案；跨省、自治区、直辖市范围从事特许经营活动的，向国务院商务主管部门备案。

商业特许经营的备案工作实行全国联网。符合《商业特许经营管理条例》规定的特许人，都应当通过政府网站进行备案（网址为 www. mofcom. gov. cn）。

第四条 任何单位或者个人对违反本办法规定的行为，有权向备案机关举报。

第五条　申请备案的特许人应当向备案机关提交以下材料：

（一）商业特许经营基本情况。

（二）中国境内全部被特许人的店铺分布情况。

（三）特许人的市场计划书。

（四）企业法人营业执照复印件或其他主体资格证明的复印件。

（五）与特许经营活动相关的商标权、专利权及其它经营资源的注册证书复印件。

（六）由设区的市级商务主管部门开具的符合《条例》第七条第二款规定的证明文件；直营店位于境外的，特许人应当提供直营店营业证明（含中文翻译件），并经当地公证机构公证和中国驻当地使领馆认证。

在 2007 年 5 月 1 日前已经从事特许经营活动的特许人不适用于上款的规定，但应当提交特许人与中国境内的被特许人订立的第一份特许经营合同。

（七）特许经营合同样本。

（八）特许经营操作手册的目录（须注明每一章节的页数和手册的总页数，对于在特许系统内部网络上提供此类手册的，须提供估计的打印页数）。

（九）国家法律法规规定经批准方可开展特许经营的产品和服务，须提交相关主管部门的批准文件。

（十）经法定代表人签字盖章的特许人承诺。

上述第（一）至（三）项材料直接在网上填报，第（四）至（十）项应当在网上提交便携文件格式（PDF）的电子版材料。

第六条　特许人应当在与中国境内的被特许人首次订立特许经营合同之日起的 15 天内向备案机关申请备案。在 2007 年 5 月 1 日前已经从事特许经营活动的特许人，应当自《条例》施行之日起 1 年内，依照本办法的规定向有关商务主管部门申请备案。

第七条　特许人的备案信息有变化的，应当自变化之日起 30 日内向备案机关申请变更。

第八条　特许人应当在每年 3 月 31 日前将其上一年度订立、撤销、续签与变更的特许经营合同情况向备案机关报告。

第九条　特许人应认真填写所有备案事项的信息，并确保所填写内容真实、准确和完整。

第十条　备案机关应当自收到特许人提交的符合本办法第五条规定的文件、资料之日起 10 日内予以备案，并在商务部网站予以公告。

特许人提交的文件、资料不完备的，备案机关可以要求其在7日内补充提交文件、资料。备案机关在特许人材料补充齐全之日起10日内予以备案。

第十一条 已完成备案的特许人有下列行为之一的，备案机关可以撤销备案，并在商务部网站予以公告：

（一）因特许人违法经营，被主管登记机关吊销营业执照。

（二）备案机关收到司法机关因为特许人违法经营而做出的关于撤销备案的司法建议书。

（三）特许人隐瞒有关信息或者提供虚假信息经查证属实的。

（四）特许人自行注销的。

第十二条 各省、自治区、直辖市人民政府商务主管部门应当将备案及撤销备案的情况在10日内反馈商务部。

第十三条 备案机关在完成备案手续的同时，应当完整准确地记录和保存特许人的备案信息材料，依法为特许人保守商业秘密。

第十四条 公众可通过商务部政府网站查询以下信息：

（一）特许人的企业名称及特许经营业务使用的注册商标、企业标志、专利、专有技术等经营资源。

（二）特许人的备案时间。

（三）特许人的法定经营场所地址与联系方式、法定代表人姓名。

（四）中国境内的被特许人营业地址。

第十五条 特许人未按照《条例》和本办法的规定办理备案的，由国务院商务主管部门及特许人所在地省、自治区、直辖市人民政府商务主管部门责令限期备案，处1万元以上5万元以下罚款；逾期仍不备案的，处5万元以上10万元以下罚款，并予以公告。

第十六条 特许人违反本办法第八条规定的，由备案机关责令改正，可以处1万元以下的罚款；情节严重的，处1万元以上5万元以下的罚款，并予以公告。

第十七条 境外特许人在中国境内从事特许经营活动，按照本办法执行。香港、澳门特别行政区及台湾地区特许人参照本办法执行。

第十八条 国家行业协会应协助政府主管部门做好企业备案工作，充分发挥行业协会的协调作用，加强行业自律。

第十九条 本办法由中华人民共和国商务部负责解释。

第二十条 本办法自2007年5月1日起实施。

关于商业特许经营备案有关事宜的通知

各特许经营企业及备案代理机构：

根据《商务部关于委托省级商务主管部门开展商业特许经营备案工作的通知》（商商贸发［2009］186号），现将有关商业特许经营备案工作的有关事宜通知如下：

一、自2009年5月1日起，跨省、自治区、直辖市范围从事商业特许经营活动的内资和外商投资企业，应到企业住所地所在的省级商务主管部门办理备案手续。境外特许人仍到商务部办理备案手续。

二、已经领取登录号的企业，应在自领取登陆号之日起在两个月内上传资料，逾期未上报备案资料的，系统将自动删除企业登录号和登录密码；企业需重新办理相关手续。

三、已经递交备案申请需补充材料的，应在一周内补充提交材料，否则视为放弃备案申请。

特此通知！

商务部商贸服务司

二〇〇九年四月三十日

商务部关于委托省级商务主管部门开展商业特许经营备案工作的通知

（商商贸发［2009］186号）

各省、自治区、直辖市、计划单列市、新疆生产建设兵团商务主管部门：

《商业特许经营管理条例》（以下简称《条例》）实施以来，各地商务主管部门认真贯彻落实，商业特许经营备案工作稳步有序地开展。为深入贯彻落实党的十七届二中全会精神，进一步转变政府职能，提高商业特许经营备案工作效率，根据商务部“三定”规定，决定将跨省从事商业特许经营活动的企业备案工作委托省级商务主管部门承担，现将有关事项通知如下：

一、跨省、自治区、直辖市范围从事商业特许经营活动的内资和外商投资企业，备案工作委托特许人住所地的省级商务主管部门承担。

二、境外特许人备案工作仍由商务部负责。

三、企业备案资料继续通过“商业特许经营信息管理系统”（http：//txjy. syggs. mofcom. gov. cn）提交。

四、本通知自2009年5月1日起执行。

省级商务主管部门应严格按照国家有关法律、法规、规章和产业政策规定，完善备案制度，明确备案程序，确定备案人员，做好备案咨询、材料审核等相关工作，认真履行《条例》赋予的职能，进一步提高依法行政的水平和能力。

商务部将加强对各地开展商业特许经营备案工作的指导，备案工作中的有关问题请及时与我部（商贸服务管理司）沟通，系统使用中的技术问题请与北京易商海泰克科技有限公司联系。商业特许经营工作人员联系表请于2009年4月25日前反馈。

附件：省级商务主管部门商业特许经营工作人员联系表

商务部

二○○九年四月

商业特许经营管理办法（试行）

（一九九七年十一月十四日国内贸易部发布）

第一条 为规范特许经营行为，保护特许者与被特许者双方的合法权益，进一步推动连锁经营的发展，制定本办法。

第二条 特许经营是指特许者将自己所拥有的商标（包括服务商标）、商号、产品、专利和专有技术、经营模式等以特许经营合同的形式授予被特许者使用，被特许者按合同规定，在特许者统一的业务模式下从事经营活动，并向特许者支付相应的费用。

第三条 本办法适用于在中华人民共和国境内从事商业（包括餐饮业、服务业）特许经营活动的企业、个人或其他经济组织。

第四条 开展特许经营必须遵循自愿、公平、有偿、诚信、规范的原则。

第五条 特许经营的基本形式包括：直接特许——即特许者将特许经营权直接授予特许经营申请者。获得特许经营权的被特许者按照特许经营合同设立特许网点，开展经营活动，不得再行转让特许权。

分特许（区域特许）——即由特许者将在指定区域内的独家特许经营权授予被特许者，该被特许者可将特许经营权再授予其他申请者，也可由自己在该地区开设特许网点，从事经营活动。

第六条　特许者必须具备下列条件：

（一）具有独立法人资格；

（二）具有注册商标、商号、产品、专利和独特的、可传授的经营管理技术或诀窍，并有一年以上良好的经营业绩；

（三）具有一定的经营资源；

（四）具备向被特许者提供长期经营指导和服务的能力。

第七条　被特许者必须具备下列条件：

（一）具有合法资格的法人或自然人；

（二）拥有必要的经营资源（资金、场地、人才等）；

（三）具有一定的经营管理能力。

第八条　特许者的基本权利是：

（一）为确保特许体系的统一性和产品、服务质量的一致性，特许者有权对被特许者的经营活动进行监督；

（二）有权向被特许者收取特许经营权费及各种服务费用；

（三）对违反特许经营合同规定，侵犯特许者合法权益，破坏特许体系的行为，特许者有权终止被特许者的特许经营资格。

第九条　特许者的义务是：

（一）将特许经营权授予被特许者使用并提供代表该特许体系的营业象征及经营手册；

（二）提供开业前的教育和培训；

（三）指导被特许者做好开店准备；

（四）提供长期的经营指导、培训和合同规定的物品供应。

第十条　被特许者的基本权利是：

（一）在合同约定的范围内行使特许者所赋予的权利；

（二）获得特许者所提供的经营技术及商业秘密；

（三）获得特许者所提供的培训和指导。

第十一条　被特许者的义务是：

（一）严格按照合同规定的标准开展营业活动；

（二）按合同约定按时支付特许权使用费及其他各种费用；

（三）维护连锁体系的名誉及统一形象；

（四）接受特许者的指导和监督。

第十二条 特许者应在正式签约至少十天前，以书面形式向特许申请者提供真实的有关特许经营的基本信息资料。这些资料至少应当包括：特许者的企业名称，基本情况，经营业绩，所属被特许者的经营情况，已经实践证明的特许网点投资预算表，特许经营权费及各种费用的收取方法，提供各种物品及供应货物的条件和限制等。

特许经营申请者也应按特许者的要求如实提供有关自己经营能力的资料，主要包括合法资格证明、资信证明、产权证明等。

第十三条 从事特许经营活动，必须签订特许经营合同。特许经营合同应当包括下列内容：

（一）特许经营授权许可的内容、范围、期限、地域；

（二）双方的基本权利和义务；

（三）对被特许者的培训和指导；

（四）各种费用及其支付方式；

（五）保密条款；

（六）违约责任；

（七）合同的期限、变更、续约、终止及纠纷的处理方式。

第十四条 特许者可向被特许者收取下列费用：

加盟费：特许者将特许经营权授予被特许者时所收取的一次性费用。

使用费：被特许者在使用特许经营权过程中按一定的标准或比例向特许者定期支付的费用。

保证金：为确保被特许者履行特许经营合同，特许者可要求被特许者交付一定的保证金，合同到期后保证金应退还被特许者。

其他费用：特许者根据特许经营合同为被特许者提供相关服务向被特许者收取的费用。

前款所要收取的费用种类及金额，双方可根据实际情况在特许合同中进行约定。

第十五条 特许经营中涉及知识产权（专利、商标、计算机软件等）转让、许可的，应当按照国家有关政策法规执行。

特许经营合同执行过程中发生纠纷，按合同约定之法律程序处理。

第十六条 国务院商品流通主管部门是全国特许经营的行政主管部门，负责起草有关特许经营的政策性法规和发展规划，承担特许经营的管理、指导、规划、协调职能。

第十七条　特许者开展经营活动时，应按本规定第十二条所列材料提交中国连锁经营协会备案。中国连锁经营协会的工作是制定特许经营的行规行约，开展行业自律，为特许双方提供相关服务，促进行业发展。

第十八条　本办法由国内贸易部负责解释。

第十九条　本办法自发布之日起施行。

《商业特许经营管理办法》

第一章　总　　则

第一条　为规范商业特许经营行为，保护当事人的合法权益，促进商业特许经营健康有序发展，制定本办法。

第二条　本办法所称商业特许经营（以下简称特许经营），是指通过签订合同，特许人将有权授予他人使用的商标、商号、经营模式等经营资源，授予被特许人使用；被特许人按照合同约定在统一经营体系下从事经营活动，并向特许人支付特许经营费。

第三条　在中华人民共和国境内开展特许经营活动适用本办法。

第四条　特许人可以按照合同约定，将特许经营权直接授予被特许人，被特许人投资设立特许经营网点，开展经营活动，但不得再次转授特许经营权；或者将一定区域内的独家特许经营权授予被特许人，该被特许人可以将特许经营权再授予其他申请人，也可以在该区域内设立自己的特许经营网点。

第五条　开展特许经营应当遵守中华人民共和国的法律、法规，遵循自愿、公平、诚实、信用的原则，不得损害消费者合法权益。

特许人不得假借特许经营的名义，非法从事传销活动。

特许人以特许经营方式从事商业活动不得导致市场垄断、妨碍公平竞争。

第六条　商务部对全国特许经营活动实施监督管理，各级商务主管部门对辖区内的特许经营活动实施监督管理。

第二章　特许经营当事人

第七条　特许人应当具备下列条件：

（一）依法设立的企业或者其他经济组织；

（二）拥有有权许可他人使用的商标、商号和经营模式等经营资源；

（三）具备向被特许人提供长期经营指导和培训服务的能力；

（四）在中国境内拥有至少2家经营1年以上的直营店或者由其子公司、控股公司建立的直营店；

（五）需特许人提供货物供应的特许经营，特许人应当具有稳定的、能够保证品质的货物供应系统，并能提供相关的服务。

（六）具有良好信誉，无以特许经营方式从事欺诈活动的记录。

第八条 被特许人应当具备下列条件：

（一）依法设立的企业或者其他经济组织；

（二）拥有与特许经营相适应的资金、固定场所、人员等。

第九条 特许人享有下列权利：

（一）为确保特许经营体系的统一性和产品、服务质量的一致性，按照合同约定对被特许人的经营活动进行监督；

（二）对违反特许经营合同规定，侵犯特许人合法权益，破坏特许经营体系的被特许人，按照合同约定终止其特许经营资格；

（三）按照合同约定收取特许经营费和保证金；

（四）合同约定的其他权利。

第十条 特许人应当履行下列义务：

（一）按照本办法有关规定及时披露信息；

（二）将特许经营权授予被特许人使用并提供代表该特许经营体系的营业象征及经营手册；

（三）为被特许人提供开展特许经营所必需的销售、业务或者技术上的指导、培训及其他服务；

（四）按照合同约定为被特许人提供货物供应。除专卖商品及为保证特许经营品质必须由特许人或者特许人指定的供应商提供的货物外，特许人不得强行要求被特许人接受其货物供应，但可以规定货物应当达到的质量标准，或提出若干供应商供被特许人选择；

（五）特许人对其指定供应商的产品质量应当承担保证责任；

（六）合同约定的促销及广告宣传；

（七）合同约定的其他义务。

第十一条 被特许人享有下列权利：

（一）获得特许人授权使用的商标、商号和经营模式等经营资源；

（二）获得特许人提供的培训和指导；

（三）按照合同约定的价格，及时获得由特许人提供或安排的货物供应；

（四）获得特许人统一开展的促销支持；

（五）合同约定的其他权利。

第十二条 被特许人应当履行下列义务：

（一）按照合同的约定开展营业活动；

（二）支付特许经营费、保证金；

（三）维护特许经营体系的统一性，未经特许人许可不得转让特许经营权；

（四）向特许人及时提供真实的经营情况，财务状况等合同约定的信息；

（五）接受特许人的指导和监督；

（六）保守特许人的商业秘密；

（七）合同约定的其他义务。

第三章 特许经营合同

第十三条 特许经营合同的内容由当事人约定，一般包括以下内容：

（一）当事人的名称、住所；

（二）授权许可使用特许经营权的内容、期限、地点及是否具有独占性；

（三）特许经营费的种类、金额、支付方式以及保证金的收取和返还方式；

（四）保密条款；

（五）特许经营的产品或服务质量控制及责任；

（六）培训和指导；

（七）商号的使用；

（八）商标等知识产权的使用；

（九）消费者投诉；

（十）宣传与广告；

（十一）合同的变更和解除；

（十二）违约责任；

（十三）争议解决条款；

（十四）双方约定的其他条款。

第十四条 特许经营费是指被特许人为获得特许经营权所支付的费用，包括下列几种：

（一）加盟费：是指被特许人为获得特许经营权而向特许人支付的一次性费用；

（二）使用费：是指被特许人在使用特许经营权过程中按一定的标准或比例向特许人定期支付的费用；

（三）其他约定的费用：是指被特许人根据合同约定，获得特许人提供的相关货物供应或服务而向特许人支付的其他费用。

保证金是指为确保被特许者履行特许经营合同，特许人向被特许人收取的一定费用。合同到期后，保证金应退还被特许人。

特许经营双方当事人应当根据公平合理的原则商定特许经营费和保证金。

第十五条 特许经营合同的期限一般不少于3年。

特许经营合同期满后，特许人和被特许人可以根据公平合理的原则，协商确定特许经营合同的续约条件。

第十六条 特许经营合同终止后，原被特许人未经特许人同意不得继续使用特许人的注册商标、商号或者其他标志，不得将特许人的注册商标申请注册为相似类别的商品或者服务商标，不得将与特许人注册商标相同或近似的文字申请登记为企业名称中的商号，不得将与特许人的注册商标、商号或门店装潢相同或近似的标志用于相同或类似的商品或服务中。

第四章 信息披露

第十七条 特许人和被特许人在签订特许经营合同之前和特许经营过程中应当及时披露相关信息。

第十八条 特许人应当在正式签订特许经营合同之日20日前，以书面形式向申请人提供真实、准确的有关特许经营的基本信息资料和特许经营合同文本。

第十九条 特许人披露的基本信息资料应当包括以下内容：

（一）特许人的名称、住所、注册资本、经营范围、从事特许经营的年限等主要事项，以及经会计师事务所审计的财务报告内容和纳税等基本情况；

（二）被特许人的数量、分布地点、经营情况以及特许经营网点投资预算表等，解除特许经营合同的被特许人占被特许人总数比例；

（三）商标的注册、许可使用和诉讼情况；商号、经营模式等其他经营资源的有关情况；

（四）特许经营费的种类、金额、收取方法及保证金返还方式；

（五）最近5年内所有涉及诉讼的情况；

（六）可以为被特许人提供的各种货物供应或者服务，以及附加的条件和限制等；

（七）能够给被特许人提供培训、指导的能力证明和提供培训或指导的实际情况；

（八）法定代表人及其他主要负责人的基本情况及是否受过刑事处罚，是否曾对企业的破产负有个人责任等；

（九）特许人应被特许人要求披露的其他信息资料。

由于信息披露不充分、提供虚假信息致使被特许人遭受经济损失的，特许人应当承担赔偿责任。

第二十条　被特许人应当按照特许人的要求如实提供有关自己经营能力的资料，包括主体资格证明、资信证明、产权证明等。在特许经营过程中，应当按照特许人的要求及时提供真实的经营情况等合同约定的资料。

第二十一条　在特许经营期间及特许经营合同终止后，被特许人及其雇员未经特许人同意，不得披露、使用或者允许他人使用其所掌握的特许人的商业秘密。

第二十二条　未与特许人鉴定特许经营合同，但通过特许人的信息披露而知悉特许人商业秘密的人和申请人，应当承担保密义务。未经特许人同意，不得泄露、向他人透露或转让特许人的商业秘密。

第五章　广告宣传

第二十三条　特许人在宣传、促销、出售特许经营权时，广告宣传内容应当准确、真实、合法，不得有任何欺骗、遗漏重要事实或者可能发生误导的陈述。

第二十四条　特许人和被特许人在广告宣传材料中直接或者间接含有特许人的经营收入或者收益的记录、数字或者其他有关资料，应当真实，涉及的地区及时间应当明确。

第二十五条　特许人和被特许人不得以任何可能误导、欺骗、导致混淆的方式模仿他人商标、广告画面及用语或者其他辨识标记。

第二十六条　在特许经营推广活动中，特许人不得人为夸大特许经营所带来的利益或者有意隐瞒特许经营客观上可能出现的影响他人利益的情况。

第六章　监督管理

第二十七条　各级商务主管部门应当加强对本行政区域内特许经营活动的管理和协调，指导当地行业协会（商会）开展工作。

各级商务主管部门应当建立特许人、被特许人信用档案，及时公布违规企业名单。

第二十八条　特许经营行业协会（商会）应当根据本办法制定行业规范，开展行业自律，为特许经营当事人提供相关服务，促进行业发展。

第二十九条　特许人应当在每年1月份将上一年度签订的特许经营合同的情

况报其所在地商务主管部门和被特许人所在地商务主管部门备案。所在地商务主管部门应将备案情况报上一级商务主管部门。

第三十条 在特许经营活动中涉及专利许可的，应当按照《中华人民共和国专利法》及其实施细则的有关规定签订专利许可合同，并按《专利实施许可合同备案管理办法》规定办理备案事宜。

第三十一条 在开展特许经营活动之前，特许人应按《中华人民共和国商标法》及其实施条例的规定办理商标使用许可合同备案事宜。

第六章 外商投资企业的特别规定

第三十二条 外商投资企业不得以特许经营方式从事《外商投资产业指导目录》中的禁止类业务。

第三十三条 外商投资企业以特许经营方式从事商业活动的，应向原审批部门提出申请增加“以特许经营方式从事商业活动”的经营范围，并提交下列材料：

（一）申请书及董事会决议；

（二）企业营业执照及外商投资企业批准证书（复印件）；

（三）合同、章程修改协议（外资企业只报送章程修改）；

（四）证明符合本办法第七条规定的有关文件资料；

（五）反映本办法第十九条规定的基本信息资料；

（六）特许经营合同样本；

（七）特许经营操作手册。

审批部门应当在收到上述全部申请材料之日起30日内做出批准或者不批准的书面决定。

申请人获得批准后，应在获得审批部门换发的《外商投资企业批准证书》后1个月内向工商行政管理机关办理企业登记变更手续。

第三十四条 外商投资企业经批准以特许经营方式从事商业活动的，应在每年1月份将上一年度签订的特许经营合同的情况报原审批部门和被特许人所在地商务主管部门备案。

第三十五条 外国投资者设立专门以特许经营方式从事商业活动的外商投资企业时，除符合本办法外，还须符合外商投资有关法律、法规及规章的规定。

第三十六条 本办法施行前已经以特许经营方式从事商业活动的外商投资企业，应将已开展业务的情况向原审批部门备案，继续以特许经营方式从事商业活动的，应按本章规定的程序办理相关手续。

第三十七条 港、澳、台投资企业在内地以特许经营方式从事商业活动参照本章规定执行。

第七章 法律责任

第三十八条 违反本办法第七条、第八条规定的，由商务主管部门责令改正，并可处以3万元以下罚款；情节严重的，提请工商行政管理机关吊销营业执照。

第三十九条 未按本办法规定进行信息披露的，由商务主管部门责令改正，并处以3万元以下罚款；情节严重的，提请工商行政管理机关吊销营业执照。

第四十条 特许人违反本办法规定进行广告宣传的，按照《中华人民共和国广告法》及其他有关法律、行政法规及规章的规定处理。

第九章 附 则

第四十一条 本办法由商务部负责解释。

第四十二条 本办法自2005年2月1日起施行，原国内贸易部发布的《商业特许经营管理办法（试行）》同时废止。

附录二

商业特许经营法律知识问答

1. 什么是商业特许经营，与一般的商品特许销售有怎样的区别？

商业特许经营简称为特许经营，有时也叫特许加盟，是指拥有注册商标、企业标志、专利、专有技术等经营资源的企业——特许人，通过订立特许经营合同，将其拥有的经营资源许可其他经营者——被特许人使用，被特许人按照合同约定在统一的经营模式下开展经营，并向特许人支付商业特许使用费的营销方式。

以一般的商品特许销售相比，商业特许经营的法律特征有四：一是特许人必须是拥有注册商标、企业标志、专利、专有技术等经营资源的企业；二是特许人和被特许人之间是一种合同关系，双方通过订立特许经营合同，确定各自的权利和义务；三是被特许人应当在统一的经营模式下开展经营，这种统一的经营模式体现在各个方面，大到管理、促销、质量控制等，小到店铺的装潢设计甚至标牌的设置等；四是被特许人应当向特许人支付相应的特许使用费，特许人拥有的经营资源属于经过长期开发、积累，具有较高商业价值的无形资产，因此被特许人加盟时必须要支付获取商业特许经营权的相应对价。

2. 为什么要制定商业特许经营管理的专门行政法规？

由于商业特许经营的核心是特许人具有无形资产性质的商业经营资源的输出，一个特许人往往有为数众多的被特许人，特许人和被特许人之间信息不对称，潜藏着较大的风险，容易成为进行欺诈等违法犯罪活动的手段，加上我国市场发育尚不成熟，社会公众对特许经营的了解不够充分。特许经营在快速发展中存在：一些从事特许经营活动的特许人不具备相应的条件；特许经营活动不规范、市场秩序较为混乱；特许经营活动当事人特别是被特许人的合法权益得不到有效保障；以特许经营名义进行欺诈等违法犯罪活动时有发生等问题。这些问题的存在不仅阻碍特许经营的健康发展，扰乱市场秩序，而且由于特许经营活动中被特许人的数量往往比较多，有可能发展成为影响社会稳定的因素。

针对商业特许经营在我国发展的实际情况和存在的主要问题，制定规范和监管商业特许经营活动的专门行政法规，是迫切需要的。

3.《商业特许经营管理条例》对特许经营进行了哪几方面的要求与规范？

现行《商业特许经营管理条例》主要从特许人从事特许经营活动应当具备的条件、特许人的信息披露义务、特许经营合同的备案要求、特许经营合同的形式和内容、特许人和被特许人的行为规范、《条例》的追溯时效等六个方面对特许经营进行的规范：

（1）特许人从事特许经营活动应当具备的条件。首先，特许人只能是企业，其他单位和个人不得作为特许人从事特许经营活动；其次，特许人从事特许经营活动应当拥有成熟的经营模式并具备为被特许人持续提供经营指导、技术支持和业务培训等服务的能力；最后，规定特许人从事特许经营活动应当拥有至少 2 个直营店并且经营时间超过 1 年。两店一年要求的目的是通过被特许人对特许人直营店的经营，直观地了解特许人的品牌、经营模式、经营状况，防止一些企业利用特许经营进行欺诈。对《条例》实施前的特许人不适用两店一年的规定。

（2）特许人的信息披露义务。特许人的信息披露义务是指应当建立并实行完备的信息披露制度，在订立特许经营合同之日前至少 30 日，以书面形式向被特许人真实、完整、准确地提供特许人的注册资本、注册商标、企业标志、专利、专有技术、经营模式等有关信息和特许经营合同文本，特许人遗漏或提供虚假信息的，被特许人有权解除特许合同并要求特许人赔偿相应的经济损失。规定特许人信息披露义务的目的是使被特许人及时、全面、准确地了解、掌握有关情况，在充分、准确了解特许人的真实情况下，基于其独立与客观的判断作出投资决策，防止上当受骗。

（3）特许经营合同的备案要求。特许人备案制度一方面是为了政府商务主管部门及时了解、掌握特许人的数量等有关情况，有针对性地对特许经营活动进行规范、监督，另一方面也是为潜在的投资者了解特许人的基本情况作出恰当的投资决策形成对特许人的社会监督。《条例》明确规定特许人应当自首次订立特许经营合同之日起 15 日内向商务主管部门备案，并规定了备案的程序以及备案时应当提交的文件、资料。商务主管部门收到特许人提交的符合规定的文件、资料后，应当予以备案，通知特许人，并将备案的特许人名单在政府网站上公布和及时更新。

（4）特许经营合同的形式和内容。特许人和被特许人应当采用书面形式订立特许经营合同，特许人和被特许人应当在特许经营合同中约定被特许人在合同订立后一定期限内可以单方解除合同。除被特许人同意的情况外，特许经营合同约定的特许经营期限应当不少于3年。明确规定特许经营合同应当包括的主要内容有：特许人、被特许人的基本情况，特许经营的内容、期限，特许经营费用的种类、金额及其支付方式，经营指导、技术支持以及业务培训等服务的具体内容和提供方式，产品或者服务的质量、标准要求和保证措施等。

（5）特许人和被特许人的行为规范。特许人应当向被特许人提供特许经营操作手册，并按照约定的内容和方式为被特许人持续提供经营指导、技术支持、业务培训等服务。特许经营的产品或者服务的质量、标准应当符合法律、行政法规和国家有关规定的要求。特许人要求被特许人在订立特许经营合同前支付费用的，应当以书面形式向被特许人说明该部分费用的用途以及退还的条件、方式。未经特许人同意，被特许人不得向他人转让特许经营权，被特许人不得向他人泄露或者允许他人使用其所掌握的特许人的商业秘密等。

（6）规定了严格、明确的法律责任。例如：对特许人不具备相应条件从事特许经营活动、特许人未依照规定向商务主管部门备案、特许人违反有关行为规范以及违反信息披露要求等违法行为，均规定了罚责。从《条例》规定的法律责任的种类看，除没收违法所得、罚款等行政处罚外，对构成犯罪的，还要依法追究刑事责任。对属于民事法律关系范畴的，可以由当事人通过合同约定或者事后协商解决的问题，仅作了必要的司法救济途径的指导。

（7）举报、公告制度及《条例》的追溯时效。《条例》规定任何单位或者个人对违反本条例规定的行为，有权向商务主管部门举报。同时要求商务主管部门应当将备案的特许人名单在政府网站公布，并及时更新。上述制度规定的目的在于通过包括社会监督在内的不同方式促使特许人合法经营、规范经营。《条例》施行前或施行后从事特许经营活动的特许人，均适用本《条例》的规定。对于《条例》施行前已经从事特许经营活动没有备案的特许人，应当自本《条例》施行之日起1年内依照本《条例》的规定向商务主管部门备案。

4.《商业特许经营管理条例》的立法体例、指导思想、立法特色有哪些？

我国规范商业特许经营的法律规范体系包括《商业特许经营管理条例》、《商业特许经营备案管理办法》、《商业特许经营信息披露管理办法》。《条例》属于商务部颁发的对商业特许经营进行规范、监督的法规，对商业特许经营主要规定了三级管理制度，即跨省经营的企业向商务部报备、省内企业向省内商务主管部门报备、市内特许经营企业向市一级商务主管部门报备。

商业特许经营在性质上属于合同行为，适用合同法和其他有关民事法律，即从事特许经营活动是当事人的民事权利。但如何通过行政法规对特许经营活动进行规范和监管，使《商业特许经营条例》的立法指导思想既能保护市场主体的意思自治，又能够体现政府的适度监管以确保公平竞争秩序，这是该《条例》制定时的难点与重点。为此，必须在《条例》制定中处理好以下两方面关系：一是必须把握好行政权力介入民事法律关系的程度，处理好当事人意思自治与行政干预的关系。相关制度设计既要切实加强对特许经营活动的规范和监管，促进特许经营健康、有序发展，维护市场秩序，又要符合当事人意思自治的基本民事法律原则，不限制当事人从事特许经营活动的民事权利，避免因行政干预过度而妨碍特许经营的发展；二是根据国外的有益经验和我国的实际情况，重点在于通过重点规范特许人的行为，达到维护商业特许经营的秩序。因此该《条例》不仅规定了规范和监管特许经营活动所必需的、具有管理性质的一些制度、措施和要求，还通过严格、明确的法律责任保证其切实得以落实；而且对属于民事法律关系且可以由当事人通过合同约定或者事后协商解决的问题，仅做了必要的重申、强调。

鉴于我国市场经济发展过程中特许人与被特许人信息的不对称、特许人利用特许经营进行欺诈等现象，我国《商业特许经营管理条例》在立法中体现出了以下特色：

一是强化政府部门对商业特许经营的监管。《条例》不仅明确规定了商业特许经营者必须为法定的企业组织，明令禁止个人或其他非经济组织作为商业特许经营活动的主体，而且通过特许经营者的备案制度、信息披露制度和相应的法律责任制度，强化对商业特许经营行为的规范与监管。

二是严格特许人的法定资格条件。特许人从事特许经营活动应当具备以下三个条件：第一，特许人只能是企业，其他单位和个人不得作为特许人从事特许经营活动；第二，特许人从事特许经营活动应当拥有成熟的经营模式并具备为被特许人持续提供经营指导、技术支持和业务培训等服务的能力；第三，规定特许人从事特许经营活动应当拥有至少 2 个直营店并且经营时间超过 1 年。

三是注重对被特许人权益的保护。如《条例》第 12 条规定，特许人和被特许人应当在特许经营合同中约定，被特许人在特许经营合同订立后一定期限内，可以单方解除合同。特许人备案制度的强调不仅是为政府有针对性地对特许经营活动进行规范、监督，更重要的是为潜在的投资者了解特许人的基本情况作出恰当的投资决策提供有公信力信息资源。

5. 商业特许经营中存在的法律风险主要有哪些？加盟者应如何加以防范？

随着商业特许经营模式的迅速发展，实践中加盟合同呈现出跨行业、跨地区、案情复杂等特点。就商业特许经营中因加盟合同引发的纠纷来看，主要的法律风险有以下四种情况：

一是特许经营企业存在欺诈。部分特许经营企业冒充外国商标、虚构外国产地或使用与知名品牌近似的用语进行虚假宣传，以欺诈手段误导加盟商加盟，导致加盟商在了解真相后纷纷要求解除加盟合同，退出加盟企业。因此加盟者一定要在加盟特许经营之前对特许人的特许经营资格条件、特许经营能力做实地考察，避免轻信虚假广告宣传、上当受骗，带来不必要的经济损失。

二是特许经营企业严重违约。在加盟合同履行过程中，部分特许经营企业受利益驱使，擅自违反加盟合同的约定，或是以次充好提供不合格产品，或是重复授予独家代理权，损害加盟商利益，导致加盟商诉诸法律。加盟者订约前一定要认真考察特许人的特许资格条件与诚信，注重其直营店的经营业绩与社会反响，利用特许经营合同中的条款，强化特许者的义务以防范特许人违约。

三是加盟商不按合同约定经营。个别加盟商借助特许经营企业的品牌优势追求最大限度的利益，只挂特许经营企业的招牌，却不采用特许经营企业的统一管理方式和统一产品标准，损害特许经营企业的形象。因此特许人要注重考查加盟者的诚信与参加特许经营的能力，注重利用违约责任防范加盟者的违约行为。

四是加盟费的性质模糊引发的争议。特许经营的内容不同，特许使用费在特许经营合同中的表现形式、功能作用不同。特许人与加盟商应根据特许经营权的内容不同，明确加盟费、特许权使用服务费、加盟保证金的具体金额、支付方式、功能作用，进而公平的保护双方当事人的合法权益，预防由于合同订立中加盟费含义模糊导致的纠纷。

6. 因特许经营发生纠纷当事人用法律维护自己权益时应注意什么？

由于商业特许经营与商品委托代理、商品特许经销、商标许可使用等法律关系的关联性，在商业特许经营发生纠纷时，当事人利用既有的商业特许经营法律制度体系维护自已的权益合法权益时一定要注意以下三点：

一是对加盟合同纠纷性质的准确界定。加盟合同属于无名合同，约 80% 的甲方将案由写成经营纠纷、合作经营纠纷或代理纠纷等。因此，当事人在再提起诉讼时一定要对已订立的合同内容进行认真的分析、进行准确的定性。合同纠纷的性质不同，解决纠纷适用的法律制度体系不同。

二是对一方当事人行为性质的准确界定。在加盟合同纠纷中，相当一部分当事人对某一行为是属于欺诈、违约、侵权存在争议。当事人行为性质的确定对有过错一方当事人适用的法律制度不同，最后合同的效力认定、法律责任的追究成本、利益赔偿额度也各异。因此，当事人应根据有过错一方当事人违法行为所涉及的法律关系、该法律关系的构成要件等多种因素认定其行为的性质，以更好的维护自己的合法权益。

三是对特许经营纠纷导致经济损失的计算。在撤销合同或解除合同时，加盟商的损失主要包括房租、装修费、宣传费、雇员工资、合同履行后应获得的利益等。我国《合同法》规定，当事人一方不履行合同义务或者履行合同义务不符合约定，给对方造成损失的，损失赔偿额应当相当于因违约所造成的损失，包括合同履行后公认的可以获得的利益。

7. 成立商业特许经营企业应该具备哪些法定的条件与程序？

按照我国《商业特许经营管理条例》的相关规定来看，成立商业特许经营企业的法定条件有三：一是由自然人或法人投资设立的企业，既可以是独资企业，也可以是合伙或公司企业；二是拥有成熟的经营模式并具备为被特许人持续提供经营指导、技术支持和业务培训等服务的能力；三是特许人从事特许经营活动应当拥有至少 2 个直营店并且经营时间超过 1 年。

成立商业特许经营企业的主要程序有四：一是对企业现状、市场分析、产业发展、市场竞争、营销管理、财会税收、政策法律等方面进行认真而谨慎的可行性研究，获取足够的信息，作为决策的依据。二是根据目标市场状况，选择适合的地点建立样板店进行试验，获取成功经验。如果店铺已经存在，则应按照商业特许经营的法定条件进行试点经营进行。总结选址、店面设计、广告、进货渠道、专有技术、经营策略、管理技术及诀窍等方面经营经验。三是制定包括营业时间、交易方式、员工培训、定价策略、产品质量、服务标准等内容详细的加盟店经营业务标准手册，形成一套完整的特许经营合同及相关法律文件。四是通过公关活动、广告、媒介、展示等方式宣传样板店的成功，在公众及潜在的受许人中树立良好形象，按照直营店的经验选择适合的受许人加盟企业。

8. 连锁加盟合同是否因特许人无生产工厂而无效？

根据我国《合同法》的有关规定，合同无效是指一方以欺诈、胁迫的手段订立合同，损害国家利益；恶意串通，损害国家、集体或者第三人利益；以合法形式掩盖非法目的；损害社会公共利益；违反法律、行政法规的强制性规定而订立的合同。为规范特许经营、连锁加盟行业管理秩序，国务院在 2007 年 2 月 6 日颁布了行政法规《商业特许经营管理条例》，该《条例》自 2007 年 5 月 1 日起施行。在《条例》中，对于特许人需要具备开展特许经营的条件、与加盟商签约前向加盟商进行信息披露、需要进行特许经营备案登记等方面作了规定。违反《条例》强制性规定的，特许人与加盟商之间签订的特许经营合同无效。

《条例》规定特许人从事特许经营活动应当拥有成熟的经营模式，并具备为被特许人持续提供经营指导、技术支持和业务培训等服务的能力。特许人从事特许经营活动应当拥有至少2个直营店，并且经营时间超过1年。根据以上规定可以看出，《条例》并未对特许经营是否具有产品的研发工厂和生产基地作出作明确性规定，只是要求特许人需要具有两家经营一年以上的直营店，具有成熟的经营模式、提供持续经营指导和技术支持及业务培训等服务的能力。《条例》之所以如此规定，主要是考虑到一些技术精湛的产品，在初期一般没有经济实力开设自己的工厂，只能委托其他工厂按照自己的技术要求和规范代加工，此时如果硬性要求特许人必须具有自己的工厂才能开展特许经营，一定程度上必然大大限制技术和经济发展的速度，遏制中小企业技术人员创业的积极性，阻碍科技成果的转化。

9. 为什么要确立特许人备案制度？特许人不备案的法律后果是什么？

由于从事特许经营活动是当事人的民事权利，政府不宜对其实行行政许可，但又需要对其经营活动进行监督管理，为此《条例》确立了特许人备案制度。《条例》规定特许人应当自首次订立特许经营合同之日起15日内，向商务主管部门备案，并规定了备案的程序以及备案时应当提交的文件、资料。商务主管部门收到特许人提交的符合规定的文件、资料后，应当予以备案，通知特许人，并将备案的特许人名单在政府网站上公布和及时更新。商业特许经营企业不履行备案义务的法律后果有三：

一是受到商务主管部门的行政处罚。备案是《条例》所规定的管理性的强制规范，《条例》明确规定，特许人未按条例规定向商务主管部门备案的，由商务主管部门责令限期备案，逾期仍不备案的，处5万元以上10万元以下的罚款，并予以公告。

二是对特许经营活动产生不利影响。尽管备案从性质上说，是一个事后的告知性行为，但是根据《条例》的规定，这种告知包含了部分对于特许人资格确认的内容，同时由于备案实行网上公告制度，即根据《条例》规定只要通过备案的企业都会通过政府网站予以公告，对被特许人的加盟决策起到一定的积极引导作用。与此相对，如果已经从事特许经营的特许人在2008年5月1号以后还没有备案，投资人将会对特许人的招商资格和特许经营能力产生质疑。

三是会增加经营风险，降低诚信度。随着政府部门信息共享机制的建立和逐步完善，不履行备案义务的企业将受相关行政管理部门、行政执法机关以及司法机关的关注，特别是因不备案遭受行政处罚后，可能影响到企业开设分公司的批准或影响年检注册，同时会增加败诉的可能性。

10. 特许人与被特许人违反《条例》应承担怎样的法律责任？

《条例》针对商业特许经营活动本身的特点以及实践中存在的主要问题，重点对特许人的行为进行了规范。要求特许人应当向被特许人提供特许经营操作手册，并为被特许人持续提供经营指导、技术支持、业务培训等服务；特许人要求被特许人在特许经营合同订立前支付费用的，应当以书面形式向被特许人说明该部分费用的用途以及退还的条件、方式；特许人应当按照合同约定的用途使用向被特许人收取推广、宣传费用，并将使用情况及时向被特许人披露；特许人在推广、宣传活动中不得有欺骗、误导的行为，其发布的广告中不得含有宣传被特许人从事特许经营活动收益的内容等。对被特许人的行为《条例》也作了相应规定，主要是被特许人未经特许人同意，不得向他人转让特许经营权；被特许人不得向他人泄露或者允许他人使用其所掌握的特许人的商业秘密。

为了保证各项制度切实得以落实，《条例》对违反本《条例》规定的违法行为，包括特许人不具备相应条件从事特许经营活动、特许人未依照规定向商务主管部门备案、特许人违反有关行为规范以及违反信息披露要求等，均规定了明确、严格的法律责任。从《条例》规定的法律责任种类看，由于商业特许经营活动经常涉及违约或侵权等民事责任，而民事责任在《民法通则》、《合同法》等有关民事法律制度体系中都有规定，《条例》除对构成犯罪的要依法追究刑事责任外，针对特许经营活动的特点，规定对特许人的违法行为可以予以公告，通过社会舆论和市场的压力，促使特许人依法办事，改正违法行为。此外，《条例》作为行政法规对于当事人应当承担的民事责任没有规定，规定的法律责任则主要是商业特许经营者违反监管性要求所应当承担的行政责任。

11. 加盟商支付的商业特许经营费用主要构成与支付方式有哪些？

我国商业特许经营管理法律、法规制度体系中明确规定，被特许人应该向特许人支付商业特许经营费用。现行商业特许经营管理条例中允许当事人就特许经营费用的种类、金额及其支付方式在特许经营合同中约定，实践中特许经营费用的种类一般有特许加盟费、特许权使用费、特许合同保证金、其他费用四种，其中：

特许加盟费是指特许者将特许经营权授予被特许者时所收取的，属于获得特许经营权利的对价。特许加盟费一般根据加盟人的加盟期限一次性缴纳，不得要求退还。但因特许人违约的情形除外。

特许权使用费是指被特许者在使用特许经营权过程中按一定的标准或比例，向特许者定期支付的技术指导、服务、员工培训费用。特许权使用费一般按照实际发生的数额进行支付。

特许经营合同履约保证金是指为确保被特许者履行特许经营合同，被特许者支付给特许人一定数额的保证金。合同履行期满或因特许人违约而致合同解除、撤销的，特许人应无偿退还履约保证金。

其他费用是指特许者根据特许经营合同为被特许者提供相关服务向被特许者收取的广告费等，一般按照实际发生的费用支付。

12. 商业特许经营活动与纠纷处理中应掌握哪些法律知识？

商业特许经营活动与纠纷处理中主要遇到的法律问题主要有以下二个方面：

一是程序性法律问题。如被特许人与实际经营办理的营业执照业主不一致时，以被特许人和营业执照上登记的业主为共同诉讼人。当特许经营合同中有特许人所在地法院为纠纷管辖法院内容的，当被特许人作为乙方时，被特许人往往会以应由乙方住所地法院管辖为由提出管辖权异议，由于合同已对管辖地进行了明确约定，法院可以当事人已协议管辖为由驳回被特许人的管辖异议。二是实体性法律问题。如商业特许经营合同的界定，特许人与被特许人、被特许人与其投资者之间对第三人的债务连带责任问题，特许经营合同缔结前或履行过程中特许人披露信息资料属于邀约要求还是要约与特许经营合同成立、生效与否之间的关系，特许经营合同被撤销或解除后可预期利益损失的计算依据，特许经营合同中限制竞争行为条款的法律效力等。

结合以上实践中从事商业特许经营活动和司法审判人员遇到的具体法律问题，商业特许经营活动或纠纷处理中应掌握《商业特许经营管理条例》、《商业特许经营备案管理办法》、《商业特许经营信息披露管理办法》，审判实践中可援引适用《合同法》、《商标法》、《专利法》、《著作权法》、《反不正当竞争法》、《产品质量法》、《消费者权益保护法》、《公司法》、《合伙企业法》、《个人独资企业法》、《劳动法》、《计算机软件保护条例》、《企业法人登记管理条例》、《民事诉讼法》等法律、法规。

一、民商法系列丛书·教材

1. 民法学
2. 商法学
3. 民法总论
4. 物权法
5. 债权法
6. 婚姻继承法

二、民商法系列丛书·以案说法

1. 旅游法案例评析
2. 劳动合同法案例评析
3. 物权法案例评析
4. 人格权法案例评析
5. 合同法案例评析
6. 婚姻继承法案例评析
7. 房地产法案例评析
8. 税法案例评析
9. 环境法案例评析
10. 破产法案例评析
11. 担保法案例评析
12. 体育法案例评析
13. 票据法案例评析
14. 侵权法案例评析
15. 债权法案例评析
16. 电子商务法案例评析
17. 教育法案例评析
18. 著作权法案例评析
19. 商标法案例评析
20. 专利法案例评析
21. 建筑物区分所有权法案例评析
22. 道路交通法案例评析
23. 公司法案例评析
24. 证券法案例评析
25. 新保险法案例评析
26. 建筑法案例评析
27. 网络法案例评析
28. 特许经营法案例评析
29. 人身侵权损害赔偿案例评析
30. 房屋买卖租赁案例评析
31. 反不正当竞争法案例评析
32. 反垄断法案例评析
33. 消费者权益保护法案例评析
34. 医疗纠纷案例评析
35. 航空法案例评析
36. 产品质量法案例评析

三、民商法系列丛书·专著